**MARIANA SEGURA • CONCEPCIÓN VERA
ROSARIO ESCUDERO • CARMEN LOUREIRO**

Los secretos de la atracción, la seducción y el amor

Todo lo que debemos saber sobre cómo y por qué nos seducen y seducimos

PSICOLOGÍA Y AUTOAYUDA

© 1997. Mariana Segura, con la colaboración de Concepción Vera, Rosario Escudero y Carmen Loureiro.
© 1997. Editorial EDAF, S. A. Jorge Juan, 30. Madrid.

Dirección en Internet: http://www.arrakis.es/~edaf
Correo electrónico: edaf@arrakis.es

Edaf y Morales, S. A.
Oriente, 180, n.º 279. Colonia Moctezuma, 2da. Sec.
Delegación Venustiano Carranza. C. P. 15530. México, D. F.

Edaf y Albatros
San Martín, 969, 3.º, Oficina 5.
Buenos Aires, Argentina

3.ª edición

No está permitida la reproducción total o parcial de este libro, ni su tratamiento informático, ni la transmisión de ninguna forma o por cualquier medio, ya sea electrónico, mecánico, por fotocopia, por registro u otros métodos, sin el permiso previo y por escrito de los titulares del Copyright.

Depósito legal: M. 18.746-1999
ISBN: 84-414-0159-4

PRINTED IN SPAIN   IMPRESO EN ESPAÑA
IBÉRICA GRAFIC, S. L. - FUENLABRADA (MADRID)

EDAF
MADRID - MÉXICO - BUENOS AIRES

*A los que
se atreven a sentir...*

Agradecemos la colaboración prestada en la realización de este libro, a:

Alberto Santos, María Victoria Fernández Aguirre, Francisco Cózar, Miguel Castejón, Hugo Westerdhal, José Manuel Roca, Pilar Escudero, José Carlos Escudero, Julián Salgado, Pedro Tena y José Aparicio.

A todos los que respondieron a nuestras entrevistas.

A nuestros alumnos que participaron activamente con sus ideas y su dedicación.

Y a todos aquellos que en el pasado y en el presente, desde lejos o de cerca... nos han ayudado a crecer personal y profesionalmente.

Este libro ha sido escrito a partir del trabajo terapéutico, de investigación y docente desarrollado por las autoras en el centro NEXO: PSICOLOGÍA APLICADA.

El equipo de psicólogas responsable de esta obra son:

MARIANA SEGURA: Direccion técnica de NEXO, coordinación general de la obra y capítulos 1, 2 y 3.

CONCEPCIÓN VERA Y
ROSARIO ESCUDERO: Especialistas en «terapia de pareja y sexual» del NEXO y capítulo 4.

CARMEN LOUREIRO: Responsable de programas de entrenamiento en «Habilidades Sociales» de NEXO y capítulo 5.

Índice

	Págs.
INTRODUCCIÓN	17

CAPÍTULO 1. EL AMOR EN LOS TIEMPOS DE LA REALIDAD VIRTUAL ... 23

1. La atraccion, la seduccion y el amor... ¡mejor ahora! 23
   - 1.1. Vivimos más tiempo 24
   - 1.2. Tenemos mejor aspecto y estamos más sanos 24
   - 1.3. Las mujeres han cambiado su papel en la sociedad 25
   - 1.4. Los avances científicos y técnicos han cambiado el mundo 27
   - 1.5. Han cambiado «las reglas del juego» 31
2. La atraccion, la seduccion y el amor..., *ahora, ¡mucho mas complicado!* 41
   - 2.1. En una vida más larga es difícil que las relaciones sean «para siempre» 41
   - 2.2. Estar más sanos y atractivos nos hace más seductores pero también produce «atracciones inconvenientes» 41
   - 2.3. Las mujeres tratan, en el trabajo, a

	Págs.
hombres que ¡no son sus hermanos, padres o maridos!	42
2.4. Los avances científicos y tecnológicos producen cambios enormes y «a la velocidad de la luz»	44
2.5. ¿Cuáles son, realmente, las reglas del juego?	50
RESUMEN	62

CAPÍTULO 2. ¿CÓMO SOMOS? 67

1. Lo que alguien sabe hacer 68
   1.1. Habilidades para el autocuidado 69
   1.2. Habilidades para el autoconocimiento .. 71
   1.3. Habilidades para el conocimiento de los otros 75
   1.4. Habilidades sociales 79
   1.5. Otras habilidades... 81

2. Tendencias, motivos, gustos y preferencias 84

   A) Motivos sensitivos 88
   B) Motivos operativos 89
   C) Motivos normativos 91

3. La apariencia personal 96

   La mirada 97
   La voz 97
   La sonrisa 98
   Proximidad, gestos y contacto físico 99
   «El cuerpo» 100

4. Historia de relaciones 106

   1.º Cantidad y variedad de relaciones 106
   2.º «Lo bueno» y «lo malo» de las relaciones vividas 108
   • Historias de «desprecio» 109
   • Historias de «vacío» 109

	Págs.
• Historias de «destruccion»	110
• Historias «para no dormir»	112
• Historias «mimadas»	113
RESUMEN	115

CAPÍTULO 3. ATRACCIÓN 117

1. ¿Qué es la «atracción»? ¿Cómo podemos definirla? 118
   1.1. La atracción es un fenómeno complejo ... 119
   1.2. La atracción es un fenómeno individual ... 121
   1.3. La atracción es un fenómeno cambiante ... 122

2. La atracción interpersonal 125
   2.1. Similitud 126
   2.2. Personalización 128
   2.3. Reciprocidad 129

3. La atraccion erótico-amorosa 131

4. ¿Quiénes nos atraen? 133
   4.1. Las mujeres se sienten más atraídas por hombres «fuertes y protectores» 133
   4.2. Las mujeres se sienten más atraídas por hombres «masculinos» pero con un toque de «cualidades femeninas» 134
   4.3. Los hombres se siente atraídos por mujeres «femeninas y vulnerables» ... 134
   4.4. Las mujeres se sienten atraídas por la «posición social» del hombre, y los hombres por el «atractivo físico» de las mujeres 135
   4.5. Las mujeres y los hombres se sienten atraídos por personas del sexo opuesto, consideradas «bellas» 135
   4.6. Las mujeres y los hombres prefieren parejas que sean «parecidas a ellos

Págs.

mismos», pero que, al mismo tiempo, les cambien la vida en «determinada dirección» 140

5. ¿Quién se siente atraído por quién? 145
    5.1. Atracciones «simétricas» 145
    5.2. Atracciones «asimétricas» 150
    5.3. Atracciónes «fatales» 157
6. Aliados y enemigos de la atracción 166
    6.1. «Espacios» amigos y enemigos 166
    6.2. «Actividades» amigas y enemigas 173
    6.3. Tiempos «amigos y enemigos» 181
    6.4. Entornos sociales «amigos y enemigos» 189
    6.5. Hechos, fenómenos y coyunturas 192
RESUMEN 195

CAPÍTULO 4. SEDUCCIÓN 199

1. La seducción: ¿un don natural o adquirido? 200
    * La palabra 204
    * La variabilidad individual 206
    * La herencia cultural 208
2. Casanovas y Donjuanes 211
3. ¿Qué es la seduccion? 219
4. Seducir... ¿Para qué? 223
5. Seducir... ¿Una necesidad? 225
6. Aprendiendo a seducir 228
    * Quiérase, ¡por favor! 228
    * Feelings... 234
    * En el punto de mira... 237
    * Comuniquémonos amor... 239
    * Ese (des)conocido 243
    * Me importas tú... 244
    * Lo mejor de sí mismo 245

	Págs.
* Información suficiente y ¡ni una palabra más!	247
* Sólo para sus ojos...	249
* Que será, será...	250
* Nadie es perfecto...	251
7. Lo que no dicen las palabras...	252
sentidos * Para empezar... la vista	254
* Y despues... el cruce de miradas	257
* Para continuar... el oído	259
* Seguimos... el olfato	260
* Siempre... el tacto	262
* Por supuesto, el movimiento	263
* Y para terminar, la armonía	265
Unas palabras finales, para seducir a la medida...	
* ... del seducido	266
* ... del escenario	269
Resumen	273
Capítulo 5. ENAMORARSE	275
1. Enamorarse: Una experiencia fuera de lo común	277
* La «tormenta emocional»	279
* Pensar y sentir: Una nueva dimensión	284
2. Amor y sexo	291
3. Comunicación, comprensión y transformación	294
4. Los obstaculos: ¿Un estímulo para el amor?	297
5. ¿Cuándo nos enamoramos?	300
6. Diferencias individuales: Confiar o temer, ésta es la cuestión	306
Unas palabras finales...	317

Págs.

BIBLIOGRAFÍA 319

APÉNDICE: Encuesta sobre «la atracción, la seducción y el amor» 325

Introducción

ATRACCIÓN, seduccion y amor. ¿Es necesario o conveniente, hablar de estos escurridizos asuntos en un momento como el actual? ¿Qué tratamiento, punto de vista y lenguaje se han elegido para abordar la compleja tarea de escribir acerca de estos temas?... Es muy lógico que usted, lector, se haga estas preguntas cuando se acerca con curiosidad e interés, pero, seguramente también, con un lógico escepticismo, a tan imprevisibles páginas.

Por eso, vamos a aclarar estas cuestiones antes de entrar en materia, con la intención de facilitar a algunos una rápida y rentable huida a otros, una cómoda e informada posición para el diálogo y el intercambio de experiencias y reflexiones.

Podemos decir, en términos generales, que hemos querido escribir acerca de CÓMO DOS PERSONAS, UN HOMBRE Y UNA MUJER, SE ACERCAN MUTUAMENTE E INICIAN UNA RELACIÓN AFECTIVA Y/O SEXUAL, y de cómo LA PSICOLOGÍA PUEDE AYUDARNOS A ENTENDER MEJOR ESTE HECHO.

Por tanto, este libro **SÍ** trata temas tales como:

— ¿Por qué me siento atraído o atraída por esa persona?
— ¿Por qué es tan difícil conocer las intenciones o deseos que esa persona tiene respecto a mí?
— ¿Cuál es la causa de mi ansiedad cuando trato a esa persona o, simplemente, cuando pienso en ella?

- ¿Qué debería hacer para que me sea más fácil acercarme o gustar a esa persona?
- ¿Por qué son tan complicadas las reglas del juego de la seducción?
- ¿Ha habido siempre este estado de confusión? o, por el contrario, ¿en otras épocas o en otros lugares las cosas han sido y son más claras y sencillas?
- ¿Qué es lo que realmente busco o a qué le doy el «sí» cuando inicio una relación amorosa?
- ¿Qué elementos personales (aspecto físico, gestos, hábitos de conducta, gustos, etc.) y sociales (entornos urbanos o rurales, prisa, cambio de valores y costumbres, trabajo, etc.) afectan, para bien y para mal, a nuestras relaciones amorosas?
- ¿En qué consiste el amor? ¿Es un fenómeno parecido a la atraccion? ¿Es sólo un sentimiento o es algo más...?

Y **NO** trata de cuestiones como:

- ¿Cuál es la receta infalible para seducir?
- ¿Qué debo hacer para que la persona que me gusta caiga rendida a mis pies?
- ¿Cuál es la fórmula para cambiar y ser como esas personas que tienen éxito en el amor?
- ¿Cómo interpretar de forma sencilla e infalible lo que los otros piensan, sienten o pretenden de mí?
- ¿Cómo conseguir el control absoluto sobre mis emociones y, a ser posible, sobre los sentimientos y acciones de los otros?

En definitiva, estas páginas van a estar llenas de información, pero también del entusiasmo y de la honradez necesarios para enfrentar este complejo e importante tema sin las simplificaciones, generalidades y recetas frívolas que tanto proliferan y tan poco nos aportan.

Pero, ¡OJO! No se asusten, esto no significa que vaya a ser un aburrido, oscuro y técnico «tratado» sobre el amor. Al contrario, pretendemos que sea ameno, divertido e incluso apasionante.

Respecto a la segunda cuestión: ¿POR QUÉ HABLAR DE ESTOS ASUNTOS *AHORA*?, creo que a todos ustedes se les ocurrirán de inmediato unas cuantas razones que hacen claramente oportuno, e incluso necesario, un libro como éste.

Hemos seleccionado algunas de estas razones, las más populares y, a la vez, las más reconocidas por la sociología y la psicología modernas:

1.ª El primer argumento y, sin duda, el de más peso, es el que hace referencia a la *universalidad y persistencia* de las relaciones afectivo-sexuales, como uno de los valores preferentes que mueven la conducta del ser humano. En efecto, hombres y mujeres buscamos acercarnos, querernos y satisfacernos mutuamente; y buscamos asimismo, las emociones, sentimientos y experiencias a las que una relación amorosa nos permite acceder. Esto es así ahora como lo ha sido en el pasado, a pesar de los numerosos cambios producidos en nuestras formas de vida y, sobre todo, en los valores que la rigen.

2.ª Experimentamos actualmente una especial necesidad de atender, de conocer, de saber a qué atenernos respecto a las diversas formas que adopta esta búsqueda. Esto es así porque nos hemos quedado sin reglas del juego. La prioridad de otros valores (éxito profesional, abundancia económica y de actividades, prisa, etc.) ha producido un estado de desequilibrio entre el gran desarrollo tecnológico y el subdesarrollo interpersonal y afectivo.

Mientras la sociedad se ocupa de investigar, regular y aportarnos conocimientos y manuales de uso de casi todo, nos deja, sin embargo, en el desconocimiento, la confusión y la indefensión respecto a lo que más nos interesa: las relaciones con nuestros semejantes y, en especial, con esos semejantes-diferentes a los que queremos amar (ya sea durante un solo día o durante el resto de nuestra vida).

3.ª Y no sólo se nos deja así de desvalidos, sino que, además, se nos obliga a vivir, según los sacrosantos valores de la productividad y la conveniencia social, sin dejarnos tiempo para conocer y disfrutar de los afectos.

No es de extrañar que todo lo referente a la atracción, la seducción, el sexo, la soledad, la fidelidad, los celos, etc., tenga en estos momentos un gran protagonismo en todos los medios de comunicación y cultura (cine, televisión, literatura, prensa, música, etc.).

En definitiva, como decía Patrizia Carrano en su libro *«Tómame o déjame»*: «Somos eficientes profesionales y deficientes emocionales», abocados a una libertad deseada y temida, y sin tiempo ni pautas de acción para llevar a buen puerto una de las empresas más importantes de nuestra vida.

Una vez aclarado el contenido, vamos a centrarnos, brevemente, en cómo será el tratamiento que daremos a las siguientes páginas.

No hay temas frívolos, sino tratamientos frívolos de los temas; el nuestro pretenderá transmitir los conocimientos que, extraídos de la psicología, aporten ideas, sugerencias y explicaciones para una más *deliberada y feliz vida afectiva*.

Vamos a hablar, por tanto, de la atracción, la seducción y el amor desde los conceptos, datos y hallazgos de la psicología; esto es, de la ciencia que estudia el comportamiento de las personas y todo lo que puede afectarlo o explicarlo. Y vamos a hacerlo, además, desde un punto de vista abierto, en el que no tomamos partido a favor de mujeres ni de hombres, no preferimos las formas de relación tradicionales ni las nuevas, no criticamos los amores breves ni los «eternos»... En definitiva, queremos explicar y no juzgar; aunque estas explicaciones no se salven del tinte de nuestra ideología personal, una ideología que, como se ve, puede alinearse con planteamientos tales como el liberalismo y la tolerancia.

Como complemento del trabajo de investigación y revisión bibliográfica, hemos realizado una serie de entrevistas a personas de edades y entornos muy diferentes. Algunas de las respuestas de los entrevistados han sido intercaladas en el texto con la intención de ilustrar diversos puntos, de manera más general y objetiva.

Seguramente notarán, una vez avancen en la lectura, la exclusión de las referencias a atracciones y amores entre personas de orientación homosexual.

Las razones de esta deliberada exclusión son las siguientes:

1.ª Las emociones, las vidas y las personas, *no* son homosexuales, ni heterosexuales; esta diferencia sólo es aplicable al objeto de amor o de excitación sexual. Derivadas de ese diverso objeto de deseo se desea lo igual (homo) y no lo diferente (hetero), se generan también otros códigos y formas de relación; pero, sobre todo, son las normas, valoraciones y actitudes de cada entorno social los que imprimen un carácter «especial» a las vidas y amores de quienes son, biológica y psicológicamente hablando, individuos totalmente normales. Por esto, los aspectos básicos del análisis que realizamos en este texto son aplicables a todos, heterosexuales y homosexuales, jóvenes y mayores, hombres y mujeres...

2.ª Aquellos elementos o variables específicos (de tipo social ante todo, como hemos dicho) que afectan de forma diferencial a las *interacciones* homosexuales, merecen un espacio y atención adecuados, espacio del que no disponemos en un texto cuyos objetivos son más generales e introductorios.

3.ª El respeto que nos merecen las formas de interacción homosexual (tan naturales, normales y adecuadas desde el punto de vista psicológico, como diferentes y todavía difíciles para ciertos entornos sociales), nos hizo pensar en la conveniencia de dedicar un texto monográfico a dicho tema y no contentarnos con las escasas referencias que tendrían cabida en éste.

Puede que también les extrañe no encontrar los típicos capítulos o apartados dedicados a «las mujeres...», «los hombres...». También esta exclusión es deliberada; rechazamos esas aproximaciones frívolas que pretenden encontrar las «grandes diferencias» entre hombres y mujeres. Hay diferencias, por supuesto, pero las recogemos a lo largo de cada uno de los puntos, ya que no nos parece conveniente darles ese protagonismo que contribuye a mantener murallas y prejuicios entre las personas.

Bueno, y una vez hecha esta declaración de intenciones, vamos a ponernos a charlar, ¿LES PARECE?

Capítulo primero

El amor en los tiempos de la realidad virtual

ESTÁ en la calle, está en nuestras conversaciones y en nuestros pensamientos... Sí, realmente, como dice la canción, «el amor está en el aire», *ahora, tanto o más que nunca*. En este momento, en que nuestra vida está rodeada y depende de realidades tecnológicas, distantes, intangibles... en este extraño momento, el «animal humano» sigue buscando, como hace siglos, la proximidad y el calor del «otro» para sentirse bien.

Pero, claro, la búsqueda es ahora diferente, como diferentes son los «otros» y «otras» a los que nos queremos aproximar. No cabe duda que esos numerosos cambios han contribuido a *facilitar y enriquecer* en gran manera las relaciones amorosas; pero también es indiscutible que hasta los cambios «más saludables» han tenido «efectos secundarios» que nos complican la tarea de amar y ser amados.

Vamos a hacer un repaso de las transformaciones más significativas que han tenido lugar en la última mitad de siglo, analizando su efecto «benefactor» o «dañino» sobre el erotismo, el sexo y el amor.

1. LA ATRACCIÓN, LA SEDUCCIÓN Y EL AMOR... ¡MEJOR AHORA!

Sí, empecemos por lo bueno, empecemos por el repaso de los hechos, que, de forma directa o indirecta, han contribuido a la mejora de nuestra vida amorosa.

1.1. VIVIMOS MÁS TIEMPO

Aunque parezca algo obvio, conviene recordar que a principios de este siglo la media de vida en Europa era de 60 años, y que en la Baja Edad Media no alcanzaba los 35. En la actualidad, con una esperanza de vida rondando los 80 años (85 para las mujeres y 81 para los hombres), es comprensible que los «años seductores» se amplíen más y más cada vez, llegando a cubrir, en algunos casos (recordemos nombres como el de Picasso), ¡MÁS DE MEDIO SIGLO!

Imaginen la diversidad, complejidad y riqueza que pueden presentar las experiencias afectivas y sexuales de una persona a lo largo de tantos años de «vida activa».

Por supuesto, una vida más larga no significa necesariamente una historia más rica en cuanto a la seducción y al amor; pero unido a otros factores que veremos a continuación, podemos decir que ha sido la «materia prima», la condición necesaria, aunque no suficiente, para que los asuntos amorosos tengan mayor importancia y protagonismo en nuestras vidas durante una etapa vital mucho más larga.

1.2. TENEMOS MEJOR ASPECTO Y ESTAMOS MÁS SANOS:

Así es, la mejoría no ha sido sólo en cantidad, sino también en calidad de vida: en calidad de **cuerpo,** en calidad de **apariencia física** y en posibilidades de **resultar atractivos y seductores** los unos para los otros.

Estamos rodeados de información al respecto, sabemos lo que los avances científicos pueden hacer por mantenernos «más sanos y guapos», y comprobamos, continuamente, en nosotros mismos y en otros, cómo el paso del tiempo respeta, cada vez más, nuestra «energía vital», nuestro atractivo físico y esas **ganas de vivir y comenzar nuevas relaciones**, que antes estaban reservadas sólo a los muy jóvenes.

1.3. LAS MUJERES HAN CAMBIADO SU PAPEL EN LA SOCIEDAD

Si tuviésemos que elegir un aspecto, entre todos los de esta «lista de ventajas», éste sería, con toda seguridad, el que hace referencia al gran conjunto de cambios sociales, educativos, sexuales, laborales, etc., que resumimos bajo el rótulo «liberación de la mujer».

La incorporación masiva de la mujer al mundo del trabajo a partir de los años cuarenta, ha sido, salvo el paréntesis involutivo de la década de los cincuenta, creciente e imparable en las sociedades más desarrolladas. Este hecho produjo, más que otros aparentemente más cercanos al terreno amoroso, una serie de «efectos en cadena», que «no han dejado piedra sobre piedra» en el antes sólido edificio de nuestros afectos y formas de seducción.

Efectos tales como:

* *Mayor interacción entre hombres y mujeres fuera del entorno familiar:* El impacto de este hecho en la estructura de relaciones amorosas, sexuales, amistosas, de compañerismo y colaboración, etc., supuso una historia nueva, que comenzó a escribirse hace tan sólo medio siglo, y que cambió no sólo el escenario de las relaciones, sino también los papeles de los actores.

La mujer sale del escenario familiar y doméstico en el que era reconocida solamente por sus funciones de ama de casa, esposa y madre, y pasa a desempeñar otro tipo de funciones, por las cuales empieza a tratar a otros hombres... a muchos hombres...

Y para estos hombres ya no es sólo una «madre de familia», ahora la mujer vuelve a ser **individuo**, vuelve a ser vista como unidad, como **un otro completo** que ha recuperado todas las facetas de «los otros potencialmente atractivos».

La mujer está entre hombres **a diario, compartiendo problemas, realizando tareas en común, sintiendo la tensión de los momentos duros y la alegría de los éxitos...** y, todo ello, *de forma continuada, durante meses y años.* Es lógico que se dé el efecto que tantos estudios sociológicos han detectado: las formas tradicionales de relación hombre-mujer se ven «dinamitadas», y aparecen nuevas reglas del juego, nuevos y más ricos lenguajes que dan cabida a situaciones y momentos inimaginables hasta entonces.

También se dan efectos contrarios, que analizaremos más adelante, como el aumento de infidelidades, rupturas y divorcios; fenómeno éste atribuido por los analistas, al menos en parte, a la incorporación de la mujer al ámbito laboral y profesional.

* *La independencia económica de la mujer respecto al hombre:* Este avance social que equipara de hecho a las mujeres con los hombres, como adultos útiles, social y personalmente suficientes, ha supuesto, en el tema que nos interesa, varios y llamativos cambios:

En primer lugar, podemos decir que la mujer puede **elegir** a los hombres que la atraen y con los que quiere establecer una relación afectiva, por razones diferentes a la conveniencia o supervivencia económicas. Puede, en efecto, liberar sus **preferencias ideológicas, afectivas y eróticas** del «lastre» de la necesidad de ser mantenida por un hombre con posibles.

Aunque el salario y la posición laboral de la mujer distan mucho, aún hoy, de ser equivalentes a las del hombre, no es de extrañar que se incrementaran los «matrimonios por amor» y el «contigo pan y cebolla» a partir del momento en que la mujer puede sobrevivir sin la tutela y protección económica del hombre.

Pero este paso histórico para la igualdad de la mujer produjo impactos más radicales (es decir, «de raíz»), como la, en principio, titubeante confianza y seguridad de la mujer en el trato consigo misma, con su vida y, cómo no, con los hombres.

Poco a poco, el hablar de tú a tú a «propios y extraños» fue asentándose como una **nueva forma de estar en el mundo para las mujeres.**

No es una tarea terminada, seguimos buscando, seguimos ensayando comportamientos, valores, emociones... pero es un camino sin retorno: la incorporación de la mujer al trabajo ha vuelto a colocar, como confirman los antropólogos, las cosas en su sitio, dando al traste con los estrechos códigos de conducta y buenas maneras, y ampliando insospechadamente las posibilidades de acción y las formas de relación entre unas y otros.

* *La mujer sabe y habla «de otras cosas»:* Indudablemente, no fue sólo el hecho de tener un salario lo que hizo ganar muchos enteros a la autoestima femenina; se trataba también de una «puesta al día» en cuanto a intereses, conocimientos y posición social. La mujer había salido del **confinamiento** del «dulce hogar», para ser, ahora, universitaria, secretaria, periodista, etc.; para ser partícipe de la **información** (no lo olvidemos «la información es el poder»...).

Los temas de conversación, las formas de seducir, las maneras de impresionar y resultar atractivo, las actividades compartidas, los proyectos comunes... entre hombres y mujeres, no volvieron a ser los mismos a partir del momento en que la mujer recupera su posición de **ser pensante y «opinante»**.

Dando por terminado este interesante punto, vamos a pasar a otros igualmente relevantes...

1.4. LOS AVANCES CIENTÍFICOS Y TÉCNICOS HAN CAMBIADO EL MUNDO

Esta obviedad, este conocido tópico, debe, sin embargo, ser analizado desde su influencia en los «asuntos del corazón». Vamos a ello...

* *La información nos llega puntual y detallada ¡DE TODAS LAS PARTES DEL MUNDO!:* El protagonista absoluto de nuestro momento social y tecnológico es, nadie lo puede negar, el desarrollo apabullante de los **medios de comunicación**. Sabemos, es más, vemos con nuestros propios ojos, lo que pasa en el otro extremo del planeta ¡EN EL MOMENTO EN QUE SUCEDE! Ninguna información nos está vedada o, si lo está, no es porque sea imposible acceder

a ella, sino porque ideológicamente se censura o elimina (ya hablaremos más adelante de los aspectos normativos y «de valor» que rigen nuestra vida). Está a nuestro alcance, por tanto, la posibilidad de conocer cualquier cultura, comportamiento y estilo de relación, por lejanos y extraños que nos sean, y de **compararlos y contrastarlos con los nuestros.**

¿Cuál ha sido el efecto de este acercamiento a otras costumbres? Como era predecible, se ha producido un **rápido cambio, una creciente mezcla y un enriquecimiento MULTIDIRECCIONAL**, en todo lo que hace referencia a las pautas de cortejo, seducción y amor.

Por supuesto, no todo lo que viene con los «nuevos aires» es bueno; es evidente que, a veces, hemos hecho tabla rasa y hemos perdido, como comentaremos más adelante, formas muy útiles, convenientes y humanas de relación, en aras de la modernidad y el cambio; pero también es cierto que, tras este «río revuelto», las «aguas pueden volver a su cauce» con formas más flexibles, satisfactorias y completas que las impuestas por los antiguos y «cenagosos» códigos.

Sabemos cómo se conocen, seducen y se aman los extraños de países fríos y muy desarrollados; tenemos datos estadísticos del número de divorcios, del porcentaje de personas solas en países cercanos culturalmente al nuestro; «devoramos» películas y novelas que nos acercan a los gestos, expresiones y ritmos en el proceso de acercamiento, relación y ruptura, de los ciudadanos «made in USA».

Por su primacía política, sabemos mucho más del entorno anglosajón que de cualquier otro... pero también estamos «al cabo de la calle» de los estudios y puntos de vista de los expertos (psicólogos, sociólogos, antropólogos...) y analistas oficiales de nuestro país (periodistas, escritores y personajes populares...); y todo ello pasado por el filtro de las conversaciones interminables a las que, con fruición, nos entregamos con amigos y conocidos.

Imitamos la forma de vestir de Madonna o Isabel Preysler, la manera de hablar, mirar seductoramente o moverse de Michelle Pfeifer o de Harrison Ford, Miguel Bosé o Brad

Pitt; y si nos sentimos incapaces de imitarlos, al menos, sí los tenemos **como criterio de lo que se debe hacer** para resultar irresistibles.

Pensemos que esto que hoy se nos presenta como cotidiano, hace menos de cien años era algo, sencillamente, inexistente.

En esta situación, ¿cómo iban a mantenerse inalteradas las formas de relación? ¿Cómo íbamos a mantener las fórmulas de «nuestros mayores», a los que, por otra parte, escuchamos bastante menos que a la locutora de televisión de turno? En el imperio de la comunicación sólo sabemos comunicarnos con los que están **suficientemente** alejados, y nos interesamos mucho menos por lo que tengan que decirnos los «próximos».

Un estudio reciente mostró este hecho, al arrojar unas cifras contundentes: la primera fuente de influencia para la «formación de opiniones» entre españoles es ¡LA TELEVISIÓN!, antes que la familia, la religión, la ciencia, o cualquier otro ámbito de conocimiento.

El acceso a la información tiene elementos muy positivos, pero también elementos que **pervierten** el propio sentido de comunicación, al «sesgar» o limitar los **contenidos e interlocutores dignos de atención y confianza.**

* *Los medios de transporte nos llevan A TODAS PARTES*: En la actualidad, las historias amorosas entre personas muy lejanas entre sí, tanto espacial como culturalmente, son mucho más frecuentes que hace tan sólo cincuenta años; y esto es así, sobre todo, por la posibilidad de relacionarnos, no sólo «en la distancia», a través de los medios de comunicación, sino también «en vivo y en directo», con gentes que viven a miles de kilómetros de nosotros.

La comodidad, seguridad y rapidez con que podemos cruzar continentes, nos anima a viajar continuamente, haciendo posible amar e incluso casarnos con personas a las que, en otros tiempos, no hubiéramos podido siquiera conocer.

Fenómenos como el «turismo sexual», tan populares en países como Cuba y Tailandia, son un ejemplo de este «acceso inmediato» a personas ajenas a nuestros entornos habituales.

Los viajes producen, además, otros efectos «facilitadores» de encuentros y amores, como veremos en los capítulos 3 y 4. Algunos de ellos tienen que ver con fenómenos como: **mayor permisividad y libertad de conducta, lejanía física y psicológica de las relaciones y compromisos vigentes, predisposición al conocimiento de «lo nuevo», incluidas personas y formas de relación**... Todo esto propiciador de los procesos de contacto afectivo y seducción.

* *Conocemos y controlamos mejor las consecuencias de nuestros actos*: Los avances de ciencias, como la biología, la psicología y la sociología, contribuyen directamente a una mayor **sabiduría** y **deliberación** a la hora de iniciar y mantener una relación afectivo-sexual. Sabemos (o deberíamos saber, si las fórmulas educativas e informativas fueran eficaces) cuándo, cómo y por qué una relación sexual puede conducir a un embarazo. Y no sólo eso, tenemos, para nuestro uso cotidiano, inventos tan infalibles para evitar los embarazos no deseados como los preservativos y la, justificadamente famosa, píldora; y se sigue investigando...

Desde luego, entre todos los hallazgos en este terreno, la síntesis de la **píldora anticonceptiva** es reconocida unánimemente como el **hecho científico-social que más poderosamente contribuyó a la liberación sexual y a la separación clara entre erotismo y sexo, por un lado, y procreación, por otro.**

Sabemos, asimismo, los «pros» y los «contras» psicológicos, económicos y sociales de una ruptura o un divorcio. Hay libros, consejeros, terapeutas, programas divulgativos... que nos ilustran acerca de la conveniencia o el perjuicio de relacionarnos o unir nuestra vida con personas de unas u otras características.

Tenemos incluso infinidad de horóscopos, adivinos y echadores de cartas que nos guían y aconsejan a diario respecto a qué hacer en los complicados asuntos del amor...

Podemos decir que tenemos **demasidas «voces autorizadas»**, iluminando nuestro camino con luces cruzadas y contradictorias; y que, por esta razón, nos sentimos unas veces **deslumbrados...** y otras **a oscuras.**

1.5. HAN CAMBIADO «LAS REGLAS DE JUEGO»

Hemos dejado para el último el punto más importante, el que da sentido a todos los otros, el que es causa, o ¿quizás efecto?, de todo lo anteriormente dicho; nos referimos a la transformación continuada y profunda, experimentada por nuestras leyes, normas, valores, permisos y sanciones..., aplicados a los usos y conductas amorosas.

Nos preguntamos si esta transformación es la causa de que los avances tecnológicos y el papel de la mujer hayan seguido los derroteros de los que hemos hablado y no otros que hubieran sido igualmente posibles... O es, quizás, el cúmulo de hechos sociales y científicos, siguiendo su propio curso, lo que forzó un cambio en las actitudes e ideologías imperantes. Probablemente, la influencia se haya dado en los dos sentidos, en un proceso de interdependencias, tras el que nos resulta imposible pensar una cosa sin la otra.

En cualquier caso, vamos a hacer un listado de las **señales de identidad ideológica y normativa** de la sociedad contemporánea.

Haciendo una especie de «radiografía social», que ponga de manifiesto los **valores imperantes** en los países desarrollados de nuestro entorno, países de Europa y de América, fundamentalmente, y, siendo conscientes de la enorme diversidad de culturas, niveles de vida y subgrupos, que hacen difícil hablar en términos generales, podemos afirmar que:

1.º ESTÁ BIEN VISTO... Es decir, se recompensa socialmente, se acepta de buen grado en personas cercanas, e incluso se propone como comportamiento a imitar...

* **El cuidado por mantenernos tan jóvenes y guapos como sea posible:** El indiscutido valor de la JUVENTUD como ese «divino tesoro» que hay que mantener el mayor tiempo posible, nos lleva a mostrarnos a los demás con una apariencia que nos hace, potencialmente y para un mayor número de personas, **más atractivos** y **seductores**.

* **Tener pareja:** Éste sigue siendo un valor en alza. Si un amigo o amiga nos comenta que ha conocido a **alguien que le gusta**, que **se ha enamorado**, o que **se va a vivir con alguien**... todos le damos la enhorabuena, nos alegramos, nos mostramos a favor de la «eterna fórmula», a pesar de las pruebas que se puedan acumular en su contra...

* **Cambiar de pareja:** Ya no estamos obligados a continuar «hasta que la muerte nos separe» con la misma pareja, se han arbitrado leyes y mecanismos sociales para arropar y facilitar los procesos de separación y divorcio. Y no digamos lo bien que nos parece que alguien «rehaga su vida», expresión con la que se conoce el hecho de iniciar una nueva relación, terminando así con el vacío y las secuelas emocionales del, siempre traumático, proceso de ruptura.

* **Experimentar e implicarse en relaciones breves:** El matrimonio no es ya el objetivo único que guía nuestras iniciativas y acercamientos amorosos; la seducción, el coqueteo, el cortejo, el ligue... no son sólo medios para alcanzar un fin «serio», sino que se convierten en fines en sí mismos, hacia los que nos dirigimos con entusiasmo, y de los que **presumimos** entre los amigos.

* **Disfrutar y «ser experto» en el sexo**: Tanto el hombre como la mujer **deben** saber hacer el amor de formas variadas, creativas, excitantes y muy satisfactorias. Este axioma, esta especie de mandamiento, sustituyó a mandamientos anteriores que, sobre todo en el caso de la mujer, proponían **abstención, ignorancia y aceptación resignada y sin disfrute** de las «obligaciones maritales».

Cuando hablemos de los inconvenientes de estos nuevos valores sociales, mencionaremos los resultados paradójicos de esta bienintencionada liberalidad sexual; pero ahora no podemos dejar de reconocer que esta **hipersexualidad**, presente en la prensa, la televisión, el cine, la literatura... favorece y tiene un efecto multiplicador en nuestro erotismo y poder de seducción.

* **Que la mujer tome la iniciativa y actúe con seguridad en las relaciones amorosas.** Si preguntamos a cualquiera no muy alejado de los núcleos urbanos y de los medios de comunicación, con un nivel sociocultural medio..., seguro que si preguntamos (muchos estudios, entre ellos el nuestro, lo han hecho), todos nos dirán que está muy bien que las mujeres sean activas en la búsqueda y desarrollo de las relaciones afectivas.

Está bien visto que no se queden «esperando a que las saquen a bailar» y tomen la iniciativa cuando les interesa acercarse a un hombre. También está bien visto que, una vez establecida la relación, quieran **hacer el amor, hablar, cambiar las reglas de la pareja, exigir respeto, reservar parte de su tiempo y autonomía para sí mismas**, o cualquier otro pronunciamiento que las defina como individuos.

Todo esto suele parecernos muy bien, otra cosa es la «duda razonable» que debemos mantener respecto a la capacidad actual de las mujeres para hacerlo adecuadamente **EN LA PRÁCTICA** y para que los hombres lo acepten de buen grado.

* **Que los hombres hayan innovado y enriquecido también sus «registros» en el trato con «ellas»**: No sólo han cambiado las mujeres. Por supuesto, los hombres han ido evolucionando hacia comportamientos tenidos, en otras épocas, como típicamente femeninos. Hoy, los hombres son, según los estudios, más expresivos, más emotivos y afectivos, y se sitúan en **una posición más cercana e igualitaria** cuando se acercan o tratan a las mujeres. Y no sólo esto es así, sino que, además, a ellas les gusta más, según todas las investigaciones, este tipo de hombres que los tópicamente masculinos (los «Macho-Men», en terminología anglosajona).

Es fácil deducir que este acercamiento en los papeles amplía las posibilidades de contacto, comunicación, entendimiento y amor entre unas y otros.

Ademas...

2.º SE TOLERA MUCHO MÁS... Vamos a referirnos a continuación a aquellos comportamientos o formas de relación que, sin que se nos propongan como modélicas, sí son, al menos, tolerados en nuestros días.

* **Las uniones «atípicas»**: Con este rótulo, queremos referirnos a aquellas parejas que, por razones económicas, raciales, culturales, religiosas, de edad o sexo... se salen de los estrechos límites de «lo modélico» o «ejemplar».

Hasta hace poco tiempo, ya que podemos situar el comienzo de esta **permisividad** no más allá de los años veinte, eran duramente castigadas, prohibidas, o directamente impedidas, las parejas «no convenientes».

Si tenemos en cuenta, por otra parte, que la supuesta conveniencia se aplicaba a casi todas las dimensiones de la vida personal y social, nos haremos una correcta idea de las poquísimas variaciones permitidas sobre el «retrato robot» de novio o novia que, para cada joven casadero o casadera, habían dibujado previamente los familiares y personas significativas de su entorno.

Porque, claro está, sólo debía ser contemplada la posibilidad de una relación con fines serios, que implicaba tanto el futuro del joven, como el de todo su medio familiar y social.

Se sometía a un severo juicio al candidato: su profesión, sus posibilidades económicas, su apariencia, educación e historia, su edad, honorabilidad, gustos y posibles «vicios»; todo esto si su religión, país de origen, raza y, por supuesto, ¡SEXO! no había dado al traste, de entrada, con cualquier posibilidad de ser aceptado.

Alguien inadecuado lo podía ser, en realidad, ¡POR CUALQUIER COSA!, no importa lo periférico, secundario o discutible del supuesto defecto o incompatibilidad.

En esto, sin duda, las cosas han cambiado mucho; ya no hay dotes ni listas de requisitos que cumplir; se nos permite **equivocarnos a gusto o acertar contra todo pronóstico**. En definitiva, se nos permite (eso sí, en mayor o menor medida, según los casos) decidir por nosotros mismos.

Tal ambiente de tolerancia, si no completa, sí mucho mayor que en otros tiempos, ha hecho posible la proliferación de «parejas disparejas», con diferencias en edad (la pérdida de finalidad reproductiva en muchas uniones ha facilitado las cada vez más frecuentes relaciones de mujeres con hombres mucho más jóvenes que ellas), en religión y raza (los movimientos migratorios provocan estos raros encuentros), en nivel económico y educativo. Esto se puede entender como el triunfo del amor y la libertad sexual, por encima de intereses materiales..., frente al matrimonio de conveniencia.

En definitiva, los límites y cortapisas para el acercamiento y contacto hombre-mujer son cada vez menores, aunque, no nos engañemos, las preferencias y consejos siguen siendo «sensatamente» orientados en la misma dirección.

Podemos decir que lo conveniente no ha dejado de ser como era, pero que el castigo por incurrir en una «unión inconveniente» se ha suavizado significativamente, hasta llegar, en algunos casos, a desaparecer o a quedar reducido a **una mera opinion.**

Un caso que, aun sufriendo todavía un mayor rechazo que otros, muestra esta tendencia a la tolerancia progresiva es el de las relaciones homosexuales. Cada vez son más los entornos donde se ha sustituido el rechazo abierto y el castigo social (el homosexual podía perder su empleo y ser excluido de la familia si se conocía públicamente su orientacion amorosa...) por una leve sorpresa que no va mas allá del comentario o la curiosidad inicial.

Se trata de una batalla que aunque en algunos entornos se ha ganado por completo (ambientes más progresistas, cultos, informados...), en otros, los más intolerantes, soporta aún una violenta resistencia.

* **Las formas «atípicas» de relación:** Con este rótulo queremos referirnos a aquellas fórmulas de unión afectivo-sexual difícilmente clasificables en las **casillas** disponibles para ello.

¡Hemos sacado de sus casillas muchas cosas!, es cierto, y es que las relaciones humanas **NO CABEN** en tan sólo tres categorías, a saber, como decíamos en el colegio: **FAMILIAR, AMIGO/A, ESPOSO/A** (la fase de novio o novia era sólo una transición para la correcta posición final de esposo o esposa).

Cada una de estas categorías tenía en el pasado un completo «manual de instrucciones», con el que cualquiera podía y debía construir la relación correctamente. El proceso, límites, compromisos, duración y objetivos de futuro estaban totalmente especificados en cada categoría, para que, **sin vacilaciones, dudas o transgresiones**, todo ciudadano o ciudadana viviera sus afectos sin complicaciones ni riesgos.

Por supuesto que muchos, también en el pasado, se situaban descarada y peligrosamente en zonas intermedias, en «relaciones bisagra» de difícil denominación: **amistades con sexo, matrimonios sin convivencia, familiares sin compromisos ni dependencias...**

Sí, esto ya se hacía antes, sobre todo lo hacían los transgresores: artistas, intelectuales y «gentes de mal vivir». Pero, en términos generales, la sociedad veía con muy malos ojos las relaciones **inclasificables**.

Ahora, sin embargo, es frecuente; los manuales no nos sirven, se nos han quedado pequeños, antiguos, **impertinentes** (en el doble sentido de la palabra: «molestos» e «inadecuados para su función»), y tenemos que construir, que diseñar, para tomar un término de moda, cada relación **a su medida**.

Y así, a partir de un primer contacto, debemos ir «dibujando» todas las dimensiones de la relación: el tiempo de duración (desde un corto ligue de una noche hasta ¿toda la vida?), el lenguaje y forma de comunicación (*lo que* se dice y *cómo* se dice), los deberes y compromisos (lo que cada uno puede esperar y exigir del otro), el grado de «carnalidad» (emociones, contacto físico, sexo...), la «complicidad»(coincidencia en opiniones, gustos, puntos de vista...), la «convivencia» (qué espacios y tiempos se comparten y cuáles no).

¡Qué complicado!, ¿verdad? Realmente es muy complicado; por eso, ¡estamos como estamos!, pero reconozcamos también la apasionante posibilidad de decir sí, de enriquecernos con experiencias variadísimas, con personas diferentes, con innombrables relaciones... Relaciones que en otro tiempo hubiéramos tenido que «disecar» y constreñir, para «hacerlas entrar», a duras penas, en uno de los tres moldes disponibles, y que, de no ser esto posible, hubiéramos terminado por perder.

No cabe duda de que es necesario ampliar, hacer a la medida de cada dos, las formas posibles de relación, aunque conozcamos y nos ayudemos de las experiencias de otros, de nuestra propia experiencia pasada y, cómo no, de la sabiduría vertida en «los manuales». No se trata de partir de cero, se trata de imprimir los cambios necesarios para hacer cada «historia de dos», posible, satisfactoria y no dañina.

Y así, pueden existir, y de hecho existen, todo tipo de combinaciones, según esas dimensiones que antes comentamos: TIEMPO, CARNALIDAD, CONVIVENCIA, COMPLICIDAD y COMPROMISO:

1. Tipo «pasional»:

— MUCHA CARNALIDAD - NINGÚN COMPROMISO - POCOS TEMAS DE CONVERSACIÓN - NINGUNA CONVIVENCIA - ALGUNA COMPLICIDAD - DURANTE MUCHO O POCO TIEMPO.

2. Tipo «pareja desgastada»:

— NINGUNA CARNALIDAD - MUCHOS COMPROMISOS - POCOS TEMAS DE CONVERSACIÓN - AMPLIA CONVIVENCIA - ESCASA COMPLICIDAD - DURANTE MUCHO TIEMPO.

3. Tipo «amigos del alma»:

— ALGUNA CARNALIDAD (NO SEXUAL) - ALGUNOS COMPROMISOS - MUCHÍSIMOS TEMAS DE CONVERSACIÓN - ESCASA CONVIVENCIA - MUCHÍSIMA COMPLICIDAD - DURANTE ¡TODA LA VIDA!

4. Tipo «pareja ideal»:

— MUCHA CARNALIDAD (CON PROTAGONISMO DEL SEXO) - BASTANTES COMPROMISOS - BASTANTES TEMAS DE CONVERSACIÓN - MUCHA CONVIVENCIA - MUCHA COMPLICIDAD - DURANTE ¿CUÁNTO TIEMPO? Aquí, hay discrepancias respecto a las posibilidades de mantenimiento de esta situación excepcional durante un periodo largo de tiempo.

5. Tipo «amigos del cuerpo y del alma»:

— MUCHA CARNALIDAD (INCLUIDO EL SEXO) - ALGUNOS COMPROMISOS - MUCHOS TEMAS DE CONVERSACIÓN - ESCASA CONVIVENCIA - MUCHA COMPLICIDAD - DURANTE MUCHO TIEMPO.

6. Tipo «pareja abierta»:

— MUCHA O POCA CARNALIDAD - COMPROMISOS QUE NO EXCLUYEN LA POSIBILIDAD DE OTRAS RELACIONES SEXUALES - MUCHOS TEMAS DE CONVERSACIÓN (INCLUSIVE LAS REFERENCIAS A «OTROS AFECTOS») - MUCHA O POCA CONVIVENCIA - MUCHA COMPLICIDAD - DURANTE BASTANTE TIEMPO.

Y todo ello con desarrollos temporales también variados; por ejemplo, primero AMIGOS, después AMANTES y luego ESPOSOS... o primero ESPOSOS, después EX ESPOSOS y, mas tade, AMIGOS DEL ALMA... o primero ESPOSOS y después (una vez casado uno de ellos con otro u otra) AMANTES...

Bueno, podríamos seguir con este juego de «cruces» y variaciones, pero les dejamos a ustedes la interesante tarea de hacerlo e incluso, de analizar, desde estos criterios, la fórmula que mejor se ajusta a las relaciones en las que están o querrían estar implicados.

Lo que hemos querido resaltar es el carácter más permisivo de los valores actuales y su repercusión en la proliferación de fórmulas novedosas o atípicas que rompen con la «férrea tríada» y sus «manuales de uso».

* **Vivir solo o sola**: En estos momentos, en sociedades como la nuestra, existen entre un 35 por 100 (países nórdicos) hasta un 26 por 100 (países latinos) de viviendas unipersonales, de personas que viven solas de forma permanente o, por lo menos, durante largos periodos de tiempo (Jaeggi, 1995).

Esto es posible, según los diferentes estudios sociológicos y psicológicos, por razones tales como:

— **Mejor nivel socioeconómico general:** Cuando esta condición no se da, por ejemplo, en zonas o ambientes más desfavorecidos, el porcentaje de «solitarios» se reduce drásticamente.
— **Mayor nivel cultural general**: Los ciudadanos de hoy son más competentes para planificar, llevar a cabo y enfrentar los problemas cotidianos por sí solos. Una vez más, aquí se puede constatar que, cuando este nivel suficiente no se da, la persona no puede permitirse vivir sola.
— **Mayor seguridad y apoyo social**: Los historiadores nos confirman la hipótesis de que, en tiempos remotos como la Edad Media, nadie podía sobrevivir solo, ya sea por los numerosos peligros, ya sea por la incapacidad individual para ganarse el sustento y resolver los propios problemas.

Hoy en día, por el contrario, las **redes de apoyo social,** la estructura que orienta y protege a los individuos (siempre, por supuesto, que no hayan tenido la mala fortuna de estar marginados por el sistema), posibilita una **segura** vida en solitario.

— Y por último, y correspondiendo al punto que nos ocupa, queremos subrayar **la permisividad social** hacia los que eligen o se ven obligados a vivir solos.

Aquí también, como en apartados anteriores, tenemos que hablar de cambio, de un sutil pero profundo cambio que ha dejado «libres de sospecha» a todos esos vecinos y, sobre todo, vecinas, que mantienen una vida de «a uno».

Los hijos e hijas que quieren dejar el núcleo familiar (se hacen, incluso, estadísticas y bromas respecto al deseo de los padres, no compartido por sus hijos, de que éstos dejen el hogar familiar para «¡IRSE A VIVIR SOLOS DE UNA VEZ POR TODAS!); los divorciados y divorciadas que no han «rehecho sus vidas»; los solteros y solteras que disfrutan de su soltería; la madre o el padre de edad avanzada que **no quiere dejar de estar solo**, a cambio de vivir en la casa de los hijos...

Todos estos solitarios, en su condición de tales, pueden acercarse, iniciar y compartir todo tipo de interacciones afectivo-sexuales, desde las muy breves, hasta verdaderas relaciones de pareja, que pueden durar años, viviendo **cada uno en su casa**.

Es indiscutible que la posibilidad, tanto material como social, de vivir a solas, sin estigmas ni privaciones, hace más probables y variados los contactos e historias afectivas de todo tipo.

Visto así, puede parecer que «todo está bien en el mejor de los mundos», pero todos sabemos y todos experimentamos, en nuestra propia vida y en la de las personas que nos rodean, que **NO**, que no es una situación color de rosa, ni mucho menos, para la tarea de relacionarnos afectiva y eróticamente con los demás.

En la introducción ya avanzábamos algunas pistas acerca de los importantes problemas, algunos heredados y la mayoría nuevos, con los que nos encontramos cuando pretendemos amar y ser amados. Vamos a hacer la «lista negra» de todo aquello que entorpece, complica y hace doloroso el camino hacia «el otro». No se extrañen si mencionamos exactamente los mismos hechos a los que antes atribuíamos un efecto benefactor; no podría ser de otra forma; los hechos, salvo algún significativo añadido, se repiten, pero presentando, ahora, esa dualidad, esa doble cara (Jekyll y Hyde) que caracteriza a los fenómenos sociales y humanos. De modo que, recapitulemos, ¿qué puede tener de pernicioso, para nuestros amores, una vida larga y un mejor aspecto y estado de salud? ¿Cómo puede ser malo que las mujeres se ganen su sustento, sepan más y estén más seguras de sí mismas, y que los hombres sean más tiernos, comprensivos e igualitarios? ¿Qué amenaza puede esconderse en que controlemos nuestra prole y se nos permita unirnos a quien queramos y como queramos, e incluso que no nos unamos a nadie y vivamos solos?

2. LA ATRACCIÓN, LA SEDUCCIÓN Y EL AMOR..., AHORA, ¡MUCHO MÁS COMPLICADO!

Hablemos del porqué...

2.1. EN UNA VIDA MÁS LARGA ES DIFÍCIL QUE LAS RELACIONES SEAN «PARA SIEMPRE»

Con una media de treinta y tantos años de durísima vida, y teniendo toda la atención y energía empeñadas en sobrevivir, era fácil en otros tiempos no tener que enfrentarse a coqueteos, rupturas, búsquedas y soledades. Pero en una «larga y más segura» vida, como la que podemos disfrutar en nuestros días, la probabilidad de este tipo de **conflictos** es, sin duda, mucho mayor.

2.2. ESTAR MÁS SANOS Y ATRACTIVOS NOS HACE MÁS SEDUCTORES, PERO TAMBIÉN PRODUCE «ATRACCIONES INCONVENIENTES»

Esta obviedad es, sin embargo, un hecho a tener en cuenta. La apariencia, atuendo, movimientos y miradas seductoras no están ya confinadas solamente a los jóvenes casaderos, ahora la «madre de familia», el «padre de mi novio», «el vecino» y «la profesora» se muestran IRRESISTIBLEMENTE ATRACTIVOS...; y esto es así, sin limitaciones de edad, estado civil, parentesco o lazos previos que nos aten a otros compromisos.

Las posibilidades se amplían, las comparaciones aparecen, las insatisfacciones afloran, las dudas amenazan con volvernos locos y los deseos demandan su espacio y «derecho a la vida».

Ésta es la situación, ¡qué le vamos a hacer! Para bien y para mal, ésta es la situación, que, además, se ve todavía más enredada por elementos como los siguientes...

2.3. LAS MUJERES TRATAN, EN EL TRABAJO, A HOMBRES QUE ¡NO SON SUS HERMANOS, PADRES O MARIDOS!

Antes, en el apartado correspondiente a la incorporación de la mujer al mundo laboral y profesional, señalábamos la innegable ventaja que esto supuso, como facilitador de encuentros, relaciones y matrimonios.

Pero la otra cara de la moneda también se ha mostrado con datos indiscutibles: la mayoría de los divorcios que se producen en los países industrializados, y cuya causa es la infidelidad, tienen como tercer vértice del triángulo a un compañero o compañera de trabajo.

Las parejas formadas por médicos y enfermeras, jefes y secretarias, modelos y fotógrafos, profesores y alumnas, psiquiatras y asistentes sociales, y, por supuesto, compañeros de un mismo nivel profesional: maestros, actores, ejecutivos, dependientes... todas estas uniones son tan frecuentes, que podríamos decir que la excepción es que no ocurra.

Pero como no sólo trabajan los «solteros y sin compromiso», los coqueteos, atracciones irresistibles, historias paralelas y las DUDAS, MUCHAS DUDAS son, en la actualidad, el pan nuestro de cada día.

Podemos decir que la disponibilidad de **persona, momento, lugar, tiempo y actividad común**... facilita tanto el contacto... ¡que llega a ser un problema! Sobre todo si, como veremos más adelante, los valores reinantes no contrarrestan e inhiben por completo esos potenciales contactos.

Más importante que el aspecto cuantitativo de «probabilidad de contactos» se presenta otro fenómeno derivado del cambio de papel desempeñado por la mujer en la sociedad en este último siglo: es el tan traído y llevado asunto del **desconcierto y miedo del hombre** ante mujeres que ya no son «sumisas», «ignorantes» y «dependientes».

Hay teorías y puntos de vista para todos los gustos. Desde los más feministas, que atribuyen todos los logros y actitudes positivas a la mujer y relegan al hombre a un papel de «comparsa que ha perdido los papeles», hasta los que defienden que las mujeres «están enloquecidas» y que, mientras no vuelvan al «papel que les corresponde», todo estará confuso y sin solución.

La realidad es que, como tantas veces, un hecho de tan gran trascendencia no ha tenido una previsión, una reflexión sobre sus efectos y un apoyo social para que sus protagonistas, tanto hombres como mujeres, pudieran **sustituir viejas formas de relación por otras más convenientes**, evitando lo más posible sufrimientos y errores.

La mujer se ha visto abocada a **improvisar** con eficacia papeles de universitaria, compañera y profesional. Se ha visto abocada a **exigir** respeto y confianza en su seriedad y competencia en el trabajo. Se ha visto abocada a crear, partiendo de la nada, nuevas formas de relación..., y todo esto **sin descuidar** sus intereses y responsabilidades como mujer.

Los hombres, por su parte, al igual que las mujeres (tengamos en cuenta que el comportamiento de todos los seres humanos responde a las mismas causas), lejos de ser los malos o tontos de la película, **hicieron lo que habían aprendido a hacer**, lo que durante siglos se les había pedido que hicieran.

Para ellos, las situaciones también han sido sorprendentes, imprevistas... Ante exigencias diferentes, expectativas que nunca antes una mujer les había expresado... **fueron aprendiendo, construyendo un nuevo papel social, un**

papel mixto, contradictorio y difícil, el papel que las condiciones sociales les permitían construir.

Son frecuentes las explicaciones que sitúan a la persona en el centro de los cambios, de las grandes decisiones; que atribuyen el mérito o la culpa a unos «seres pensantes», que libremente eligen su comportamiento y su futuro.

Y claro que elegimos y decidimos, pero no en el vacío, sino empujados y dirigidos por lo que hemos aprendido a ser y las circunstancias que, en cada momento, vivimos.

Y cuando las circunstancias suponen una brusca ruptura con lo que conocemos, cuando tenemos que incorporar formas de pensar, sentir y actuar, para las que no estábamos preparados... todos los seres humanos, hombres y mujeres, niños y adultos (e incluso los animales), se desconciertan, se inhiben, sienten ansiedad, ensayan nuevas formas de conducta y, desde luego... **¡siguen sintiendo, pensando y actuando, en gran parte, tal y como lo venían haciendo antes!**

Por eso se dan las idas y venidas, las dudas, una vez más, y una sensación de falta de control sobre la propia vida y la de los demás. Los interrogantes permanecen y los debates se suceden...

— ¿Funcionará bien una pareja en la que la mujer gana más dinero que el hombre?
— ¿Existe realmente acoso sexual, por parte de los hombres, en el trabajo?, o, ¿en muchos casos, se dan situaciones de seducción, por parte de las mujeres, con unos u otros fines?
— Mostrar seguridad y eficacia profesional, ¿disminuye el atractivo de una mujer?
— ¿Usan muchas mujeres su atractivo físico para ascender en el mundo del trabajo?

2.4. LOS AVANCES CIENTÍFICOS Y TECNOLÓGICOS PRODUCEN CAMBIOS ENORMES Y «A LA VELOCIDAD DE LA LUZ»

Hemos comentado las ventajas de conocer rápida y certeramente los comportamientos y culturas ajenas, las ventajas de trasladarnos velozmente a cualquier parte del mundo y, así, ponernos directamente en contacto con gentes y ambientes de todo tipo. Pero, dando la vuelta a estos adelantos innegables, encontramos las desventajas y peligros confirmados, de tan importantes y asequibles experiencias. Algunos de esos «puntos negros», son:

* **La adopción de «estilos» y pautas de comportamiento extraños a la propia cultura.** El contacto con personas que se atraen, seducen y aman de formas muy diferentes a las nuestras, ha producido **la imitación** incondicional y acrítica de estas «nuevas formas», que, siendo adecuadas para otros, pueden no serlo, sin embargo, para nosotros.

Debemos recordar que las emociones, gestos, estrategias, palabras, formas de vestir, etc., son **señas de identidad** que ayudan a los miembros de cada cultura a ENTENDER el comportamiento de los otros y el suyo propio, y, lo que es más importante, ayudan a PREDECIR **el efecto** que esos comportamientos tendrán en las personas a las que se dirigen y en aquellas otras que los observan y juzgan.

Por esta razón, son esos gestos, palabras y estrategias las que se van pasando de generación en generación. De esta forma, los más jóvenes aprenden sus **significados sociales**, su valor de señal, su capacidad de transmitir mensajes certeros que, con toda seguridad, llegarán a su destino y serán comprendidos por cualquiera que comparta las mismas «claves culturales».

La seguridad de dirigirnos a la «persona elegida» con un **LENGUAJE COMPARTIDO**, con acciones y gestos que tienen el mismo sentido para ambos, es, no cabe duda, de gran ayuda para una tranquila y «fiable» comunicación amorosa. Si tenemos esto en cuenta, entenderemos mejor que los cambios de estilos y códigos amatorios, al igual que de otras áreas importantes de nuestra vida, hayan cambiando **siempre MUY LENTAMENTE.**

Ese ritmo pausado facilita el necesario proceso de **selección y periodo de prueba**, de «examen de idoneidad», para comprobar si las novedades son convenientes y «a la medida» de la cultura que las adopta.

Es cierto que la lentitud en el cambio ha propiciado en muchas ocasiones el mantenimiento de situaciones injustas y dolorosas, de situaciones ya sin sentido para las personas que se veían obligadas a vivir según unos códigos obsoletos; esto es cierto, pero también lo es el hecho de que las transformaciones sociales y psicológicas requieren, para que no sean traumáticas e inconvenientes, de un tiempo suficiente.

En los últimos años este «tiempo suficiente» no se ha respetado, las innovaciones se producen antes de que podamos **aprender y adaptar** su utilidad y significado. Podemos decir que esa rápida adopción de formas y gestos **LOS VACÍA DE SENTIDO** y los deja en meras apariencias, que abocan, tan sólo, a la confusión, la desorientación y el malentendido.

Y ¿qué decir de las innovaciones tecnológicas? Si hacemos un esfuerzo por imaginar épocas pasadas, nos daremos cuenta de que hasta la invencion del **telégrafo** en 1837, la comunicación **inmediata** entre personas (sin dilacion entre la emisión y la recepción de un mensaje) sólo era posible **aproximándose a una distancia suficientemente corta como para VERSE y oírse mutuamente.**

El telégrafo y su «hermano mayor», el teléfono, medio siglo después, en 1888, abren la era de las **comunicaciones inmediatas a distancia**. Antes de ese prodigioso siglo de inventos, sólo el correo servía para las relaciones interpersonales a distancia. Pero la carta nunca pudo ascender a la categoría de diálogo, de conversación...

¿Por qué dos cartas que se responden mutuamente no son un diálogo, y una conversación telefónica, sí? La clave está en la inmediatez, en la posibilidad, en el caso del teléfono, y no en el de la carta, de **construir un mensaje** *a la medida del momento y situación del otro*.

Una conversación es algo vivo, algo imprevisible que se va creando en función, no sólo de los contenidos que cada hablante quiere transmitir, sino también en función de **las emociones, ideas, gestos, voz, acciones y palabras del otro.**

Por eso, en las épocas anteriores a las telecomunicaciones (tele = a distancia), las personas tenían que acercarse físicamente, tenían que «correr el riesgo» de **tocarse, mirarse y escucharse**, para poder conocerse unos a otros y para contarse cosas...

Como ya habrán imaginado, hemos comenzado hablando de esto, para centrarnos en las peculiares relaciones telecomunicativas que son señas de identidad de nuestra época. Y es que a partir de ese trascendental cambio que supuso el teléfono, las cosas no han vuelto a ser lo que eran... Ahora podemos **oír** y, últimamente, hasta **ver**, a esa persona que está físicamente muy lejos, pero que, a pesar de la distancia, se nos muestra con su cambio de peinado, sus ojeras... con esa camisa que le habíamos regalado y... ¡con su voz!, con la voz que expresa más alegría de la que esperábamos o, por el contrario, expresa una aterradora indiferencia...

El teléfono es el gran aliado del amor. Nuestra vida puede cambiar con una llamada inesperada y puede hundirse cuando la llamada esperada no llega.

La literatura, el cine y el teatro han explorado y explotado hasta el máximo esa perversa y mutua dependencia entre amor y teléfono; como muestra, baste recordar a la protagonista de *Mujeres al borde de un ataque de nervios* (película basada, a su vez, en el relato de J. Cocteau, «La voz humana») en su deseaperada relación de amor y odio con el teléfono.

Pero hasta aquí nada extraño; nuestro deseo de acceder a personas a las que no podemos tocar, ver, oler y oír directamente nos ha llevado a inventar todo tipo de artilugios con los que acercarnos lo más posible a esa deseada inmediatez.

El problema surge cuando la inmediatez no es deseada, cuando nos da «más miedo que vergüenza» la proximidad física del otro. Entonces, cuando no nos sale bien el control y expresión de las emociones, cuando no sabemos acariciar o responder a una caricia, cuando preferimos la seguridad de nuestro «refugio solitario», **¡qué útil es el teléfono!** Útil para poner excusas, para colgar antes de que el otro coja el auricular, para dejar un mensaje en el contestador automático, cuando **sabemos** que el otro o la otra **no están en casa**, para decir algo que en persona no nos atreveríamos a decir... en definitiva, para **escondernos y alejarnos del temido «cuerpo a cuerpo»**...

Y ¿qué decir de las «autopistas de la comunicacion», de la poderosa red Internet y de esa realidad virtual que ha dado irónico nombre a este capítulo? Como psicólogos, nos produce sorpresa y temor la ausencia de información sobre los previsibles efectos negativos que estas formas de comunicación pueden tener sobre la vida afectiva y amorosa de las personas.

Vamos a hacer un breve comentario, atendiendo sólo a esos previsibles efectos perniciosos, ya que, sobre las ventajas, posibilidades y aplicaciones benefactoras, sabemos (y sabremos) cada vez más.

Queremos resaltar un hecho que ya está empezando a observarse, nos referimos a que personas con dificultades en la relación con los demás, personas tímidas, con ansiedad o inhábiles en el trato social, **se recluyan** *en casa, a solas* **y dediquen horas y horas a** *relacionarse con el mundo* **¡a través de la pantalla del ordenador!**

La realidad sustituta que se nos brinda a través de una pantalla, sea ésta de un aparato de televisión o de un ordenador, es una realidad trucada, una realidad a la que se ha despojado de sus atributos inquietantes. La realidad electrónica es como la realidad inmediata... pero, **controlable, previsible, disponible y** *segura*...

De esta forma, preferimos «relacionarnos» con los actores de una película a través del monitor de vídeo del tren en el que viajamos... antes que sufrir «los nervios» de una impredecible, incontrolable y arriesgada (¡vaya usted a saber lo que me puede contestar!) conversación con el pasajero que está sentado a nuestro lado.

Preferimos ver en la televisión un concierto... antes que relacionarnos con el frío, el aroma y los sonidos de la noche, por no hablar de las caras, comentarios, ropas y actitudes de los aficionados, en el rito colectivo, único, de compartir la experiencia de la música.

Vamos a preferir (algunos lo prefieren ya) excitarnos sexualmente, coquetear, y ¡hasta casarnos!, con personas a las que no hemos tocado, olido o escuchado. Claro está que si reducimos al otro y a uno mismo a la dimensión de la lógica, de la palabra, de lo deliberadamente elegido... si escondemos, bien escondida en un cajón, nuestra **naturaleza carnal, emocional, física**... entonces ¡no habrá nada que temer!

No habrá nada que temer, es cierto, pero ¿imaginan ustedes lo que puede pasar si ofrecemos, en bandeja y con las bendiciones de la tecnología y de la cultura oficial, un escape airoso para quienes no se sientan seguros y a gusto entre sus semejantes?...

No es un asunto frívolo... mientras que conozcamos mejor la vida de un actor que dista de nosotros miles de kilómetros y siglos de cultura... que la de nuestro vecino del que sólo nos separa una pared... mientras que un niño preste toda su atención a un juego electrónico, ignorando la presencia de otros niños... mientras alguien pase ocho horas comunicándose con personas del otro lado del mundo... y no pueda soportar la tensión de charlar con unos compañeros tomando una copa tras el trabajo... mientras que una ama de casa sepa todo lo que hay que saber acerca del sexo, tras el oportuno programa de televisión... pero «se le hielen las palabras y las manos» a la hora de acercarse a su marido... **mientras no hagamos algo efectivo por** *compensar* **el exceso tecnológico e informativo con el déficit de formación y sabiduría en nuestras relaciones personales, NUESTRA VIDA NO HABRÁ MEJORADO REALMENTE.**

No queremos dejar de mencionar en este apartado el efecto producido por la aparición, difusión y conocimiento de la «plaga del siglo»: el SIDA. El SIDA, con su carácter de grave enfermedad de transmisión sexual, imprime ciertos rasgos reconocibles en los usos amorosos de los ciudadanos del final de milenio.

Son rasgos como **la inhibición, el miedo y la ansiedad**, asociados a los juegos amorosos y contactos sexuales. Es lógico que el temor al contagio propicie actitudes de *distanciamiento y preferencia por las relaciones asexuadas y* **a distancia.**

Los medios técnicos e informáticos han supuesto el medio por el cual es posible la comunicación a distancia; pero su utilización se ha hecho más útil, más generalizada y conveniente ante el peligro de relaciones... más cercanas.

El conocimiento, con todo detalle, de las patéticas consecuencias del SIDA en personas del mundo del arte y la cultura, personas admiradas y aprecidas por muchos de nosotros, ha producido una vuelta a formas de relación más seguras, esto es: menos carnales, rápidas y variadas...

Los alegres y liberalizadores años setenta dieron paso a unos conservadores años ochenta, entre otras cosas por la presencia del «fantasma del SIDA» en nuestras fantasías, acercamientos y contactos amorosos.

Valga este breve apunte para terminar este importante apartado que define, mejor que ningún otro, quizás, nuestros peculiares estilos de vida en este «presente imperfecto».

2.5. ¿CUÁLES SON, REALMENTE, LAS REGLAS DEL JUEGO?

Como resultado de los avances tecnológicos, científicos y sociales a los que hemos hecho referencia hasta ahora, se ha producido, en las sociedades avanzadas (en el primer y segundo mundo, por supuesto, no en el tercero), una vertiginosa y completa transformación en los «códigos de valor» por los cuales se rigen nuestras vidas.

Tal y como apuntábamos en el apartado de las «ventajas», han sido muchos e importantes los cambios que, en pocos años, han puesto «patas arriba» nuestras **convicciones, ideas, normas y preferencias.**

Formas de actuar y relacionarse que hubieran sido «intolerables», «aberrantes», «desviadas» o, simplemente, prohibidas o castigadas socialmente, son hoy tenidas por normales y legítimas.

Hemos comentado lo conveniente y beneficioso de este ambiente de mayor permisividad; pero nos toca ahora la menos agradable tarea de señalar las lógicas desventajas y «contraindicaciones» de ciertos aspectos de esta auténtica revolución.

Repasemos, pues, «las líneas maestras» de nuestro «manual de conducta amatoria» actual, en lo que hace referencia a sus fisuras, contradicciones, vacíos y peligros.

Se nos proponen, para nuestra vida afectiva y de relación interpersonal, **METAS, CRITERIOS Y MODELOS** como los siguientes:

1.º <u>¡Hay que ser joven, guapo y estar «en plena forma» para resultar atractivo y «deseable»!</u> Este «disparate», que no resiste la más mínima confrontación con nuestra experiencia diaria y con los numerosos estudios que sobre el tema de la atracción se han realizado, es, sin embargo, algo que se nos vende a través de los distintos medios de comunicación, y algo que, por desgracia, atormenta y limita la vida de muchas personas.

Es obvio que una persona joven, que además cumple los criterios que, en un momento y lugar, se consideran **cánones de belleza y salud,** gusta o atrae *de manera general* a un *mayor número* de personas; pero esto no quiere decir, en absoluto, que personas «de más edad y/o menos belleza» tengan disminuidas sus posibilidades de iniciar y mantener relaciones afectivo-sexuales.

La exageración y primacía de valores tales como «cuerpo atlético», «aspecto juvenil», «belleza seductora», «rostro perfecto»... ocultan una realidad mucho más compleja y, afortunadamente, «menos previsible», la que nos demuestra que las relaciones amorosas se dan **ENTRE PERSONAS**, esto es, entre «un mundo» y «otro mundo», en los que el aspecto físico es sólo una de las múltiples dimensiones en juego.

Todos conocemos ejemplos (el de Lady Di es uno reciente) en los que alguien es abandonado o rechazado por su pareja, cuando ésta reconoce sus preferencias por un rival ¡menos joven, atractivo y atlético!

Sin embargo, esos modelos «de cartón piedra», que nos mortifican desde las portadas de las revistas y desde las pantallas de cine y televisión, están propiciando una situación de desconocimiento y equívoco continuo, que, lejos de acercarnos a nuestro objetivo de amar y ser amados, nos desvía claramente de él.

Es bueno cuidar nuestro aspecto y salud, pero esto no significa, que unos kilos indeseados o unos centímetros de más o de menos; en definitiva, una cuestión de «pesos y medidas», sea la responsable de nuestra soledad, o del fracaso o éxito en nuestras relaciones amorosas.

Seamos serios y entendamos que los «asuntos del corazón» son mucho más complejos, variados y apasionantes que una mera cuestión de calendarios, básculas y cintas métricas.

2.º **¡Hay que tener una vida sexual y amorosa INTENSA, VARIADA Y CONTINUA!** Si tenemos pareja, se nos dice que la relación debe ser perfecta: buen sexo, buena sintonía ideológica e intelectual, buena comunicación, ¡sin baches!... Y si no tenemos pareja, debemos, **inmediatamente**, desplegar una frenética actividad de «busca y captura» de contactos variados y numerosos.

Tanto si eres hombre como si eres mujer, debes ser **activo, experto en temas de seducción y sexo, tener muchas experiencias,** y, sobre todo, debes **actuar rápido.** Como veremos más adelante, estos supravalores de «la cantidad» y «la rapidez» producen en nuestras vidas una compulsión por hacer algo, por hacer lo que sea con tal de no estar en la aterradora situación de los «desparejados» o «mal emparejados». Es como si las experiencias de transición, de ausencia de relaciones o de crisis de pareja fuesen algo intrínsecamente perverso, de lo que hay que huir lo antes posible.

Aunque nos conviene ser activos y competentes para luchar por lo que deseamos, eso no significa pasarnos la vida en el campo de batalla, sin ver nada de lo que hay alrededor, ni enriquecernos con otros tipos de experiencias. Otras culturas, más antiguas y quizá más sabias que la nuestra, han reivindicado el valor de la soledad, de las crisis, las imperfecciones y las frustraciones; el valor del progresivo aprendizaje que surge cuando, tras los errores, los obstáculos y los vacíos, se tiene la OPORTUNIDAD Y SABIDURÍA suficientes como para reflexionar y avanzar.

Si salimos huyendo despavoridos de las vivencias negativas, porque socialmente están mal vistas, porque **es vergonzoso no tener éxito**, porque no se puede estar solo; si cuando una relación nos sale mal, o simplemente no nos sale, corremos en pos de una nueva experiencia *antes* de que hayamos tenido tiempo de «sentarnos con nosotros mismos a charlar» sobre lo sucedido, nunca evolucionaremos hacia un mayor conocimiento de nuestra vida emocional y amorosa.

Sin el tiempo necesario y sin la adecuada reflexión (una reflexión que, en muchos casos, es dialogada y en voz alta, al incorporar a familiares, amigos y, cuando es aconsejable, a psicólogos) nos mantenemos en condiciones de vulnerabilidad o predisposición para nuevos errores o fracasos.

Además, las experiencias indeseadas, las que van en contra de nuestros planes, pueden mostrarse ricas, no sólo en información, sino, también, en satisfacciones **diferentes e inesperadas**; siempre que les demos el tiempo necesario para ello.

3.º ¡Hay que romper viejos moldes y actuar según dictan nuevos «manuales»! Posiblemente sea ahora, al igual que en la Grecia clásica y en la etapa ilustrada del «Siglo de las Luces», cuando más se ha escrito y hablado de los asuntos amorosos.

En efecto, la Grecia de Pericles, los siglos XVII y XVIII y este apabullante siglo XX, tienen en común el ser épocas de grandes avances científicos y tecnológicos, y también épocas de cierto bienestar social e individual. Es probable que esta situación de mayor conocimiento y control del mundo que nos rodea, esta aparente superioridad y distancia respecto al mundo físico y animal, deje, sin embargo, al descubierto nuestro profundo desconocimiento de la naturaleza emocional, física y animal, de nuestros actos más humanos.

Es lógico que cuando llegamos a «hacer ciencia» de fenómenos tan lejanos y complejos como la evolución del universo o el funcionamiento del sistema neuronal, cuando creamos instrumentos con los que podemos archivar y comunicar TODA LA INFORMACIÓN DEL MUNDO, es lógico que también queramos aumentar nuestra sabiduría acerca de nosotros mismos y de aquello que, en definitiva, más nos importa: cómo funciona eso, tan cercano pero tan extraño, a lo que llamamos «relaciones afectivas».

Pero nuestros científicos están muy ocupados con otros temas de interés, y lo cierto es que prestan bastante poca atención a «minucias» como ésta. Por esto, y por la ya mencionada revolución en las formas de amar, nos encontramos en la paradójica situación de ESTAR MÁS INFORMADOS... PERO SER MÁS IGNORANTES QUE NUNCA en cuanto a «qué hacer», «por qué sentir» y «cómo acercarnos al otro» ¡SIN MALENTENDIDOS!

Queremos innovar, ser modernos en el amor, poner en práctica unas nuevas reglas del juego, seguir un nuevo manual, pero ¿dónde está ese manual? ¿Quién lleva razón? ¿Quién puede dar respuestas de fiar a preguntas como las siguientes?:

— ¿Es mejor hablar directa y claramente de nuestros deseos e intenciones o, por el contrario, es preferible disimular, dar rodeos y utilizar un lenguaje ambiguo?

— ¿Debemos «copiar» ciertas formas de seducción, probadamente efectivas, o, para llegar al otro, es mejor «ser uno mismo», en todo momento?

— ¿Nos resulta atractivo aquel que da muestras de «estar rendido a nuestros pies» o, más bien, aquel otro del que nos separan «las murallas de Jericó»?

— ¿Los hombres prefieren a las mujeres «un poco tontas», débiles y sumisas o, a aquellas otras independientes, inteligentes y seguras de sí mismas?

— ¿Las mujeres prefieren a hombres «superiores y dignos de incondicional admiración» o, más bien, a aquellos otros más cercanos y vulnerables?

— ¿El sexo debe hacer acto de presencia desde la primera cita o es mucho mejor el «sexo demorado», esperado con ansiedad y preparado con esmero?

Estas preguntas, aún sin respuesta satisfactoria, demuestran la coexistencia no pacífica de los códigos de seducción que podemos llamar «tradicionales» y los que intentan escribirse «entre balbuceos», como alternativa más ajustada a los nuevos tiempos.

Después de repasar esta «trilogía de oro», estos mandatos indiscutibles, ante los cuales el ciudadano se siente ignorante, confuso e indefenso, pero que intenta obedecer como buenamente puede, repasemos otros valores y formas de vida que, aunque no apuntan directamente a nuestra vida amorosa, la afectan de manera poderosa:

4.º **¡Hay que ocupar el tiempo en cosas productivas AL CIEN POR CIEN, ganar mucho dinero, tener muchas cosas y nunca decir NO ante el trabajo!** Este «mandato divino» define y caracteriza nuestra sociedad, imprimiendo carácter en todos los ámbitos de nuestra vida: el trabajo, la casa, el ocio, el sexo, la alimentación, la amistad, la atención a los hijos, la salud... todo queda afectado, «teñido», por la coloración típica de esta máxima no escrita.

Y si hay algo que salga especialmente perjudicado por la aplicación de esta regla de vida, si hay algo que quede relegado, disminuido, confundido y vacío de contenido, ese algo es nuestro mundo de relaciones y afectos.

Vamos a nombrar sólo tres de entre las múltiples dimensiones perversas que presenta esta forma de vida:

1. **«Lo único serio es lo productivo y cuantificable»**: Podríamos hacer una interminable lista de ejemplos y de estudios experimentales y clínicos que certifican la extensión, vigencia y efectos de esta línea de conducta; pero como estamos seguros de que ustedes pueden, sin dificultad, aportar «sus propias listas negras», nos limitaremos a subrayar sólo unos cuantos puntos de interés para el tema que nos ocupa.

En una sociedad que valora, por encima de todo, hacer cosas **útiles**, ocupar el tiempo en tareas de las que se derive un resultado **provechoso** y tener dinero para adquirir **objetos** (coches, casas, aparatos, ropas)...; cuando experiencias tan mágicas y completas como viajar se transforman en la unidimensional acción de **comprar**... es coherente que las experiencias improductivas y socialmente incorrectas sean condenadas al ostracismo y a la categoría de «**locuras**» y «**pérdidas de tiempo**».

De esta forma, las experiencias más personales e intransferibles, las que no se pueden objetivar ni cuantificar, las que tienen que ver con vivencias sensoriales (no es casual que nuestro tiempo sea la era de lo visual, siendo la vista el sentido más evolucionado y objetivo, el más «racionalista», podríamos decir), **estéticas, eróticas, emocionales,** e incluso **religiosas** y **fronterizas** (místicas, artísticas o iniciáticas), son relegadas al mundo de lo insignificante, de lo extraño y, en muchos casos, a un mundo supuestamente peligroso, del que conviene huir.

¡Así nos va! Estamos tan poco familiarizados con «el sentir», nuestra educación ha fracasado tan estrepitosamente en su cometido de hacernos competentes en la comprensión de lo que sentimos, que las emociones, los sentimientos, las experiencias que no podemos poner en palabras, son recibidas en nuestras vidas como inquilinos inesperados, como «ocupas» de nuestra limpia y convenientemente vacía vivienda interior.

Y, claro, las relaciones interpersonales, sean del tipo que sean: sexuales, amistosas, paterno-filiales, eróticas y, sobre todo, aquellas que reciben el rótulo de «amor», incluyen, todas ellas, grandes dosis de experiencias afectivas, sensitivas, INEFABLES. Son experiencias, en efecto, para las que no hay palabras, y eso, en nuestro mundo, es algo que produce mucho miedo.

Por esta razón, a pesar de la gran cantidad de información objetiva, de datos y de porcentajes, de palabras, de miles de palabras, el ciudadano de hoy es claramente **analfabeto** respecto al lenguaje de la atracción, la seducción y el amor, al lenguaje corporal, gestual, táctil, emocional...

Este estado de cosas ha llevado a otros dos males subordinados que, cerrando el círculo, vienen a perpetuarlo. Estos males, en los que nos podremos reconocer casi todos, son:

2. **¡No hay tiempo para tonterías ni frivolidades!** El mayor obstáculo que encuentran los modernos y triunfadores habitantes de nuestras ciudades a la hora de ligar, buscar pareja o relacionarse con la que ya tienen, está, no en algún tabú restrictivo o en alguna regla moral que castigue el acercamiento al amado o amada, no; es algo más simple que todo eso, el mayor obstáculo para el amor y el sexo es ¡la falta de tiempo!

No es una falta de tiempo real, cronológico, no es que vivamos menos (ya hemos dicho que, por el contrario, vivimos una vida potencialmente activa mucho más larga), lo que pasa es que **el tiempo está ocupado en «cosas más importantes»**, cosas tan importantes como comprar, cuidar de los objetos comprados y ganar dinero para comprar objetos nuevos.

Así, la chica que trabaja en una peluquería o en unos grandes almacenes, el joven mecánico o el taxista, tienen que dedicar su escaso tiempo libre a ir de compras, hacer horas extraordinarias para pagar las letras del coche o llevar a reparar el vídeo...

Y ¡qué decir de los ejecutivos, profesionales, vendedores...!, de los recién casados, y ya con el síndrome de «casa en propiedad»..., o de los vecinos de «zona residencial de lujo»..., que no pueden permitirse NO TENER... (pongan ustedes lo que quieran en los puntos suspensivos).

Está comprobado que problemas tan típicos de nuestra era como la falta de apetito sexual, el estrés laboral, los conflictos y rupturas de pareja, la reducción del círculo social de apoyo (amigos, familiares, vecinos), la soledad de los habitantes de las grandes ciudades y el creciente número de niños y adolescentes con conductas problemáticas y violentas, son, en gran parte, propiciados por la **escasa cantidad y calidad del tiempo que dedicamos a nuestras relaciones interpersonales.**

Nos sorprendemos de no saber cómo acercarnos y seducir a la persona que nos atrae; nos quejamos por estar solos; sufrimos lo indecible cuando nuestro matrimonio fracasa y nos indignamos con el sistema y con el mundo entero, cuando descubrimos que nuestro hijo o hija se droga, abandonó la carrera hace cuatro años ¡en primer curso! o está implicado en una acción de violencia gratuita. Pero, como se dice en una reciente campaña contra la droga: «La mejor prevención es dedicar tiempo para hablar y escuchar a tu hijo.» En efecto, para que nuestras relaciones mejoren ¡HAY QUE DEDICARLES TIEMPO!

3. **¡Es mejor no hablar de nuestros afectos!** Este último mandato completa el «trío de valores» por los que, sin darnos cuenta, nos regimos y por los que vamos orientando nuestra vida de una forma y no de otra.

Son los valores que nos hacen preferir unas formas de ocio a otras, unos objetos a otros, unas sensaciones a otras y, por supuesto, un tipo de relaciones en vez de otro.

El hombre y la mujer de nuestros días, el ser humano de los tiempos de «la realidad virtual», ése que posee, ahora, un vocabulario más amplio que en toda su historia anterior, es, sin embargo, un ser **sin palabras** para expresar lo que siente.

Los adolescentes actuales presentan una sorprendente pobreza de términos con los que aludir a sus experiencias afectivas. Los hechos, para ellos, son, por un lado, «chungos» o «jodidos» y, por otro, «guais» o «acojonantes»... y ¡poco más! No hay lugar para la diversidad o los matices.

Pero es que los «no adolescentes» tampoco mostramos una gran sabiduría y brillantez a la hora de referirnos a lo que sentimos. Nos sentimos **incómodos, torpes, raros,** cuando estamos obligados a poner en voz alta esas extrañas vivencias llamadas sensaciones, emociones, deseos, afectos, sentimientos, miedos, etc. Esto, cuando estamos obligados, claro, porque cuando no lo estamos... **huimos como bellacos** de la embarazosa tarea de hablar de «esas cosas».

Y esto es así, no porque una extraña epidemia haya afectado nuestras facultades verbales y comunicativas, dejándonos tarados justamente en los temas afectivos. No, no se trata de algo tan ajeno a nosotros mismos, es algo más fácil y próximo, es que ¡no practicamos!; no tenemos la costumbre de hablar con nosotros mismos y con los demás de unos temas que se consideran secundarios, innecesarios y, lo que es peor, ¡peligrosos!

Expresar lo que uno siente es peligroso, se nos dice, por razones tales como:

«Demuestra que eres débil, vulnerable, inmaduro.»
«Interfiere con las tareas y conversaciones importantes.»
«Da información que puede ser usada en tu contra.»
«Pone muy incómodos a los demás.»
«La gente no quiere oír penas»...

Éstas y otras frases gloriosas son la expresión de la regla de oro imperante: **«SI SIENTES ALGO, MEJOR TE LO CALLAS, Y, MEJOR AÚN, SI DESVÍAS TU ATENCIÓN HACIA OTRA COSA MÁS INTERESANTE, DE MANERA QUE TAMPOCO TÚ TE ENTERES DE LO QUE ESTÁS SINTIENDO.»**

Y siguiendo los dictados de este estado de cosas, nos enfrentamos, indefensos y despistados, a las sorprendentes emociones que, a traición, nos asaltan. Las acogemos de mala gana y asistimos, impávidos, a los devastadores efectos que producen en nuestras relaciones y en nuestras vidas.

Ejemplos que ilustren este hecho están al alcance de todos; ¿quién no se ha sentido atraído por alguien, contra todo pronóstico, inesperadamente, y sin poder poner en palabras lo que siente?; ¿quién no ha buscado a ese amigo o amiga, sin la cual **no podía entender lo que le estaba pasando**, para dialogar durante horas de eso de lo que, habitualmente, **nunca se habla**?; ¿quién no se siente, en definitiva, inhábil, cuando tiene que escuchar, consolar o aconsejar a otro en temas amorosos?

No es casual que, en nuestros días, casi todo el mundo termine acudiendo, en un momento u otro de su vida, a los distintos tipos existentes de «escuchadores profesionales» (psicólogos, psicoanalistas, psiquiatras...) y a los no menos escuchadores, aunque sí menos profesionales (adivinos, astrólogos y, la última moda, locutores y presentadores de radio y televisión).

Es muy frecuente, en nuestra sociedad, que no exista una continua y ágil comunicación de los afectos en las relaciones y diálogos cotidianos, y que al habitual vacío de contenidos emocionales se sigan **excepcionales, trascendentes** y **poco controladas conversaciones**, sean éstas con la persona objeto o causa de nuestros afectos o con los escuchadores que cada uno, según sus conocimientos y creencias, haya encontrado.

Y es que sólo cuando «ya no se puede más», cuando «se está pasando una crisis», cuando «el amor hace estragos», cuando «la ruptura era inevitable», cuando «ha perdido la cabeza por ese hombre», cuando «están viviendo una verdadera tragedia familiar»... sólo en estas extremas circunstancias **está permitido hablar** de los sentimientos. Sólo es lícito que el protagonista absoluto de nuestra comunicación con los demás sea el mundo de los afectos, cuando éstos ponen patas arriba nuestra ordenada vida.

La triste paradoja es que, en gran parte, la causa de que los afectos lo pongan todo patas arriba es, precisamente, la habitual y sistemática exclusión a la que los sometemos en el día a día de nuestras vidas.

Si fuésemos más competentes en nuestra comprensión y comunicación emocional, si nos hubieran enseñado a convivir pacíficamente con lo que sentimos cada día, sin ocultarlo, sin olvidarlo, sin escapar de ello... Si esto fuera así, entonces, la ira, la ternura, la atracción sexual, la tristeza, la compasión, la exaltación, la alegría, la sorpresa, el miedo, la ansiedad, el dolor, la angustia, el entusiasmo, el placer... serían vías de acceso a **la experiencia y el conocimiento de uno mismo y de los demás**, y no oscuros abismos que nos pueden arrastrar con impredecibles consecuencias.

Hemos hecho un exhaustivo repaso a todos aquellos hechos y fenómenos que han contribuido a que, actualmente, los asuntos amorosos sean mucho mejores..., pero, también, mucho más complicados.

Hemos aludido a todo aquello que, desde el punto de vista de la psicología y sociología, nos ayuda a comprender la extraña situación por la que pasan nuestras relaciones interpersonales y nuestros afectos.

En la era de la comunicación, de la alta tecnología, del conocimiento preciso del mundo que nos rodea... en «los tiempos de la realidad virtual», los seres humanos que habitamos la parte privilegiada del planeta, el primer y segundo mundo, **SEGUIMOS SIENDO SERES HUMANOS, DESEOSOS DE AMAR Y SER AMADOS, Y CONFUSOS, ASUSTADOS, PERPLEJOS, TRISTES Y DESESPERADOS** cuando no sabemos cómo lograrlo.

Así es el amor en los tiempos de la «realidad virtual». Así es nuestra contradictoria vida, nuestro debate entre el conocimiento y la ignorancia, entre el control y el extrañamiento, entre la libre elección y el miedo a la soledad, entre la exploración personal y la búsqueda de fórmulas infalibles, entre la eufórica seguridad y la absoluta desesperanza, entre una vida de espaldas al amor y una obsesiva dedicación a él.

En fin, ésta es la apasionante pero complicadísima situación en la que nos ha tocado vivir, o en la que nos hemos ido colocando a nosotros mismos, gracias —o por culpa de—, los enormes cambios sociales y científicos de este «Siglo de las luces... electrónicas».

RESUMEN

Vamos a trazar, de forma breve, un «perfil» que resuma lo dicho en este capítulo:

LA SEDUCCIÓN Y EL AMOR... ¡ES MEJOR AHORA!... PORQUE...

Vivimos más tiempo, y los años «activos para el amor» pueden ser más de cuarenta, cincuenta... Tenemos mejor aspecto y estamos más sanos: el paso del tiempo respeta cada vez más, nuestra «energía vital», nuestro atractivo físico y esas ganas de vivir y comenzar relaciones nuevas, que antes estaban reservadas sólo a los muy jóvenes...

La mujer ha cambiado su papel en la sociedad: está entre hombres de forma continuada durante meses y años... elige a su pareja por razones diferentes a la conveniencia o a la supervivencia económica, y se relaciona con los hombres «de tú a tú», como ser pensante y con opinión propia...

Los avances científicos y técnicos han cambiado el mundo: la información nos llega puntual y detallada de todas partes del planeta. Sabemos cómo se conocen, seducen y aman, tanto los ciudadanos «made in USA», como los pigmeos del centro de África. Los medios de transporte nos llevan a países lejanos en un abrir y cerrar de ojos, y por eso las historias amorosas entre personas muy lejanas entre sí, tanto espacial como culturalmente, son mucho más frecuentes ...

Además, conocemos y controlamos mucho mejor las consecuencias de nuestros actos; sabemos cómo prevenir embarazos indeseados y enfermedades de transmision sexual; conocemos el resultado previsible de unir nuestra vida a cierto tipo de personas; podemos medir el coste de una ruptura o divorcio...

Ahora está *bien visto:*

- Mantenernos tan jóvenes y guapos como sea posible.
- Tener pareja.
- Cambiar de pareja.
- Experimentar e implicarse en relaciones breves.
- Que la mujer tome la iniciativa y se muestre segura.
- Que los hombres sean expresivos, tiernos y cercanos.

Se tolera mucho más:

- Las uniones atípicas, por edad, sexo, raza, clase.
- Las formas atípicas de relación.
- Vivir a solas.

SIN EMBARGO, AHORA ¡TODO ES MUCHO MÁS COMPLICADO! PORQUE...

En una vida más larga, es difícil que las relaciones duren «para siempre»: las rupturas, conflictos y dudas son mucho más probables...

Estar más sanos y guapos nos hace más seductores, pero también produce atracciones inconvenientes: las posibilidades se amplían, las comparaciones afloran, las dudas amenazan con volvernos locos y los deseos demandan su espacio y «derecho a la vida»...

Las mujeres trabajan fuera de casa y tratan a hombres que no son sus hermanos, padres o maridos: la «disponibilidad» de personas, de momentos, lugares y actividades comunes, facilita tanto el contacto que puede llegar a ser un gran problema. Además, la mujer ya no es «sumisa, ignorante y dependiente», y esto desconcierta, asusta y aleja, en un primer momento, a los hombres...

Los avances científicos y tecnológicos producen cambios enormes y a la velocidad de la luz: la información y los viajes nos acercan tanto a otras culturas que, a veces, adoptamos de forma incondicional y acrítica nuevos estilos amorosos, que, siendo adecuados para otros, no lo son, en absoluto, para nosotros...

El teléfono, la televisión, los ordenadores y la realidad virtual posibilitan relaciones a distancia, pero también facilitan la huida y el desconocimiento de uno mismo y de los otros en el temido «cuerpo a cuerpo».

LAS LÍNEAS MAESTRAS DE NUESTRO «MANUAL DE CONDUCTA AMATORIA» SON, EN LA ACTUALIDAD, LAS SIGUIENTES:

— Hay que ser guapo, joven y estar en plena forma para resultar atractivo y «querible».
— Hay que tener una vida sexual y amorosa intensa, variada y continua.
— Hay que romper viejos moldes y actuar según dictan los nuevos tiempos, y los nuevos tiempos nos dictan estas máximas de vida:

* Lo único serio es lo productivo y cuantificable. Por tanto, las experiencias no producti-

vas (las amorosas, eróticas, estéticas, paterno-filiales...) son «locuras» o «pérdidas de tiempo»...
* No hay tiempo para tonterías ni frivolidades, con lo cual es escasa la cantidad y calidad de tiempo que dedicamos a nuestras relaciones interpersonales...
* Es mejor no hablar de nuestros afectos, y por eso nos sentimos incómodos, torpes y extraños cuando nos enfrentamos con nuestras emociones y sentimientos; por eso «no tenemos palabras» para expresarlos y expresarnos a través de ellos...

Capítulo 2

¿Cómo somos?

ANTES de entrar en los grandes capítulos de este texto, aquellos dedicados a la atracción, la seducción y el amor, nos proponemos hacer un recorrido por los elementos psicológicos que se entrelazan para **formar** a cada persona en su individualidad separada y diferente.

Y haremos esto, porque el conocimiento de estos **caracteres individuales**, es necesario para la correcta comprensión de los contenidos que después se exponen.

¿Cómo o, también podríamos decir, **quién** es una persona? Ésta es la pregunta que se ha tratado de responder desde que la psicología existe como ciencia ¡y desde muchos siglos antes!

Vamos a resumir de forma breve, en cuatro trazos (realmente son cuatro las dimensiones o trazos con los que vamos a pintar el «retrato humano»), los elementos que integran aquello a lo que podemos llamar «personalidad», «carácter» o, lo que es más correcto, «cómo alguien se comporta».

El perfil psicológico de una persona, el «retrato robot» que nos hace poder predecir (con mayor o menor precisión, dependiendo de lo que conozcamos de él), **cómo esa persona se va a comportar en unas y otras situaciones**, está compuesto por **cuatro grandes líneas que, al cruzarse**, de formas diferentes en cada caso, nos permiten reconocer a esa persona como «parecida a sí misma» y «diferente a los demás».

Estas líneas son:

— Lo que se sabe (y no se sabe) hacer.
— Lo que le gusta, prefiere, desea, pretende...
— Su cuerpo y apariencia física.
— Su historia de relaciones.

Aplicando esta estructura al tema que nos ocupa, nos conviene saber...

1. LO QUE ALGUIEN SABE HACER

Todo lo que somos, todo lo que sentimos, todo lo que pensamos, las decisiones importantes de nuestra vida, lo que hemos elegido hacer y lo que hacemos sin querer..., **cómo y con quién hemos vivido**... todo esto ES FRUTO DE NUESTRA RELACIÓN CON EL MUNDO Y DEL *APRENDIZAJE* QUE, DE ESA RELACIÓN, SE HA DERIVADO.

Somos lo que hemos aprendido, es así de sencillo y así de complicado, así de sorprendente y así de apasionante. Lo que somos depende de lo que vamos viviendo... y lo que «vamos viviendo» depende de lo que somos.

Hemos aprendido a cepillarnos los dientes, a vestirnos, a coger el metro o el autobús; a sentir miedo a los ascensores o a los atascos; a tartamudear y a ponernos colorados ante otros; a decir «no» ante las invitaciones de amigos; a preferir leer a solas en casa, en vez de llamar a un amigo para ir al cine; a expresar o a no expresar nuestras emociones y opiniones... Todas éstas y otras miles de cosas más, las hemos aprendido, pero, como es evidente, no todo es de una importancia equivalente para la comprensión de las relaciones amorosas de un individuo.

Por eso, nos referiremos a aquellos aprendizajes, habilidades, capacidades y «saberes» que más influyen en la vida amorosa de las personas. Éstos son:

1.1. HABILIDADES PARA EL AUTOCUIDADO

Aunque pueda parecer innecesario hacer referencia a este requisito básico, no lo es en absoluto; es más, varios estudios se han encargado de poner de manifiesto la relevancia, el protagonismo incluso, que, para las relaciones interpersonales, tiene un elemento como **el aseo personal**. Lo crean ustedes o no, este aspecto surge en primer lugar en las encuestas sobre «atracción».

Prestémosle, pues, la importancia que, al parecer, merece; y hagámoslo pensando en las múltiples facetas que el término «aseo personal» puede presentar.

Cada persona tiene sus costumbres, costumbres que terminan por crear un criterio respecto a lo que está bien y lo que está mal. En el tema de la limpieza y cuidado del propio cuerpo, como en cualquier otro tema, no existe una ley única; por el contrario, cada uno, según su vida y sus costumbres, sitúa el listón más alto o más bajo, dando lugar, así, a todo tipo de casos, desde el que se ducha dos veces al día, se lava el pelo todos los días y si, en un viaje, no puede seguir con este hábito (sólo se puede duchar cada dos días y lavar el pelo cada cuatro, por ejemplo), se siente sucio, incómodo y maloliente... hasta aquel que se ducha y lava el pelo invariablemente, una vez a la semana, sea invierno o verano, haga ejercicio físico o esté descansando en casa...

Estos y muchos otros ejemplos demuestran que «ser una persona limpia», al igual que «ser una persona inteligente» o «ser una persona... lo que sea», **depende del juicio de valor que se aplique**; y que un juicio de valor u otro dependen, a su vez, de las costumbres que impone un **entorno social concreto**.

Por tanto, no se trata de «ser o no ser... (qué sakespeariano ¿verdad?)... limpio o aseado», se trata de conocer y ajustarse a las normas que, en materia tan básica y delicada, se imponen EN EL ENTORNO AL QUE PERTENECEMOS.

Claro que podemos rebelarnos contra esas normas si las creemos inadecuadas, claro que podemos mostrar nuestra individualidad hasta en la forma y frecuencia de nuestro aseo personal, pero hagámoslo, si queremos, como acto de rebeldía, sabiendo y aceptando el coste que este acto puede tener, y no **por despiste o desconocimiento...** Creo que todos hemos tenido la ocasión de conocer a ese chico o a esa chica, a esa mujer o a ese hombre, del que todos huyen ¡por el olor que desprende! Pues bien, ¿a que él o ella son, como en el caso de las infidelidades, los últimos en saberlo?, y ¡qué decir de la difícil tarea, la heroica tarea, de hacérselo saber! ¿Por qué es tan difícil? Pues porque es un tema que se considera de derecho natural, es algo tan primario para nuestra sociedad, que... **parece que no tuviera que aprenderse.**

Tener que hablar de este asunto supone que la persona no ha superado los mínimos necesarios para compartir con los demás los beneficios de la sociedad. Éstas son las razones por las cuales debemos observar, preguntar, investigar cuáles son esos mínimos en el entorno concreto en el que nos ha tocado vivir, ya qué si no, podemos estar infringiendo, sin saberlo, el más preciado e innombrado «código social».

Pero sin llegar al extremo de poner en cuestión los más básicos hábitos de aseo, debemos avanzar más en esta área del autocuidado, área que va a tener mucho que ver con ese apartado al que hemos llamado «el cuerpo y la apariencia física».

Las costumbres que se van consolidando en nuestra vida van transformando no sólo la propia vida, sino también algo tan aparentemente autónomo, tan «por libre», como el estado y apariencia de nuestro cuerpo.

El tipo de alimentación al que somos aficionados; el tipo, frecuencia y cantidad de ejercicio físico que solemos realizar habitualmente; los fármacos que, poco a poco, van incorporándose a nuestra dieta, casi como el pan nuestro de cada día (aspirinas y otros analgésicos, sustancias para la digestión, somníferos, ansiolíticos suaves y menos suaves, etc.); los cortes, tintes, permanentes y otras «torturas» o beneficios a las que sometemos a nuestro pelo; los cigarrillos, cafés, vinos, cervezas... de los que no somos capaces de prescindir; y ¡cómo no!, las, tan en boga, prácticas médicas y quirúrgicas que pretenden directamente, éstas sí, transformar nuestro cuerpo... todo esto y más, hace que lo que somos, sea un producto directo de lo que hacemos con y por el cuerpo.

Por otra parte, están las costumbres o hábitos —el hábito hace al monje, ¿recuerdan?— que tienen que ver con preferir, comprar y vestir esa ropa que nos caracteriza; que tienen que ver, así mismo, con las prácticas habituales de maquillaje, uso de adornos y complementos, etcétera.

Con la combinación de todas estas costumbres vamos creando un cuerpo, nuestro cuerpo. Vamos creando el cuerpo que reconocemos en el espejo, el que se cansa o, por el contrario, es ágil y resistente; el cuerpo que muestra una u otra edad, una u otra actitud, una u otra cara; el que llevamos a esa importante entrevista de trabajo; y el que «nos presenta» ante ese desconocido o desconocida a quien querríamos gustar.

En definitiva, vamos creando un cuerpo y una cara con la que nosotros mismos y los demás van a establecer una relación u otra, y DE CÓMO SEA ESA RELACIÓN VAN A DEPENDER, EN PARTE, NUESTRAS RELACIONES AMOROSAS.

1.2. HABILIDADES PARA EL AUTOCONOCIMIENTO

Ya hemos adelantado algunas pistas cuando decíamos «observar» e «investigar»; ya estábamos hablando de cosas que, si las sabemos hacer bien, van a facilitar y enriquecer nuestra vida, en todos los terrenos.

El autoconocimiento, el tema por excelencia de la filosofía, la literatura, el arte y la psicología, es tan amplio, tan inabarcable y apasionante que se sale de los estrechos límites impuestos por este libro. Por eso, vamos a tratarlo de forma sintética y pragmática.

Vamos a limitarnos a comentar unas cuantas cosas que, además de tener una estrecha relación con la atracción y el amor, son **comprensibles y aplicables**, es decir, son prácticas, para el día a día de nuestras vidas. Allá van...

La base del conocimiento es la observación, y la sabiduría sobre uno mismo no es una excepción. Conocerse no es algo que surja milagrosamente de dentro de nosotros, todo lo contrario, conocerse es mirarse **desde fuera** y verse a uno mismo, actuar, hablar, moverse, hacer... y **ver y escuchar EL EFECTO QUE NUESTRA CONDUCTA TIENE EN LOS DEMÁS**.

Éste es el secreto, el gran truco, para llegar a saber bien quién soy yo: observar lo que hacemos y observar qué consecuencias se derivan de eso que hemos hecho.

Dirán ustedes que no siempre es fácil tener datos acerca de ese efecto; llevan razón, hay muchas cosas que nos pueden impedir la correcta observación de la «huella» que dejamos en los otros con nuestras acciones.

Algunas de esas cosas que nos impiden saber cómo ha sido nuestra conducta son las siguientes:

— Que estemos tan nerviosos, tan alterados emocionalmente, que no podamos «ver nada» más allá de... nuestra taquicardia, sequedad de boca... (pongan ustedes lo que quieran).

— Que no esté clara la conexión entre lo que hacemos y lo que pasa a continuación. El otro puede responder, de la forma en que lo hace, por múltiples razones... todas ellas ajenas a lo que nosotros acabamos de hacer o decir.

— Que el otro, o los otros, disimulen o mientan, diciendo: «Lo has hecho muy bien, no me ha molestado...», cuando, en realidad, opinan: «Lo has hecho de pena y no te aguanto»...

— Que cuando preguntamos por ese efecto de nuestras acciones, diciendo, por ejemplo, ¿por qué estás tan serio? o ¿te lo has pasado bien conmigo en la fiesta? el otro o la otra, no sepa realmente por qué está serio o si la relación contigo en la fiesta ha sido satisfactoria para él, PORQUE LOS DEMÁS TAMPOCO SE CONOCEN BIEN A SÍ MISMOS.

¿CÓMO SOMOS? 73

¿Qué podemos hacer ante tales «interferencias» en la recepción de la información? Pues existen algunos recursos, algunos trucos, que, aunque no garantizan siempre un buen resultado, al menos, ayudan bastante.

• *Primer «truco»*: **Estar calmado y «sacar las antenas»**: Esto quiere decir que debemos ir a los encuentros y a las relaciones significativas... lo más tranquilos posible, y dirigir nuestra atención **hacia lo que pasa** *fuera* **de nuestra piel, desatendiendo lo que pasa dentro.**

• *Segundo «truco»*: **Ser muy preguntón**: Preguntar varias veces y a personas que nos *puedan* (esto es, que sepan y quieran) transmitirnos cuál ha sido el efecto o valoración de nuestro comportamiento *en* los demás.

• *Tercer «truco»*: **¿Qué pasa cuando lo hacen los demas?**: Observar el efecto que tienen acciones y palabras parecidas a las nuestras, cuando son otros los que actúan.

• *Cuarto «truco»*: **¿Qué se dice de los otros?**: También ayuda el escuchar atentamente lo que dicen las personas que nos rodean, aquellas con las que nos relacionamos, cuando **otra persona hace algo parecido a lo que nosotros habitualmente hacemos.**

• *Quinto «truco»*: **Cambiar a ver qué pasa**: Hacer las cosas de manera diferente **y observar cuáles son los efectos.**

Está claro, observar lo que hacemos y el efecto que tenemos, a través de nuestras acciones, en el mundo y en nosotros mismos, es la base para el autoconocimiento; pero hay más...

Invirtamos la dirección de la flecha y empecemos a interesarnos, ahora, en **el efecto que las cosas, las personas y las situaciones tienen SOBRE NOSOTROS.** Observaremos, con este nuevo punto de vista, otra realidad, una realidad complementaria que encaja perfectamente, para que el puzzle de nuestra vida y nosotros mismos ADQUIERA SENTIDO.

Se trata, esta vez, de observar **qué efecto** producen en nosotros **qué cosas**. Haremos esto para que no nos pase como al amigo o a la novia, a los que preguntábamos ¿Por qué estás tan serio?, o ¿Te lo has pasado bien conmigo en la fiesta? y no sabían qué contestar; para que nosotros sí sepamos qué contestar cuando, en pleno «proceso de investigación», busquemos la respuesta *en nosotros mismos*.

Deberíamos saber qué hechos o situaciones nos entristecen; qué palabras o miradas nos alteran el pulso; qué cosas hacemos por miedo a...; cuáles hacemos por sentir...; qué tipo de personas nos sacan de quicio y cuáles nos entusiasman; qué cosas no nos podemos quitar de la cabeza...

Conocernos pasa, necesariamente, por saber el efecto que el mundo, los hechos, las personas, las palabras... tienen sobre nuestras acciones, emociones, pensamientos, planes, deseos, decisiones, etc...

Lo que somos *no* surge de dentro, surge de nuestra estrecha, continua y multifacética relación con lo que nos rodea, con *lo de fuera*. Y entre lo que nos rodea, nada más importante, más decisivo, que las personas, las personas que hemos conocido, las que juzgan, elogian o castigan nuestros actos, las que nos exigen, nos animan, nos obligan o nos impiden, pensar, hacer o sentir... Por eso, conocer el efecto que todos ellos tienen sobre nosotros es **conocernos a nosotros mismos**.

¿Cómo puedo conocer el efecto de los otros sobre mí?, dirán ustedes. Vamos a dar, como hicimos antes, unos cuantos trucos prácticos...

- *Primer «truco»*: **Observar lo que se siente**: Cuando se dan unas emociones o sentimientos especialmente intensos, claros y diferentes a lo que uno venía sintiendo hasta ese momento, entonces, es cuando hay que «atrapar» la emoción o estado de ánimo y...
- *Segundo «truco»*: ... y entonces **darse cuenta de dónde y cuándo** ha empezado uno a sentirte así. Esto facilitará identificar el hecho, situación, persona o palabra (o la suma de varias de estas cosas), que es culpable del estado emocional que percibimos.

- *Tercer «truco»*: **Recordar otras veces parecidas** y pensar si los hechos, supuestamente culpables, nos produjeron el mismo efecto. Si «se repite la película», tenemos una pista, hemos atrapado *un tipo de situación que nos altera.*

- *Cuarto «truco»*: De nuevo... **preguntar**, preguntar a las personas que creemos que nos conocen, pregúntarles ¿qué crees tú que me pone triste?, ¿por qué crees que me enfado?...

- *Quinto «truco»*: **Echar mano de lo que sabemos sobre otras personas,** sobre todo si son personas cercanas, si se trata de un hermano o hermana, a quienes han educado de forma parecida, o son colegas o amigos que comparten ideología y gustos... Es posible que lo que les afecte a ellos, lo que les saque de sus casillas o les entusiasme, tenga que ver con lo que produce el mismo efecto en nosotros.

En cualquier caso, saber lo que nos altera, lo que interfiere o facilita nuestros actos, es una vía segura para el autoconocimiento.

1.3. HABILIDADES PARA EL CONOCIMIENTO DE LOS OTROS

Al igual que la observación es la herramienta básica para el autoconocimiento, también lo es para llegar a saber los secretos, costumbres, puntos débiles y puntos fuertes de los otros, de ese otro u otra que tanto nos interesa conocer...

Nos interesa entender el comportamiento de los demás tanto como el propio, queremos saber **quién es realmente**, una persona, para poder **predecir** si vamos a gustarle, si haciendo esto o aquello produciremos en ella un efecto favorable o adverso. Queremos saber el significado de sus actos y de sus palabras, esto es, lo característico, lo más probable, lo previsible de sus ideas, sentimientos y acciones...

Conocer a otro ser humano es un ejercicio tan fascinante como necesario, para el que, sin embargo, no nos preparan ni educan en nuestras ultramodernas y técnicas escuelas. Ya hemos comentado en el capítulo anterior las razones de este «olvido», y no vamos a volver sobre ello; vamos, por el contrario, a dar algunas indicaciones que ayuden a llenar el vacío.

La tarea de conocer a otro (sí, así en singular, ya que cada persona es diferente, y son esas **diferencias** las que nos interesa comprender) pasa ineludiblemente por una **observación desprejuiciada, prolongada, repetida y lo más completa posible**, de sus comportamientos.

Vamos a «desmenuzar» esta larga ristra de palabras:

OBSERVACIÓN: Esto quiere decir, **mirar y escuchar atentamente los gestos, palabras, acciones y no acciones, de la persona que nos interesa o atrae.**

La primera gran habilidad es la de **recoger información**, mirar ávidamente cómo el otro u otra se comporta; cómo se mueve; cómo hace las cosas que hace y cómo evita o rechaza las que no hace; cómo trata a los demás; cómo se emociona y cómo disfruta de las situaciones y experiencias... y cómo me trata *a mí*...

Luego está algo importante (pero NO lo más importante), escuchar lo que el otro dice: lo que dice respecto a sí mismo; lo que dice respecto a otros; lo que dice y cuánto dice sobre el mundo, el arte, la política, la religión, la naturaleza...; y, claro está, lo que dice sobre mí.

Y, en tercer lugar, está la parte delicada de este trabajo de «investigador privado», el salto al vacío que supone crear teorías e hipótesis sobre el otro. Se trata de **establecer relaciones**, relaciones entre lo que hace hoy y lo que hizo ayer, relaciones, no siempre bien avenidas ni lógicas, entre lo que hace y lo que dice (sólo de este aspecto se puede escribir un amplio tratado); y las relaciones más importantes de todas... *qué* **le hace sentir, hablar y actuar como lo hace**, es decir, los motivos, deseos, miedos, valores, intenciones..., **los porqués** que nos permitirán adivinar (predecir, en términos científicos) **a tiempo**, las formas de conducta más probables o típicas de *esa persona* en *cada situación*.

DE FORMA DESPREJUICIADA: Desprendiéndonos al máximo, todo lo que seamos capaces, de los prejuicios dictados por **nuestra propia forma de ser, por nuestra historia de relaciones, por lo que se dice, por nuestros deseos...** con «ojos y oídos limpios», neutralmente, la observacion será una vía directa hacia el objetivo de conocer a ESA persona.

DE FORMA PROLONGADA: Para conocer la evolución y efecto de sus estados físicos y emocionales, el efecto del cansancio, del miedo, del éxito o del halago... Para no engañarnos con señales y actitudes que, siendo transitorias, podemos tomar por permanentes y propias de esa persona, es conveniente «seguir el rastro» a los comportamientos que nos interesen **a lo largo del tiempo**.

REPETIDAMENTE: Para que la casualidad o el error no nos despiste y seamos capaces de reconocer aquello que es **característico, propio, esperable** de esa persona en cada situación.

Y... EN MUCHAS SITUACIONES DIFERENTES: Para no cometer el error de creer que es encantadora con su familia o los extraños... como lo es conmigo; para no suponer que cuando esté cansado y hambriento, tras un largo viaje... va a tener el control emocional y el espíritu dialogante que muestra cuando lo vemos durante un rato, recién salido del descanso y la ducha; para saber, no sólo suponer o desear, que lo que ahora **dice que va a hacer** tiene alguna, aunque sea remota, relación con lo que realmente hará una vez llegada la ocasión...

Para tener este conocimiento exhaustivo, no hay que sentarse a esperar a que esas situaciones se den, hay que propiciarlas, hay que «poner al otro» en situaciónes novedosas o diversas... que posibilitan la comparación.

Por eso son tan duraderas las atracciones o amores basados en relaciones homogéneas e inalteradas que impiden el conocimiento del otro; por eso, cuando la relación se ve obligada a cambiar, la sorpresa es tan grande y el fracaso tan rotundo.

Podríamos citar ejemplos cercanos para todos, como los del adolescente «irresistiblemente atraído» por la «chica de sus sueños», de la que apenas sabe dos datos y de la que infiere, con su deseo, todo lo demás... Mientras no tenga oportunidad de poner a prueba su disparatada teoría sobre los «atributos de su amada», su atracción seguirá inalterable...; o aquel otro ejemplo, poco frecuente en la actualidad, de los eternos novios que «se ven» o «salen juntos» (expresiones éstas muy gráficas, ya que aluden a lo externo del «ver» o del «salir») durante años, amándose y llevándose a las mil maravillas, y el día que se casan, cuando se someten a situaciones muy diferentes de ese «verse» o «salir», entonces termina el amor y la armonía.

En esto sí que hemos avanzado; en este aspecto, el paso hacia la sensatez y el conocimiento mutuo en las relaciones amorosas ha sido inmenso y, queremos creer, irreversible. Ahora, la relación de «a dos» se vive en multitud de escenarios diferentes (viajes, trabajo, sexo, política, arte, deporte...), con lo que se tienen ocasiones de oro para la observación y el conocimiento, tanto del otro, como de uno mismo con el otro... ¡lástima que no nos enseñen a aprovechar esas ocasiones de forma más «sabia»!; lástima que los otros temas, los supuestamente más importantes (dinero, prisa, objetos...), nos hagan desatender esas señales y experiencias, y nos hagan permanecer en la confusión y el desconocimiento respecto al otro. Un desconocimiento, a veces, igual o mayor que el sentido por ese novio o novia que tan sólo podían observar, ¡durante años!, la invariable «figura con fondo» de su pareja...

En definitiva, podemos concluir diciendo que conocer a alguien pasa por recoger información sobre cómo siente, actúa y habla en situaciones muy variadas, para, después, a partir de estos datos, construir una **teoría** que nos permita saber cómo esa persona se comportará respecto a sí misma, a los demás, al trabajo, las emociones, el dinero... (pongan ustedes aquí lo que más les interese) y, desde luego, saber cómo se comportará RESPECTO A MÍ.

1.4. HABILIDADES SOCIALES

Este apartado es, en cierto modo, el resumen, el compendio e integración de los tres precedentes, el compendio... y **algo más**. Cuando hablamos de «habilidades sociales» o de «competencia social», estamos haciendo referencia a cómo son las relaciones de un individuo con los demás. Con esa simple palabreja estamos tratando de aludir a cosas como las siguientes:

* La **expresión de las emociones**, la empatía y la respuesta ante las emociones de los otros.
* Los **temas, lenguaje, momento, cantidad y variedad** de las conversaciones.
* La capacidad de **afirmación, persuasión e influencia sobre otros**.
* El **lenguaje corporal y su adecuación, o no, a objetivos y mensajes**.
* La capacidad para **planificar, cambiar y mejorar**, en **cantidad y calidad**, el propio entorno social y afectivo.
* Y, por supuesto, las tres habilidades antes mencionadas: la capacidad de cuidar del propio cuerpo y de la propia imagen ante otros, y la habilidad para entenderse a sí mismo y a los otros

Todo esto para...

* Conocer los **objetivos y deseos que nos llevan a una relación y cómo**, según sea el otro, **tener mayor probabilidad de alcanzarlos**.

Cuando decimos de una persona que es hábil o competente (es mejor este último término, porque alude a sabiduría y no a mera «habilidad») en sus relaciones interpersonales, estamos haciendo una **valoración**, tanto de la cantidad como de la calidad, de sus comportamientos con la gente a la que trata.

Ponemos adjetivos como «simpático», «espontáneo», «interesante», «relajado», «agradable», «seguro de sí mismo»;

también... «atractivo» y «seductor», a aquel individuo que **sabe cómo estar** ante los demás y que, además, sabe cómo conseguir lo que quiere, DE FORMA FÁCIL, TRANQUILA Y RESPETUOSA (sin agredir ni humillar al otro).
En los últimos veinte años se han escrito multitud de manuales de psicología que analizan este apasionante tema. Remitimos al lector interesado a la bibliografía oportuna y continuamos haciendo, tan sólo, un breve apunte sobre los aspectos de las habilidades sociales que más nos interesan, desde la perspectiva de la atracción y el amor.

¿CUÁLES SON LAS HABILIDADES SOCIALES QUE MÁS INFLUYEN EN LA ATRACCIÓN, LA SEDUCCIÓN Y EL AMOR?

- *Cuidar el propio cuerpo y la imagen que mostramos ante otros:* Recurrir sabia y **económicamente** (lo menos posible) **a las transformaciones transitorias** aportadas por adornos, pinturas y «prótesis». Todo ello conociendo muy bien lo que se considera adecuado en los entornos en los que nos movemos, lo que gusta a las personas que tratamos y, sobre todo, lo que más nos gusta y conviene (según estilo, constitución, edad, ocupación...) a nosotros mismos.

- *Manejar muchos y variados temas de conversación:* Así podremos movernos «como pez en el agua», tanto en conversaciones serias, de extenso y profundo desarrollo, como en aquellas otras intrascendentes, de rápida y cambiante temática.

- *Manejar lenguajes de distinto nivel:* Desde el más concreto y narrativo, con detalles, nombres y anécdotas... hasta el más abstracto, poblado de reflexiones, expresiones complejas y carga personal.

- *Saber hablar de uno mismo, del interlocutor y de otros temas:* según lo requiera la situación, el momento de la relación y el objetivo que se pretende. Ésta es también una herramienta necesaria para lograr acercarse y gustar.

- *Saber escuchar atentamente*: No sólo para conocer las referencias e ideas del otro, sino también para **mostrar respeto, interés y gusto** por lo que el interlocutor está diciendo.

- *Conocerse y quererse a uno mismo*: Tenerse en alta estima, se ha mostrado, en numerosos estudios, como una dimensión directamente relacionada con la capacidad de gustar y atraer a otros.

- *Observar y conocer al otro*: Como hemos comentado, para **adecuar a sus gustos o preferencias algunas conductas**. No se trata de cambiar, como un actor que representa un extraño papel, pero sí recordar y poner en práctica algunos gestos, temas de conversación, ropas y acciones con los que apostamos sobre seguro.

- Y, ¡cómo no!, ser capaz de mostrar **alegría, coherencia con los propios gustos e ideas, sentido del humor, capacidad crítica y puntos de vista propios** respecto a los acontecimientos y fenómenos relevantes.

Este pequeño gran listado **NO** garantiza, desde luego, el efecto de resultar atractivo en general, y mucho menos el resultar atractivo para «ese hombre» o «esa mujer» concretos, pero es una guía para mejorar nuestras relaciones interpersonales, para hacerlas más numerosas, deliberadas, ricas y satisfactorias. Nos provee, además, de los elementos imprescindibles para establecer sin errores una primera relación con él o ella. Podemos decir que no garantiza, pero aumenta al máximo la probabilidad de gustar, **sacando a la luz todo lo positivo y agradable que hay en nosotros.**

1.5. OTRAS HABILIDADES

Aquí nos queremos referir a todo ese inmenso abanico de posibles destrezas, conocimientos y experiencias... que contribuyen a hacernos quienes somos y, por tanto, contribuyen también a que nos sintamos atraídos y atraigamos a unas o a otras personas.

Parece obvio que **cuanto más sepa una persona, cuanto más rico sea su bagaje** (palabra que viene de equipaje, de selección de lo más preciado de nuestras vivencias) **de experiencias, más atractiva resultará para un mayor número de potenciales admiradores.**

Esto, en términos generales, es así; pero vamos a hacer unas puntualizaciones necesarias:

1.º *¿Cómo se exhiben las habilidades y conocimientos?* Es bueno hacer deporte, hablar varios idiomas, haber leído a Aristóteles y cocinar como los ángeles... pero si se hace demostración de estos saberes **a destiempo, cuando la situación no es adecuada para ello o con exceso y prepotencia**... entonces lo que era un pasaporte para el triunfo se convierte en una pesada carga que lastra cualquier intento de acercarse a los demás y resultar atractivo.

2.º *¿Qué tipo de habilidades y conocimientos se exhiben?* La diferencia aumenta el atractivo, pero si la diferencia es mucha, si las aficiones, pasatiempos o habilidades de alguien son **demasiado extrañas para el entorno donde esa persona vive y se relaciona**... entonces la posibilidad de empatizar, de compartir, de identificarse con otros, queda reducida casi a cero.

3.º *¿Cuántas son las habilidades y con cuánta perfección se exhiben?* Las personas que saben hablar de muchas cosas, que saben hacer de todo y lo hacen todo bien son apasionantes y sugestivas, queremos estar cerca de ellas para aprender y, sin duda, las admiramos... pero pueden no ser los candidatos idóneos para inspirar una atracción amorosa. Y esto, ¿por qué —dirán ustedes—, si son «casi perfectas»?; pues por eso, por el **extrañamiento, la distancia, la desigualdad y la impotencia** que pueden hacer sentir a los demás... difícilmente nos vamos a sentir atraídos por alguien que, con su superioridad, pone al descubierto nuestros errores, desconocimientos, miedos e incapacidades.

Como vemos, no todos los saberes resultan atractivos; no todas las formas de hacer uso de esos saberes son convenientes; no siempre, y con todo el mundo, es bueno exhibir todo aquello que se sabe hacer... Entonces, ¿cuándo, qué y con quién es adecuado mostrar lo que uno sabe?
Podemos decir que lo adecuado es...

1. Hablar y mostrar lo que se sabe hacer **cuando las situaciones tienen que ver con esas habilidades o conocimientos**; cuando viene a cuento comunicar y **compartir** la propia experiencia...
2. Hemos dicho «compartir», es decir, conocer también las experiencias y habilidades de los demás y **situarse en posiciones cercanas** que posibiliten el diálogo y la experiencia de a dos.
3. Y echar mano de aquellas habilidades que, normalmente, más ayudan en nuestra sociedad a iniciar contactos erótico-amorosos.

Éstas son, sin duda, del tipo de...

* Bailar.
* Practicar algún deporte popular: ciclismo, tenis...
* Hablar varios idiomas.
* Ser «un o una manitas»: carpintería, mecánica...
* Contar anécdotas, chistes y experiencias.
* Cocinar.
* Saber de vinos y alimentos.
* Saber de música, cine, teatro.
* Viajar.
* Saber de la realidad social, política y económica.
* Haber reflexionado y leído sobre temas de interés general, tales como «el amor» y las «relaciones de pareja», «la educación y comunicación con los hijos» «la salud», etcétera.
* Y, desde luego, tener un insaciable y apasionado interés por las personas.

Con este bloque, el quinto entre los que hacen referencia a las habilidades, a lo que sabemos hacer, terminamos este extenso apartado, para dar paso al siguiente: los motivos, preferencias, gustos y tendencias que mueven y explican las formas de comportamiento característicos de cada uno de nosotros.

2. TENDENCIAS, MOTIVOS, GUSTOS Y PREFERENCIAS

¿Recuerdan la pregunta que hacíamos al principio de este apartado?, nos preguntábamos ¿quién o cómo es una persona?, y, en respuesta, hablábamos del cuadro que dibujaban cuatro grandes líneas el cruzarse: «lo que se sabe hacer», «la historia de relaciones pasadas», «la imagen o apariencia física» y «los motivos o tendencias» de esa persona. Decíamos que este cruce de líneas constituye algo así como la **huella dactilar psicológica**, la marca reconocible que nos hace diferentes a los demás y parecidos a nosotros mismos.

Pues bien, de entre esas cuatro líneas, la más importante, la que **construye** las otras tres y les da sentido, es, sin duda, ésta de la que nos vamos a ocupar ahora, una dimensión que explica **por qué y para qué** cada uno se comporta como lo hace, y que a partir de este momento para agilizar nuestro discurso, vamos a llamar por el nombre de «motivos».

La historia de la psicología científica se ha escrito a partir del estudio e investigación de los motivos, de las «fuerzas», podríamos decir, que «tiran» de nosotros en todos los momentos de nuestra vida, para irla construyendo.

Si nos fijamos, la palabra «motivo» tiene que ver con «motor», con «movimiento», y así es, estamos hablando de los auténticos **motores**, en términos cartesianos, de nuestra conducta, de la **energía** (ahora está muy de moda este término y se usa continuamente) que mueve todos y cada uno de nuestros actos, pensamientos y sensaciones.

También, coloquialmente, cuando hablamos de «motivo» hacemos alusión a la **causa** de algo; pues bien, aunque este significado es menos correcto (los actos humanos no son **efecto** de una única causa), sí puede entenderse, de forma general, que cuando hacemos o sentimos algo, ese algo está causado por un determinado motivo o tendencia.

Por último, «motivos» (más aún «tendencias») alude también a **«intenciones»**, a los objetivos o fines a los que pretendemos acercarnos con nuestros actos.

De todo esto vamos a hablar; de lo que en términos aristotélicos, podríamos denominar **«causa final»** de nuestras acciones, del fin que, como un imán, las atrae (de lo que resulta atractivo, podríamos decir, para seguir con el tema que nos ocupa) y contribuye decisivamente a que nuestra vida sea de una (y no de otra) forma.

Empezaremos diciendo que los seres humanos vivimos metidos, no hasta el cuello, sino por completo, en un **medio físico y social que está en perpetuo cambio**. Lo imaginan, ¿verdad?, o, mejor dicho, ¿lo reconocen?; ¿reconocen esa especie de inmersión, de «buceo» entre las, siempre cambiantes, aguas del entorno que nos rodea...?

Nos rodean, **nos afectan**, nos empujan todo tipo de cosas: **fenómenos atmosféricos y físicos**, como las tormentas, los cambios de temperatura o los ruidos...; **estados de nuestro cuerpo**, como dolores, palpitaciones de nuestro corazón, acidez de estómago, o patáditas de ese pequeño ser que está dentro...; **hechos sociales y políticos**, como las leyes y normas que regulan nuestra vida en sociedad, o las decisiones que construyen o destruyen los entornos arquitectónicos y naturales...; y, por supuesto, y de manera prioritaria en los **asuntos amorosos,** nos afectan **las acciones de los otros,** de esos otros, concretos, con nombres y apellidos..., tanto las acciones que dirigen hacia nosotros directamente, como aquellas otras que les relacionan con otras personas o cosas.

Una vez expuesto esto, estamos ya en condiciones de entender por qué los seres humanos nos empeñamos en intentar conseguir ciertas cosas. Si el entorno nos afecta, si nos zarandea sin compasión, los humanos **nos vemos obligados a HACER ALGO AL RESPECTO.** La vida del hombre consiste, precisamente, en «ganarle la partida» a su entorno; consiste en «devolverle el golpe», no sólo volviendo las cosas a su sitio, sino yendo mucho más lejos... CAMBIANDO, A SU VEZ, EL MUNDO PARA HACERLO MÁS ADECUADO, APETECIBLE, SENSATO, BELLO, SEGURO...

Podemos decir, siguiendo la metáfora anterior, que los «buzos», con sus acciones, cambian el color, la composición, la densidad, los movimientos, el peligro, la presencia y el comportamiento de peces o... de otros buzos; y, por supuesto, cambian también su capacidad de nadar o de respirar, que, día a día, se hace mayor (o menor, según sea el camino tomado por esas acciones...).

Pues ya hemos topado con los motivos o las tendencias de nuestra conducta; no son ni más ni menos que esas intenciones de cambio que hacen que nos movamos en uno u otro sentido, haciendo una u otra cosa.

Por supuesto, estas intenciones o motivos **NO** tienen (de hecho, la mayoría de las veces, no lo son) por qué ser **conocidos** por el propio individuo que actúa. Hay veces que son previos, deliberados, pensados; pero hay multitud de otras ocasiones en las que, el llegar a conocerlos, supone una larga tarea de reflexión (casi siempre a solas y a veces con ayuda de un profesional de la psicología).

Como ejemplos de este actuar para cambiar las cosas en cierta dirección, valgan estos cuantos, entre los miles de los que podríamos echar mano. Dejamos, por otra parte, a ustedes (nosotros ya lo hemos hecho, y, créannos, merece la pena) la tarea de analizar algunos de sus «personales e intransferibles motivos»...

Cuando tenemos **dolor de cabeza**... hacemos algo para cambiar ese estado y recuperar uno **más placentero**, nos tomamos un analgésico, cerramos los ojos y nos relajamos, pedimos que nos den un masaje, vamos a un médico para que lo resuelva todo **con tal de terminar con el dolor**; cuando, por la ventana entra un ruido insoportable... la cerramos o

¿CÓMO SOMOS? 87

pedimos a alguien que lo haga, cambiamos de habitación, nos ponemos unos cascos y oímos música, nos vamos, nos quejamos airadamente de «lo insufrible que últimamente está la ciudad»... todo para conseguir que **el efecto del ruido sobre nosotros disminuya o cese por completo...**; cuando **una habitación está desordenada y sucia...** limpiamos, cambiamos las cosas de lugar, tiramos todo y redecoramos la habitación, pedimos a alguien que la arregle, nos vamos a otra casa, pagamos para que quede ordenada... todo para **que cambien las condiciones físicas y la disposición de los objetos y espacios...**; cuando **las normas** que tratan de imponernos en la familia, la empresa, la ciudad, el país o la sociedad en general nos parecen injustas, perjudiciales, peligrosas... protestamos, nos unimos a otros para presionar, dialogamos, ¡hacemos guerras!... todo para **conseguir unas normas mejores que faciliten o dignifiquen la vida...**

Y... cuando el afecto, atención, tiempo compartido o ayuda de las personas que nos rodean no nos hace sentirnos queridos y felices (situación que se da ¿casi? permanentemente), entonces rogamos, pedimos, exigimos, criticamos, amenazamos, prometemos, halagamos, explicamos, preguntamos, nos ponemos atractivos o atractivas, lloramos, leemos, consultamos a los psicólogos y a todo bicho viviente... todo, con tal de conseguir ese preciado bien, de alcanzar esa, aparentemente inalcanzable, meta de **ser queridos y felices con los otros significativos** (léase: padres, hermanos, pareja, hijos y amigos, por lo menos... aunque podrían incluirse también los vecinos y compañeros de trabajo y, por supuesto, todos los que cada cual crea relevantes en su vida...).

A partir de los ejemplos citados (no han sido escogidos al azar, sino ordenados para este propósito), es fácil deducir que existen **tres** grandes tipos de motivos: primero, **los que llevan nuestras acciones hacia ciertas sensaciones y estados,** en segundo lugar, **los que persiguen producir o transformar, objetos, situaciones y personas,** y, por último, **los que pretenden que el propio comportamiento o el ajeno se ajuste a ciertas normas, reglas o valores.** Veámoslo con más detenimiento...

A) Motivos «sensitivos»:

Vamos a llamar así a los que nos mueven a actuar para **sentirnos mejor.** Es decir, cuando buscamos con una acción, de forma deliberada o no, un cambio directo en el estado de algún órgano o parte del organismo o, de forma general, en nuestro estar corporal (eso a lo que se alude cuando le preguntan a uno «¿cómo te encuentras?»).

Como veíamos en los ejemplos anteriores, podemos hacer multitud de cosas diferentes para sentirnos mejor, y cada cual, por su historia y por lo que ha aprendido a hacer (¿recuerdan el apartado anterior de las habilidades?), hará unas u otras. Unos actuarán de forma rápida y efectiva, otros de forma exagerada y demasiado frecuente y otros sólo actuarán cuando las situaciones sean de extrema gravedad... Unos tenderán a tomar todo tipo de sustancias y pócimas, algunos a decirse palabras tranquilizadoras y curativas y otros a pedir ayuda, consultar a profesionales y dejarse cuidar...

Hay, en fin, muchos momentos y formas de acercarse al mismo fin; pero lo que es indudable es que una parte nada despreciable de nuestros actos va encaminada a lograr ese **bienestar físico**, que, como veremos más adelante, es más o menos importante según el «pellejo» y la «historia» de cada cual.

Nos podemos preguntar ¿qué tipo de sensaciones son las más buscadas o apetecidas por los seres humanos? Pues lo que conocemos a partir de la antropología, la psicología y la historia... nos dice que son «sentires» tales como:

— **Sentires o sensaciones de excitación**: Aquí entran todos los que tienen que ver con...

- Excitación por lo peligroso o amenazante.
- Excitación sexual.
- Excitación por lo nuevo y desconocido.
- Excitación por lo complicado.
- Excitación por la abundancia de estímulos (ruido, movimiento, colores, luces...).

— **Sentires o sensaciones de alivio o inhibición**: Son del tipo de:

- Alivio por la desaparición de un dolor o molestia.
- Alivio por la disminución de la excitación o tensión.
- Inhibición propia del estado de sueño.
- Inhibición por disminución de estímulos.
- Alivio por el reconocimiento de lo conocido.
- Alivio por el reconocimiento de lo inofensivo.
- Alivio por la extinción de un peligro.
- Alivio por disminución o extinción de estados carenciales: sueño, hambre, sed...
- Alivio por la conclusión de la excitación sexual.

Siempre que nos encontramos en una situación o estado de «bienestar imperfecto», es decir, prácticamente siempre, podemos hacer algo para mejorar nuestras sensaciones y estado físico. Pero no siempre lo hacemos; unas veces porque lo que podemos y sabemos hacer es muy costoso o poco efectivo, y otras porque tenemos otras ocupaciones que requieren nuestra atención... Algunas de esas «otras ocupaciones» son las que vamos a analizar ahora, dentro del siguiente apartado...

B) Motivos operativos:

El segundo tipo de motores o intenciones de nuestra conducta, lo constituye la búsqueda o finalidad de **cambiar el mundo**; se trata de transformar lo que ya hay (objetos, situaciones, clima, paisaje, conducta de otros...) y de producir aquello que no hay (objetos, instrumentos, soluciones, remedios... y conducta de otros).

Estos cambios del mundo se realizan, en un principio, para sentirnos mejor; pero también llegan a ser un objetivo por sí mismos, un poderoso objetivo que explica gran parte de nuestros actos.

Estos motivos operativos son los que dan sentido a comportamientos tan cotidianos como cambiar algo de sitio, fregar los platos, peinarse o ducharse por las mañanas (no olvidemos que nuestro cuerpo es también «mundo», un mundo que cuidar y que transformar activamente), cocinar, conducir un coche (cambiar el mundo es, también, cambiar la disposición y relación que nosotros tenemos con él), comprar algo...

Y, por supuesto, también, son motivos operativos los que están en la base de acciones más complicadas y a largo plazo, como escribir un libro, hacer una película, dar clase, conseguir dinero, objetos o poder y, ¡cómo no!, seducir o conquistar al hombre o la mujer de nuestros sueños...

Lograr que algo o alguien sea **exactamente como nosotros queremos que sea, comprobar que producimos el efecto pretendido**, puede resultar tan apasionante, tan motivador, tan «adictivo» como la más intensa y fascinante sensación corporal... Por ello, gran parte de nuestras vidas, de estas vidas modernas dedicadas a la productividad, la eficacia y el logro (¿recuerdan las «reglas del juego» a las que nos referíamos en el capítulo anterior?) encuentran su sentido y, a veces, su sinsentido, en motivos operativos, mucho más que en motivos hedonistas o sensitivos.

No creamos ingenuamente que siempre ha sido así o que no puede ser de otra forma... Se trata tan sólo del estilo de vida que se ha ido construyendo, que ha ido ganando terreno a otros posibles estilos, y que ha terminado por parecernos el único posible.

Esto es tan claro, que los temas amorosos «no se salvan de la quema», y presentan, en algunas ocasiones, la extraña y paradójica situación que, sin embargo, les resultará familiar, consistente en... ¡pasarlo mal!, vivir una vida que no se desea, incluso, relacionarse con alguien que «dista mucho de ser como nos gustaría» y que, por añadidura, no nos trata bien... todo ello, ¿para qué?, pues con la muy operativa intención de ¡CAMBIARLO!, con la intención de HACER QUE VAYA POR EL CAMINO QUE NOSOTROS MARCAMOS. ¿Qué les parece? ¿Verdad que es diabólico? Sí, pero también es normal, es decir, frecuente y tenido por adecuado, aceptable y hasta en ocasiones ¡ejemplar!

¿CÓMO SOMOS? 91

Y es que no escuchamos, no deseamos conocer, no pretendemos disfrutar de la presencia y compañía de nuestro hijo, pareja, amigo... lo que nos mueve, lo que hace que le hablemos o vayamos a verlo es... lo sospechan, ¿verdad?... DECIRLE LO QUE TIENE QUE HACER. Lo que nos satisface es comprobar que seguimos teniendo poder sobre ella o él, que marcamos los límites y los senderos por los que tienen que discurrir sus vidas.

Como ya les anticipamos, estamos hablando en este apartado de algo de suma importancia, de algo que nos va a facilitar la comprensión de nuestras formas de relación, del porqué nos tratamos los unos a los otros como lo hacemos, y de cómo, a veces, ese trato no resiste el menor análisis lógico. Y es que, como decía un antiguo profesor de psicología, la conducta humana no es lógica, sino psicológica, razón ésta por la que estamos compartiendo con ustedes algunas herramientas para enfrentar la temible tarea de entender por qué demonios nuestras relaciones afectivas son como son.

Pero sigamos...

C) **Motivos normativos:**

El tercer tipo de motivos tiene que ver con el mundo de **las palabras, las ideas, los conceptos y las reglas**, reglas que el hombre ha ido generando para organizar, articular y explicar **cómo es la realidad y *cómo debe ser*.**

La ciencia, la religión, las leyes, la filosofía, la matemática, etc., son sistemas de reglas que ordenan el mundo de diversas maneras., ¿Y esto qué tiene que ver con los asuntos del corazón? dirán ustedes; tiene que ver en cuanto que supone un importantísimo bloque de motivos, aquel que empuja nuestros actos hacia **el cumplimiento de determinadas normas.**

No se trata de sentir sensaciones placenteras, no se trata tampoco de cambiar ni de producir nada, se trata de que nuestros actos y los de los demás sean *como tienen que ser*.

De esta forma, la ducha diaria no es una forma de eliminar suciedad de nuestro cuerpo, no es un medio de sentir lo placentero del agua refrescándonos cuando hace calor... es, ni más ni menos, que el cumplimiento de un mandato, de una orden no escrita que dicta: sean las circunstancias que sean, haga frío o calor, con ganas o sin ellas... ¡hay que ducharse antes de salir de casa por las mañanas!

Muchos de nuestros actos ocurren porque hemos aprendido una regla de conducta que los guía, lo sepamos o no, hacia su cumplimiento. Pueden ser reglas escritas, oficiales, generales, como las del Código Penal o las del de Circulación, y pueden ser también reglas privadas, autoimpuestas, individuales, como cuando alguien decide hacer un régimen de alimentación, ir a misa los domingos o ser coherente con sus ideas políticas y éticas (la ética es, precisamente, un sistema de reglas de conducta autogenerado y personal) y desatender las tentaciones de logro y las posibles satisfacciones que contrarían ese código.

Por supuesto que, en principio, el cumplimiento de una regla o norma produce algo positivo o cambia algo para bien, y, asimismo, podemos reconocer la satisfacción o sensación placentera que produce el comportarnos como creemos que debemos hacerlo; pero en muchas ocasiones (no siempre, ni en todas las personas), **una vez aprendida la norma, actuamos para verla cumplida, para que el mundo y nosotros mismos seamos coherentes, armónicos, predecibles**...

En el terreno de las relaciones amorosas, ¿quiénes son las personas que rigen sus afectos y atracciones por estrictas reglas de conducta?

Se trata de aquellos hombres y mujeres que, ante todo, buscan comprender al otro; aquellos que se sienten atraídos por la coherencia y la solidez de las ideas y las acciones... aquellos que esperan o exigen el cumplimiento de horarios, llamadas telefónicas, asistencia a reuniones y fiestas, regalos en ciertas fechas, palabras y formas de vida según lo previsto.

Para algunas personas, el placer y el poder están en un segundo o último lugar (incluso no están); lo importante, lo que mueve sus vidas y las de las personas con las que se relacionan es, ni más ni menos, que el ajuste impecable y sin fisuras al «manual de instrucciones».

Y hay manuales de instrucciones para todos los papeles de la película y para todas las situaciones... hay manuales que dictan detalladamente cuáles son las normas, las obligaciones del buen hijo...; manuales para el buen amigo..., también los hay para marcar la conducta del buen vecino... y manuales para el amante adecuado, la novia correcta, el marido como Dios manda y la esposa modelo.

Se trata de cumplir, siempre de cumplir sin rechistar y sin discutir o modificar la norma..., de cumplir por encima de cualquier duda razonable..., de cumplir por encima de voluntades, sufrimientos y resentimientos..., de cumplir a costa de acallar las voces de la emoción y el deseo..., a costa de «disecar» la creatividad, la improvisación y el cambio...

Por supuesto que es importante que nuestro comportamiento se ajuste a un patrón, que seamos coherentes y previsibles, que podamos ser comprendidos por los demás, gracias a nuestra regularidad y consistencia de pensamientos y acciones. Fíjense si esto será importante, que es lo que nos hace adultos, lo que nos hace ¡personas!

Pero de la búsqueda de la coherencia en uno mismo y en otros, a la búsqueda de esa especie de «cárcel del alma» en la que los «barrotes» son normas extrañas que no permiten el escape, la transformación o la transgresión..., de una cosa a la otra hay un abismo, un abismo en el que casi todos hemos caído alguna vez, y, sobre todo, una abismo que la sociedad abre a nuestros pies, sin darnos cuenta, con su callada pero insistente presión, hacia una única y oficial forma de vida.

Es la cultura del pensamiento único, de la única manera de hacer las cosas: **«Niña, ¡cómo te vas a casar con ese vestido!, no puede ser, las novias deben ir...»**, dice la madre..., y la hija se casa a disgusto...; **«Pepe, ¡no hagas eso!, ¿no ves que hay gente delante?»**, dice la mujer, y el marido inhibe su deseo una y otra vez, ¡hasta que deja de desear!...; **«¡Has estado imposible!, ¡mira que decir eso cuando estábamos con mis amigos!»**, dice el novio a la novia, y ésta se calla, se calla una y otra vez en presencia de los amigos del novio, hasta no saber si realmente le caen bien o no, si quiere o no estar con ellos, porque ella ¡ha dejado de estar! «Yo, ¿sabes lo que te digo?, voy a cortar con Pablo; sí ya sé que me quiere, pero no hay manera de que se lleve bien con mi familia, ¡él va a su aire y no quiere saber nada de bautizos, reuniones y comidas familiares...!, le dice una amiga a otra, hablando de su pareja, en el momento de renunciar a su amor y compañía ¡en aras del manual!

Como éstos, podríamos poner otros ejemplos (seguro que ustedes pueden), pero nos parece suficiente ilustración de este tercer bloque de motivos que, combinado con los dos anteriores, dibuja el mapa de nuestras «vidas y milagros», permitiéndonos explicar lo que, a veces, puede parecer inexplicable en nuestros comportamientos y en los de los demás.

¿Cuáles son, entonces, dirán ustedes, los motivos adecuados? ¿Cuáles son los verdaderos aliados de la atracción y del amor? ¿Es mejor regirse por las sensaciones?, ¿ser, ante todo, un **buscador** o **«adicto al placer»**, que sacrifica la sensatez y la norma en el altar de los sentimientos?... o, por el contrario, ¿lo ideal es ser un eficaz y frío, **«controlador»**, un verdadero **«mecánico de la conducta ajena»**, que sabe ajustar todos los mecanismos y resortes para conseguir moldear al otro a imagen y semejanza de sus propósitos?... o ¿quizás lo adecuado sea ejercer de **«árbitro»**, de **«portavoz de un inviolable orden universal»**, al que el pobre incauto o incauta que se acerca debe someterse con sumisión?

Podemos decir que estos tipos de motivos, los tres, entran a formar parte en una especie de «combinado» heterogéneo que es lo que nos atrae, seduce o amamos en UNA persona concreta.

En efecto, con proporciones muy diferentes, y dándonos cuenta de ello o no, es este cóctel de motivos el que, en cada caso, nos acerca a un tipo de mujeres o de hombres y **no** a otro.

Como veremos más adelante, según sean los gustos, preferencias e intereses y, también, según sea el momento vital por el que atraviesa una persona, así serán las personas por las que se siente atraída seducida o enamorada.

Y volvemos a preguntar: ¿qué es lo más adecuado? Pues podemos decir que lo más conveniente es... sentirse atraído y vivir una relación amorosa en la que los tres elementos estén presentes ampliamente y convivan en armonía: ternura, pasión, sexo... por una parte, transformación y enriquecimiento mutuo, por otra, y en tercer lugar, el adecuado ajuste a las reglas y normas, personales y colectivas, como para que el coste no sea demasiado alto.

Una vez dicho esto, poco más nos queda por decir, ya que son las diferencias individuales las que deben fijar las proporciones justas de la «receta» que, para cada cual, es sabrosa, nutritiva y digestiva.

Siguiendo con la metáfora culinaria, podemos decir que algunos prefieren lo picante y exótico... aunque sea menos nutritivo e incluso les siente un poco mal... mientras que otros prefieren perderse sabores intensos y optan por lo casi insípido, pero, eso sí, conveniente para la salud y las costumbres alimenticias al uso, y, por último, otros comen lo que hay que comer, lo que «siempre se ha comido en esta familia», sin preguntarse mucho si realmente disfrutan su sabor o si quizá esa arraigada costumbre, en realidad, ¡sienta como un tiro al estómago!

Para terminar, por tanto, lo dicho, dieta equilibrada, es decir... ATRACCIONES Y AMORES INTENSOS Y SENTIDOS, PERO SUFICIENTEMENTE COMPATIBLES, ENRIQUECEDORES Y ADULTOS COMO PARA QUE NO TENGAN UN ALTO COSTE PERSONAL O SOCIAL.

Ustedes dirán, y con razón, ¿dónde están esas relaciones? Porque las «de a pie», las que conocemos todos, no parecen responder a ese perfecto perfil griego... lo que hemos expuesto es un desiderátum, un criterio que, como todos los criterios, pretende servir de medida, de guía para comprender y juzgar nuestros afectos y conflictos.

A partir de este criterio, cada uno debe valorar los pros y los contras, la **proporción y compatibilidad** de las fuerzas que tiran de nosotros cuando nos sentimos atraídos, seducidos o enamorados... por ÉL o ELLA.

3. LA APARIENCIA PERSONAL

Como tercera dimensión integradora de lo que una persona es, está, ocupando un lugar preeminente, la apariencia personal o presencia física, ese «carné de presentación», con el que **nos hacemos visibles y reconocibles para los demás**.

Todo conocimiento pasa por la percepción de nuestra apariencia personal, desde el más primario y rápido al ser **identificados como semejantes**, como pertenecientes a la misma especie; hasta el más sofisticado y lento, cuando, a partir de lo que se ve y se oye de nosotros, se infiere nuestra bondad, dulzura, inteligencia, coherencia, peligrosidad, ímpetu sexual o cualquier otro atributo o característica personal.

Por esto es tan importante, tan decisivo, el aspecto que presentamos ante los otros y ante nosotros mismos. Unos (los demás) y otro (uno mismo) van a sentir y a actuar según lo que perciban en esa superficie expresiva y parlante que es nuestra apariencia personal.

La apariencia personal, nos apresuramos a aclarar, no es el resultado invariable de la evolución física de nuestro cuerpo; por el contrario, es el resultado complejo de nuestra **base biológica, constantemente modulada y transformada por nuestro comportamiento hacia y con el cuerpo**.

¿Qué elementos de la apariencia personal dicen más de uno mismo?, ¿cuáles son los principales responsables de nuestra fuerza de atracción y seducción sobre otros?

Tras las investigaciones realizadas sobre este tema, existe un gran acuerdo a la hora de adjudicar mayor responsabilidad a ciertos elementos. Éstos, como quizás ya hayan podido sospechar, son: **la mirada, la voz, el conjunto de sonrisas, gestos y tacto, el arreglo y prendas de vestir,** y como globalidad, la síntesis o combinación de todo ello, que arroja **un resultado** más o menos atractivo para una mayoría social (atractivo general) y para una persona en concreto (atractivo personal específico).

Vamos a pasar, rápidamente, por los primeros elementos (mirada, sonrisa, voz, etc.) ya que serán ampliamente tratados en los capítulos dedicados a la seducción y el amor.

La mirada

Hemos puesto la mirada en el primer lugar de esta pequeña lista, porque es el elemento rey de entre todos los que hablan de nosotros a través de la apariencia física. De la mirada se ha estudiado todo, su duración, la dirección que sigue y sus cambios, la contracción o dilatación de la pupila y, por supuesto, su combinación con otros elementos como la sonrisa, los movimientos de cabeza y manos y el contenido del habla.

El significado, el poder de comunicación de los distintos tipos de miradas, hace posibles verdaderos «diálogos sin palabras» o diálogos hablados que, con el lenguaje de los ojos, se potencian, contradicen o enriquecen enormemente.

Hay miradas de desafío, de saludo, de complicidad, de odio, de apoyo, de vergüenza, de amenaza... y, sobre todo, hay miradas de CORTEJO O SEDUCCIÓN y, según los antropólogos, MIRADAS COPULATORIAS...

> No es extraño que la costumbre del velo haya sido adoptada en tantas culturas. El contacto visual parece tener un efecto inmediato. Dispara una parte del cerebro humano y provoca una de las dos emociones básicas: interés o rechazo. Los ojos de otra persona, fijos en los propios, no pueden pasar inadvertidos, es necesario responder de alguna manera. Uno puede sonreír e iniciar una conversación, puede desviar la mirada y dirigirse a la puerta disimuladamente. Pero, primero, es probable que uno se toque el lóbulo de la oreja, se acomode el suéter, bostece, juegue con las gafas o realice cualquier otro movimiento sin importancia (un «gesto sustituto»), destinado a aliviar la tensión mientras uno decide cómo reaccionar ante la invitación, por ejemplo, abandonando el lugar o permaneciendo allí y aceptando el juego del cortejo. (Fisher, 1992.)

La voz

Es éste un elemento sutil, intangible y escurridizo, de cuyo uso intencional o comunicativo apenas somos conscientes, pero de cuyo efecto nadie puede dudar. Está comprobado, a partir de encuestas e investigaciones, que **el tono, el volumen, las inflexiones** y **el ritmo**, es decir, los elementos paraverbales aportados por la voz de cada persona, son responsables, de más de un 50 por 100 de su atractivo y magnetismo, o de todo lo contrario.

Al estudiar el impacto de ciertos personajes públicos (políticos, actores y actrices, presentadores de televisión, etcétera), la voz se ha mostrado siempre como un atributo especialmente seductor.

La voz, combinada adecuadamente con los otros grandes elementos, la sonrisa y la mirada... es, ya lo supondrán ustedes, ¡una bomba de relojería!, ¡un torpedo lanzado directamente contra la línea de flotación de nuestros sentimientos y sensaciones!

La sonrisa

El «gesto» más universal, expresivo y polivalente, es, sin duda alguna, este pequeño y tímido movimiento de labios al que denominamos «sonrisa». Los antropólogos han comprobado la omnipresencia de este elemento en todas y cada una de las culturas humanas que hasta el momento se conocen.

> ...los seres humanos tienen un repertorio de, por lo menos, dieciocho tipos de sonrisa diferentes, de las cuales sólo usamos algunas durante el flirteo. (Fisher.)

Existen personas que apenas sonríen y otras que sonríen continuamente; algunas en las que la sonrisa es casi una rígida mueca y otras cuya cara se ilumina expresivamente al sonreír; hay quien se muestra sonriendo y quien se oculta en una sonrisa mentirosa.

Pero, desde luego, en la atracción y el amor la sonrisa siempre representa un importante papel, el papel de expresar alegría cuando se ve a la persona amada; de complicidad y unión, cuando los amantes están en presencia de terceros; de anuncio e invitación a un encuentro sexual que, como en el caso de la mirada, el otro u otra puede rechazar o puede aceptar de buen grado, respondiendo con una abierta y recíproca sonrisa.

A veces es conveniente «parar» esa sonrisa demasiado frecuente que, ya por serlo tanto, ha dejado de ser expresiva, y llegar a **sonreír menos, pero más significativamente.** Las personas que habitualmente están serias, cuando sonríen, consiguen con este gesto un efecto mucho mayor que los que tienen instalada la sonrisa de forma casi continua.

En cualquier caso, como los otros elementos expresivos, la sonrisa y su uso comunicativo pueden ser aprendidos, y pueden, así, incrementar su efecto en los diálogos y encuentros amorosos.

Proximidad, gestos y contacto físico

El mensaje enviado por movimientos y gestos dependerá, como veremos en otros capítulos, del «contexto» (lugar público o privado, entorno de ocio, de estudio o de trabajo...), de la «situación» (tipo de conversación, personas presentes, estado de ánimo y atención del receptor del mensaje) y del «tipo de relación» que previamente se tenga con el otro o la otra (si es un amigo del alma con el que se tiene gran confianza o, por el contrario, es un conocido muy reciente).

Pero, en principio, estas silenciosas palabras son señales que, utilizadas en el contexto y situación adecuados, nos están hablando de emociones y de deseo, en definitiva, **de la intención** de iniciar una interacción afectivo-sexual. Como toda señal, como todo lenguaje, depende, para alcanzar su significado, de la atención, conocimiento e intenciones del receptor.

Cualquiera de estos gestos alcanzará su meta de llegar al otro, si ese otro **sabe ver y escuchar**, si entre sus objetivos (deliberados o surgidos en ese momento) está el **sentir de forma recíproca** y propiciar, respondiendo simétricamente, la continuidad e incremento del diálogo no verbal.

Y hemos nombrado un punto importante, sobre el que se ha investigado y escrito mucho: la «simetría» en la respuesta entre dos personas que están iniciando un juego amoroso. Se trata de un verdadero «ballet de pareja», en el que han sido identificados gran número de elementos comunes, aun observando culturas muy diferentes y lejanas entre sí.

Es más, el baile, los distintos bailes, desde los más primitivos de las tribus casi prehistóricas, hasta los sofisticados bailes de salón, presentes invariablemente en las fases iniciales del cortejo y seducción, son considerados por los antropólogos como ayudas sociales programadas, para facilitar la perfección y extensión del comportamiento sincrónico. ¿Qué podemos decir, entonces, de una cultura en la que ya no se baila para seducir o enamorarse...?

«El cuerpo»

Podríamos escribir todo un libro, un amplio tratado sobre «el estudio psicológico del cuerpo»; pero aquí nos tenemos que limitar a nombrar telegráficamente algunos de los puntos de vista, desde los que se pueden analizar y tener en cuenta nuestro cuerpo, en el estudio de la atracción, la seducción y el amor.

El cuerpo como «fuerza»: Nuestro cuerpo, tanto para nosotros como para los demás, es **la herramienta, el instrumento y motor** para todas las acciones. Así ha sido juzgado, sobre todo en etapas pasadas de nuestra historia, cuando el hombre atractivo y la mujer atractiva eran los que mostraban una apariencia fuerte y resistente, capaz de, en un caso, trabajar duro para alimentar y proteger a la familia, y, en el otro, parir hijos sanos y criarlos.

Está claro que ahora esa necesidad de fortaleza física ha pasado a la historia, pero persiste el valor de los cuerpos elásticos, saludables y resistentes al ejercicio físico (sexo, deportes, noches en vela...) y al trabajo. Es más, hay una estrecha relación entre sentirse seguro y atractivo y saber que el cuerpo responde a los esfuerzos y pruebas a las que le sometemos.

El cuerpo como «realidad física»: Aunque durante largos periodos de tiempo nos olvidemos de ello (sobre todo en etapas de «adulto sano», en las que nuestro organismo no cambia significativamente ni nos incordia con mensajes de alteración o dolor), nuestro cuerpo es un **organismo físico vivo**, con sus procesos, órganos, funciones y composición propia. Aunque queramos no contar con él, el cuerpo nos recuerda que es **materia**, cuando se cansa, cuando suda, cuando cambia súbitamente de temperatura o de coloración, cuando percibimos su olor, cuando notamos su textura...

Pues bien, lo que la atracción y el amor tienen de encuentro físico entre cuerpos es de tal relevancia que cada vez se habla más de «la química del amor».

Sin entrar en ello, queremos subrayar, por un lado, el papel que juegan el **olor** y el **tacto** en los encuentros amorosos, y, por otro, el protagonismo de la percepción de alteraciones del propio cuerpo (taquicardia, rubor, opresión en el pecho, cambios en los órganos sexuales) para pensar que nos sentimos atraídos o perdidamente enamorados de alguien.

Si el cuerpo no respondiera físico-químicamente con cambios de temperatura, de presión y de ritmos, con secreciones y movimientos... ¿cómo podríamos saber que alguien es, para nosotros, diferente a otros?

El cuerpo es, por tanto, el **medio de contacto y relación inmediata** (por el tacto «piel con piel») y **mediata** (por la visión global del otro como «ser social»).

El cuerpo como «lenguaje»: Quizá sea ésta la dimensión corporal más interesante, la más compleja y a la que, ya al hablar de los gestos y movimientos, hemos aludido directamente. Vamos a referirnos ahora a un nivel más **global**, a lo que nuestra apariencia corporal «dice» de nosotros, a través de esa imagen única que otros reconocen como nuestro **«YO»**.

Nuestra apariencia física es la integración de la forma, dimensiones (peso y estatura) y proporciones de nuestro cuerpo. Todo esto, contextualizado y cargado de significados (de ahí lo de lenguaje), por medio de la forma de vestir, de peinarse, de maquillarse y adornarse, y por medio de los otros elementos antes citados: voz, sonrisas, movimientos y gestos.

El todo que los demás perciben como nuestro yo es juzgado o valorado respecto a criterios sociales básicos, tales como: la limpieza, la salud, la edad, la armonía y belleza, la simpatía y sociabilidad, la posición y clase social, la originalidad, diferencia o personalidad propia, la expresividad, intensidad o entusiasmo, la tensión/relajación, la seguridad o empuje, la inteligencia y, por último, y como cómputo global de todo lo anterior, cada observador juzga EL GRADO DE ATRACTIVO que, para él o ella, tiene la persona observada.

Según la importancia relativa de unos y otros elementos, y la valoración que de los mismos se haya hecho, así será la «nota» que se adjudique en la asignatura de la atracción.

Por supuesto que esto no se hace así, analítica, fría y separadamente, aspecto por aspecto, para luego preguntarse: ¿cómo es de atractiva esta persona para mí? Es todo de un golpe, es todo junto y de forma bastante automática, y ni siquiera consciente. Si preguntáramos ¿por qué te atrae María o Juan?, habría, como ha habido en nuestra encuesta, grandes dificultades para responder.

Pero no duden que el proceso que se produce es el que hemos descrito, aunque sea automático y a la velocidad del rayo...

El cuerpo como «identidad»: Todo lo que acabamos de decir respecto al cuerpo como mensajero, que nos dice **quién y cómo es una persona**, lo podemos aplicar, punto por punto, a las percepciones, juicios y valoraciones del «propietario del cuerpo» respecto de sí mismo.

En efecto, nosotros somos espectadores y jueces de la imagen corporal que ofrecemos, somos observadores estrictos e interesados de todos esas dimensiones con las que se somete a «un tercer grado» a nuestro cuerpo, y nuestro tercer grado es más riguroso y completo que el de ninguno.

A la hora de mirarnos a nosotros mismos, aplicamos los mismos criterios de valoración social que los demás, porque pertenecemos a la misma cultura y compartimos gustos y opiniones. Entonces, ¿cuál es la diferencia? la diferencia es que somos juez y parte, la diferencia es que, por un lado, tenemos información que los demás no poseen, y, por otro lado, nos jugamos mucho más.

Y ya se sabe, cuando uno se juega mucho, cuando «nos va la vida» en algo, nuestras reflexiones y juicios de valor se deforman, la ansiedad y la angustia interfieren con la razón y llegamos a conclusiones extrañas y disparatadas, muy alejadas de aquellas a las que llegan los demás.

Así, la **autoimagen** (percepción y valoración de nosotros mismos a partir de la apariencia personal que creemos presentar a los demás), la **autoestima** (atractivo, agrado y amor por uno mismo, basados en la historia personal) y la **seguridad en uno mismo** (peso de las propias creencias e ideas respecto a las ajenas, y probabilidad de alcanzar lo que uno se propone y desea), son tres conceptos que la psicología ha acuñado y que ya se han incorporado al vocabulario cotidiano. Los tres tienen que ver con lo que llamamos **«identidad»** o autoconcepto, es decir, el «yo» para uno mismo (igual que antes analizábamos el «yo» ante o para los demás).

Pues bien, se ha comprobado que existe una relación directa entre que una persona se guste a sí misma, esto es, que su autoestima sea alta, y que guste a los demás.

A todos ustedes les habrá pasado que el día que se sienten más seguros o seguras, más a gusto en su propia piel... ese día las posibilidades de ligar o de gustar a otros son mucho más altas. Y esto no es sólo porque quizás ese día, objetivamente, vayamos vestidos con algo que nos sienta mejor, o porque tengamos mejor cara; es también porque nuestra **actitud**, nuestros movimientos, miradas, risas, relajación, etc., llega al otro, ofreciéndole una imagen más atractiva de nosotros.

Por todo lo dicho, la apariencia física se muestra como un elemento crucial (en el doble sentido de «relevante» y de «cruce») para la comprensión y la mejora de nuestras posibilidades de atractivo y amor. Y no olvidemos que la apariencia física, en un muy alto porcentaje, es modificable.

Vamos a terminar este apartado, ofreciendo una especie de **GUÍA PARA LA MEJORA DE LA APARIENCIA PERSONAL Y AUTOESTIMA**, a partir de unas cuantas recomendaciones que, aunque se concretarán en los capítulos siguientes, pueden ser ya de utilidad para quien quiera intentarlo.

1. **Conocer el ambiente en el que uno vive y quiere vivir**: Esto significa saber cómo son las personas que en ese ambiente son consideradas atractivas, cuáles son las preferencias, valores y estilos de conducta de esos con los que nos relacionamos y a los que queremos atraer.

2. **Saber quién se quiere ser**: Preguntarse y conocer con todo detalle qué tipo de persona o imagen se quiere ofrecer a los demás y a sí mismo.

3. **Conocer quién se es ya**: ¿Recuerdan el apartado de las habilidades de autoconocimiento? Pues aplíquenlo a la apariencia física.

4. **Reconocer lo que *nunca* se podrá ser**: Esto es, la diferencia insalvable entre lo que se desearía y lo posible. Por ejemplo, la gran mayoría de las mujeres nunca tendrán cuerpos como los de Cindy Crowford, y la mayoría de los hombres nunca se parecerán en su apariencia a Sting... ¡ni falta que hace!

5. **Ponerse manos a la obra con lo que sí se puede conseguir, haciendolo de la forma más reposada y económica posible**: Esto quiere decir que debemos respetar y mantener todo aquello que nos es propio y no interfiere de forma importante y **probada** en nuestros objetivos.

6. **Pedir opinión y ayuda y fiarse de ellas**: Escuchar y comprobar que quizá nuestras valoraciones no son tan correctas, y que las de los demás pueden ir bien encaminadas.

7. **No atribuir *nunca* nuestro éxito o fracaso, nuestro atractivo o falta de él, a *un solo elemento o aspecto***: Por muy evidente, intenso, extraño o excepcional que sea nuestro peso, nariz, estatura, voz, rubor, tartamudeo, facilidad de palabra, ojos, etc., **siempre es el conjunto lo que cuenta**; aunque somos conscientes de que cuanto más excepcional sea uno de esos elementos (para bien o para mal), más influye, él solo, en el conjunto.

8. **Cambiar primero lo que tiene una mejor relación coste-beneficio**: Por ejemplo, empezar por cambiar de estilo de ropa y peinado, de movimientos, risa y miradas; cambios, todos ellos, que se pueden llevar a cabo más rápida y fácil-

mente, y, una vez comprobado su resultado, si se cree conveniente, seguir con otros cambios que son mucho más costosos y menos seguros en su efecto.

Dense cuenta de que se suele hacer todo lo contrario: Se empieza (y casi se reduce **sólo** a eso nuestro intento de mejora) por horribles dietas y operaciones, en las que se pone en peligro nuestra salud física y psicológica, ¡sin que nadie nos haya demostrado que pesando 3 kilos menos o teniendo menos arrugas cambie nuestro «sino amoroso»! Y, sin embargo, se dejan inalterados los mensajes que, nuestra conducta y atuendo están enviando de forma continua y consistente...

Si analizáramos detenidamente (nosotros lo hacemos, por nuestro trabajo terapéutico, en todo tipo de problemas derivados de ello) el tiempo, dinero, dedicación y sufrimiento que invierten, sobre todo, las mujeres en el omnipotente objetivo de perder peso, llegaríamos a una conclusión que vamos a resumir en pocas palabras: ¡ES UN DISPARATE HISTÓRICO!

Con mucho menos esfuerzo y sufrimiento, el resultado podría ser espectacularmente mayor si las supuestamente «gordas» o «gordos» (cada vez son más los hombres que se van uniendo a esta extraña batalla) se ocuparan en cambiar otros aspectos de su vida y apariencia.

Les propongo, para probar esto, que piensen en alguien muy atractivo e imaginariamente lo transformen en su atuendo, gestos y estilo... y, después, que, simplemente, le añadan unos kilos de más o alguna arruga... y ahora hagan lo mismo, a la inversa, con alguien que crean poco atractivo (este experimento lo ha hecho el cine con frecuencia)... y, por fin, que piensen sinceramente cuál de los cambios tiene mayor repercusión en la disminución o aumento de atractivo en esas personas.

Pero, ¡claro!, existe una inmensa y poderosísima industria que basa sus beneficios en ese disparate, y existe, también, una población mayoritariamente seguidora de los dictados del mercado.

Desde aquí queremos lanzar un mensaje de sensatez y de individualidad; no se trata de negar la conveniencia de controlar, en lo posible, el peso o las señales de edad, se trata de HACER A LA MEDIDA, NUESTROS PROPIOS PLANES DE CAMBIO, DE FORMA ECONÓMICA, INTELIGENTE Y EFICAZ..., SEGÚN UNOS OBJETIVOS SENSATOS.

4. HISTORIA DE RELACIONES

El último de los bloques que componen la estructura de lo que alguien es, hace referencia a lo que la persona ha vivido y cómo, según lo que haya vivido, piensa y enfrenta sus experiencias futuras.

En el caso de las relaciones amorosas, aunque éstas no sean independientes totalmente de otros tipos de experiencia (éxito o fracaso profesional, vivencias de enfermedad y dolor, desarrollo intelectual...), se ven influidas de forma más directa y específica, como es lógico, por ese «trozo de historia» que hace balance de las relaciones previas.

El pasado de una persona se hace **presente** y **futuro** por la influencia que ejerce sobre sus emociones, sobre sus ideas y sobre su predicción del éxito o fracaso de sus acciones.

¿Qué aspectos de la historia de relación hay que tener en cuenta para entender y predecir la conducta amatoria de alguien y sus resultados? Vamos a responder a esta pregunta desde dos dimensiones diferentes: la cantidad y variedad de relaciones y la calidad de las mismas.

1.º *Cantidad y variedad de relaciones:* Este aspecto cuantitativo es importante, ya que alude al número de **personas diferentes** que se han conocido; también alude al grado de **habituación y conocimiento** alcanzado sobre emociones y lenguajes amorosos; y, para terminar, tiene que ver con la cantidad de veces que hemos podido repetir formas de conducta, adecuadas o inadecuadas, con nuestras parejas y conocidos.

Si la mejor forma de aprender es practicar, en las relaciones personales no es diferente. Cuando hemos tenido la oportunidad de observar distintos estilos de acercamiento y seducción; diferentes personas que, aun no teniendo nada en común, eran consideradas igualmente atractivas; y cuando hemos conocido variadas formas de trato que nos hacían sentir bien o mal, nuestra sabiduría respecto a nosotros mismos y a los demás se ha ido acrecentando y enriqueciendo.

Esto es lo que solemos decir cuando afirmamos que alguien «ha tenido mucho mundo»; esta frase, que antes tenía una connotación negativa (la experiencia amorosa era considerada «pecaminosa y perversa», sobre todo para las mujeres), alude correctamente, sin embargo, a la riqueza personal de aquellos o aquellas para los que las personas, los ambientes, las situaciones... los mundos, en definitiva, han sido, son, policromos y variopintos.

Decía un artista hace poco, refiriéndose a la producción de unos y otros creadores, que «cuanto más se ha vivido y más se sabe (saber es una forma de vivir y vivir es una forma de saber), más diferente y creativo se puede ser».

Esta afirmación es aplicable a nuestro mundo de relaciones, mundo en el que cuanta más gente se conoce, lejos de «querer más *sólo* a nuestro perro», como decía Oscar Wilde, más se puede querer, comprender, tolerar, aprender de y disfrutar con... las personas.

Una experiencia amplia y variada de relaciones interpersonales nos lleva no sólo a acostumbrarnos (las emociones y pensamientos ya no nos sorprenden ni paralizan) al juego de la seducción y el amor, sino que también nos hace más **expertos y versátiles** a la hora de jugar y ¡ganar!

Como quizá ya hayan deducido, la «historia personal» se construye a partir del encuentro entre un **«yo»** y unas **«circunstancias»**, como decía Ortega; es decir, entre un «yo», con sus habilidades, sus motivos y su apariencia, y el, casual o buscado, grupo de personas con el que se entra en relación.

Por eso, el resultado de las relaciones dependerá tanto de cómo sean los ambientes y personas conocidas, como de lo que se sepa hacer, lo que se pretenda conseguir y cómo uno se presente ante los demás. No siempre, tras conocer mucha gente, queda un balance positivo. No siempre logramos el tan deseado objetivo de sentirnos bien entre las personas, de sentirnos amados o amadas en grado suficiente; no siempre salimos airosos del «zarandeo emocional y vital» de nuestro pasado amoroso. Es necesario un análisis **cualitativo** de la experiencia pasada; es necesario conocer, los dolores, frustraciones, alegrías, sorpresas positivas y negativas, éxitos y fracasos que protagonizan nuestra particular película de amor.

2.º *«Lo bueno» y «lo malo» de las relaciones vividas*: Todos conocemos personas que, por una u otra razón, acumulan **desprecios, abandonos, desamor** y **soledad**; y también conocemos, aunque quizá menos, a aquellos y aquellas que parecen coleccionar **atenciones, rendiciones amorosas, comprensión, estabilidad** y **satisfacción afectiva**. En los puntos intermedios, como es lógico, se sitúa el resto —la mayoría— del mundo.

Pues bien, sin entrar aquí en el complejo análisis del porqué de estas apabullantes diferencias, sí queremos resaltar la trascendencia que los distintos pasados tienen en **cómo** y **cuánto** nos animamos a «volver a jugar al amor» y en el resultado de ese juego.

Lo primero que queremos aclarar es que «malo» no es equivalente a separación o ausencia de pareja, y «bueno» no lo es a mantenimiento de la misma pareja durante lustros. Josep Vicent Marqués comenta en su libro *La pareja: una misión imposible,* una anécdota que nos es muy útil para ilustrar esto:

> «Yo he tenido seis maridos» —declaraba Olga Guillot en un programa de televisión, y añadía, de forma incongruente— «**no he tenido suerte**».

Cuando hablemos de un pasado traumático, aversivo, de «fracaso» amoroso, no nos referiremos, por tanto, a la tan popular concepción según la cual el fracaso es sinónimo de **discontinuidad, cambio o ausencia de pareja.**

El fracaso tiene que ver, desde el punto de vista psicológico, con experiencias como las siguientes:

- *Historias de «desprecio»:* Hay familias en las que la expresión de emociones positivas, las caricias y bromas no se prodigan; familias en las que los niños (o algún niño o niña «especial») no son valorados y atendidos como personas.

  Éste sí es un pasado poco propicio para *esperar* **ser amado, para** *saber cómo* **lograr el afecto de los demás.** Son historias en las que la autoestima y las habilidades de relación y conocimiento de los demás no han tenido apenas la ocasión de crecer.

  Está comprobado que cuando una persona recibe este trato durante su infancia, es candidata idónea para caer, después, en alguno de los dos extremos más peligrosos en cuanto a las relaciones amorosas; por una parte, la tendencia **exagerada** a buscar la atención y el amor **de cualquiera a cualquier precio**, y, por otra, la no menos radical inclinación a **no creer en el afecto o amor de nadie.**

  Es fácil imaginar el desastre amoroso que se precipita a partir de actitudes como éstas; es fácil predecir la decepción, frustración y dolor que se experimenta **repetidamente** en el caso de los «incondicionales del amor», y también podemos entender el mundo de soledad y dolor en el que viven los «incrédulos no dispuestos a sufrir más».

  En estos casos, el conocimiento de la historia pasada es un elemento decisivo para la comprensión de actitudes y formas de vivir el amor que, aunque nos puedan parecer extrañas o patológicas, son, por el contrario, lo más lógico, si tenemos en cuenta el **mundo de afectos** vivido por algunas personas en su infancia y adolescencia.

- *Historias de «vacío»:* Las personas que, por unas u otras circunstancias (internados, instituciones, profesiones, enfermedades...), se han relacionado casi exclusivamente con sus familiares e iguales, acumulan, como es lógico, una **escasa y homogénea** experiencia de trato y conocimiento de otros.

Son individuos que difícilmente pueden aprender la variedad de códigos, estilos, intenciones y comportamientos que «la diversa raza humana» presenta. Suelen ser éstas, por tanto, unas personas de escasa habilidad y versatilidad en el trato con extraños, personas que pueden mostrar recelo o miedo ante ellos y que, en muchos casos, se encierran en la seguridad del entorno conocido y protector al que pertenecen.

También las personas que han sufrido largas enfermedades que les han alejado de la sociedad, en especial los más desfavorecidos de la suerte, los llamados «enfermos mentales», que, con su tradicional e inhumano apartamiento de la sociedad, terminan transformados en auténticos «deficientes sociales», que desconocen y temen todo contacto humano.

Una última historia de vacío o pobreza de relaciones la constituye la, antes frecuente, situación vivida por las **mujeres solas**.

Nos referimos a aquellas mujeres que durante toda su vida o circunstancialmente, se sitúan en esa «tierra de nadie» que supone **vivir entre y ante los demás**, pero *no con los demás*. Éste es el caso de la típica «solterona», que conoce y sale, tan sólo, con su grupo de «buenas amigas», o el de las que han sufrido la muerte o el abandono del «novio de toda la vida» o del «padre de sus hijos».

La solterona, la viuda joven y la abandonada han sido durante muchos años (¿siglos?) especímenes raros y asexuados, para los que la atracción erótica, los juegos de seducción y las relaciones amorosas oficialmente no existían.

La dimensión físico-sexual de las relaciones interpersonales podía ser desconocida totalmente por algunas de estas mujeres ¡durante toda su vida! Estaba claro, eso era «cosa de hombres»... y de esas otras mujeres que, desde dentro de la honestidad oficial (las casadas), o desde los márgenes de ella (las «de vida alegre»), o desde la inclasificable posición de trabajadoras, liberadas y modernas... disfrutaban de paraísos desconocidos o peligrosos.

- **Historias de «destrucción»:** Nos referimos a los hombres y mujeres que, partiendo de una infancia normal (es decir, no traumática), se ven abocados, más tarde, a relaciones repetidas o prolongadas de desamor y progresiva anulación personal.

Vidas en las que se han dado **infidelidades, engaños de todo tipo** e **infracciones de los acuerdos o códigos** que, de forma implícita o explícita, regulan la vida de una pareja.

Se trata, también, de aquellas historias en las que uno de los dos ha **renunciado a casi todo lo importante** *por* su pareja... Aquellas en las que el hombre o, con mucha más frecuencia, la mujer, ha cambiado su vida y su manera de ser en aras de conseguir o de mantener el afecto del otro.

Se trata, en fin, de aquellos para los que el amor o las relaciones afectivo-sexuales han supuesto casi exclusivamente una experiencia de **dolor, pérdida de la propia identidad y estima, perplejidad** y **todo tipo de trumáticas sorpresas...**

Los que han vivido este tipo de experiencias se debaten entre el deseo de cambiar su mal sino y el miedo paralizante de volver a repetir la película de terror vivida anteriormente, con nuevos actores pero idéntico desarrollo y final.

Nos horrorizan los frecuentes casos de maltrato físico que nuestros medios de comunicación se encargan de hacernos conocer; sin embargo, se frivoliza ampliamente respecto al sometimiento, la falta de coherencia personal o la infidelidad a las normas supuestamente compartidas en la pareja.

Pues bien, si el daño físico es obviamente un amargo pasado, no lo son menos las experiencias de despersonalización... de traición... y de descubrimiento de un mundo en el que las reglas del juego se han vuelto incongruentes, injustas o despreciables.

Para unos —los más sensitivos, ¿recuerdan?—, el dolor físico y emocional será lo más traumático. Para otros —los más pragmáticos y operativos—, lo será la impotencia, la incapacidad de haber logrado que sus relaciones sean como ellos deseaban. Y para otros —los racionalistas, los más regidos por la lógica de las cosas—, será la inaceptable evidencia de que el otro, las relaciones y uno mismo, no son como se supone que deberían ser. Para estos últimos la «ruptura de esquemas» se mostrará como el fenómeno desintegrador por excelencia.

Pero, en cualquier caso, un pasado destructor es el salvoconducto para un viaje al **escepticismo**, al **miedo**, a la **ansiedad** y a la **confusión**; y, como cabría esperar, a la **evitación de casi cualquier nueva relación** que pueda «hurgar en la herida». Que este viaje sea o no sin regreso dependerá de las posteriores vivencias.

Muchas de estas víctimas del amor prefieren mantenerse al margen, prefieren no volver a jugar al peligroso juego en el que lo perdieron casi todo.

Se trata de un razonable «retiro», del que sólo les sacará la repetida, intensa e indiscutible evidencia de que las nuevas historias van a ser de signo contrario a las anteriores... Y ¡claro!, como esa garantía no existe (y menos cuando el aludido o aludida está al acecho de la más mínima prueba en contra), las posibilidades de **remisión** se hacen insignificantes.

Queremos aclarar que no estamos hablando de historias extrañas, de encuentros con verdaderos «monstruos de maldad». No, hablamos del hecho, mucho más frecuente, de coincidencia de factores desafortunados. Hablamos de encuentros inconvenientes en los que se junta, por ejemplo, el hambre de ser querido con las ganas de comer(se) al otro, esto es, de controlar y descargar las frustraciones en él.

Se trata, como casi siempre, de confluencias inconvenientes, de amistades peligrosas entre los puntos flacos de uno y otro miembro de la pareja, que, al entrar en contacto, como ciertos elementos químicos, producen una explosión de predecibles, pero no evitadas, consecuencias.

• ***Historias «para no dormir»:*** Con este rótulo casi humorístico, queremos, sin embargo, hacer alusión a las experiencias *especialmente traumáticas* y, por fortuna, escasamente frecuentes, que algunas personas han tenido que enfrentar a lo largo de su vida.

Hablamos, esta vez sí, de casos de abusos sexuales por padres y familiares, de secuestros, reclusiones o condiciones de extrema privación o violencia. Estos casos, tratados con tanta frivolidad y sensacionalismo por algunos medios de comunicación, requieren de la seriedad y respeto que supone un análisis individual y profesionalmente riguroso. Por ello, sólo vamos a mencionar, de forma general, la **intensa y negativa** influencia que cabe esperar de estos tremendos hechos sobre la posterior vida amorosa y sexual de quienes han sido sus desdichados protagonistas.

Aunque ni siquiera en estos supuestos es posible deducir efectos inevitables e iguales en todas las personas (no olvidemos que en cada individuo la huella o efecto de los hechos es diferente), sí es seguro su intenso y negativo carácter condicionante para el futuro afectivo de todos aquellos que se han visto obligados a vivirlos.

Dejemos, por tanto, a los psicólogos analizar cada caso, en su personal e intransferible historia, para, tras ese análisis, diseñar las posibles formas de ayuda, las posibles formas de borrar o, por lo menos, difuminar, los oscuros trazos que unen esos pasados con previsibles y tristes futuros.

• **Historias «mimadas»:** Sí, hemos dejado para el final este atípico apartado, un apartado que parece «no pintar nada aquí», entre todo tipo de historias tristes. Pero enseguida vamos a explicar por qué y cómo una historia de excesiva atención, permisividad y mimo, puede, y de hecho está comprobado que lo hace, ser un factor negativo para el desarrollo de relaciones afectivas satisfactorias.

Una persona que, desde la infancia o ya adulta, por una razón u otra (por ser hijo o hija única, por criterios de cómo se debe tratar a los niños, por lo excepcional de su belleza física o de su rendimiento académico...), se ha expuesto solamente al **lado bueno de la vida**, alguien que ha sido tratado de tal manera que no ha tenido que enfrentar frustraciones, dudas, esperas y esfuerzos en el logro de lo deseado... no habrá tenido ocasión de aprender cómo es el mundo, cómo son los demás, cómo son las auténticas reglas del juego...

Porque es evidente que la realidad de las relaciones **no** es como este afortunado humano ha tenido la ocasión de comprobar; es bien diferente, ¿verdad?

Y cuando este humano sale de su privilegiado entorno protector, bien sea porque se haga adulto y no tenga ya a sus adoradores padres, o porque su belleza o rendimiento no sean lo más valorado por esa persona a la que quiere gustar. Entonces se encuentra con hombres y mujeres que se muestran, para él, como extraños, crueles, incomprensibles, despreciables. Y entonces, lo que es más importante, el niño mimado o la niña mimada no saben hacer nada para ganarse el afecto o la atención... porque NUNCA NECESITARON HACER NADA PARA QUE *GRATUITAMENTE* SE LES DIERA.

No aprendieron cómo conseguir ser amados, porque **no se les exigió hacer nada** para *merecer* el amor y las atenciones que se le prodigaban.

El saber popular se ha hecho eco de esto al afirmar que quien tiene las cosas sin ganárselas no las sabe apreciar. Esto es totalmente cierto, pero hay más, y es que quien tiene las cosas sin ganárselas, luego no sabe ganarlas.

Concluiremos el apartado con una conclusión lógica:

La historia personal o biografía que favorece a nuestras posteriores relaciones amorosas tiene que ver con experiencias como las siguientes:

— Haber sido tratado con atención, respeto y amor en la infancia y adolescencia.

— Haber tenido la oportunidad de conocer a personas variadas y entornos culturales diversos.

— Haber sido educado y tratado de forma realista, es decir, sin evitar las frustraciones, críticas, sorpresas y demoras... que las personas nos deparan.

— Haber tenido experiencias que, aunque hayan sido contrarias a nuestros deseos, resultaran comprensibles y superables, según nuestras capacidades y el momento vital en el que hayan sucedido.

RESUMEN

Para resumir este largo capítulo introductorio, en el que hemos querido diseccionar los elementos que construyen al individuo psicológico, nos permitimos, como siempre en este libro, hacer un listado de puntos a recordar...

EL PERFIL PSICOLÓGICO DE UNA PERSONA ESTÁ COMPUESTO POR CUATRO GRANDES LÍNEAS QUE, AL CRUZARSE, NOS PERMITEN RECONOCER LO QUE LA HACE PARECIDA A SÍ MISMA Y DIFERENTE A LOS DEMÁS... ESTAS LÍNEAS SON:

1. *«LO QUE SABEMOS HACER»*: Habilidades surgidas de nuestra relación con el mundo, que se concretan en:

- HABILIDADES PARA EL AUTOCUIDADO: aseo, ejercicio físico, alimentación, estilos de peinado y ropa...
- HABILIDADES PARA EL AUTOCONOCIMIENTO: observarnos, recabar información, relacionar los hechos y las personas con lo que sentimos y hacemos...
- HABILIDADES PARA EL CONOCIMIENTO DE LOS OTROS: observar sin prejuicios, de forma prolongada, repetida y en muchas situaciones diferentes...
- HABILIDADES SOCIALES: expresar emociones, usar el lenguaje verbal y el no verbal, afirmarse e influir en otros...

2. *«LO QUE PRETENDEMOS LOGRAR»*: TENDENCIAS, GUSTOS PREFERENCIAS,

MOTIVOS... Que nos llevan a buscar... Las SENSACIONES... El PODER, La producción y el cambio del mundo... O el CUMPLIMIENTO DE REGULARIDADES, normas y leyes...

3. «*LA APARIENCIA PERSONAL*»: compuesta por elementos básicos, tales como la mirada, la voz, la sonrisa, la proximidad, el contacto físico, los gestos... y el cuerpo:

— El cuerpo como «fuerza».
— El cuerpo como «realidad física».
— El cuerpo como «lenguaje».
— El cuerpo como «identidad».

4. «*LA HISTORIA DE RELACIONES*»: lo vivido con anterioridad, en relación con las personas que nos han ido tratando, da como resultado una biografía diferente para cada persona, dependiendo de la cantidad, variedad y calidad de las experiencias.

Resaltamos como negativas las «historias de desprecio», «de vacío», «de destrucción», las «historias excepcionalmente traumáticas» y las «historias mimadas»... y como positivas, las variadas y «constructivamente difíciles».

Capítulo 3

Atracción

LA atracción entre las personas es un hecho sin duda misterioso. Cualquier simplificación o regla general es inmediatamente puesta en evidencia y negada, por la complejidad y oscuridad de este extraño fenómeno. Es más, nos cuesta definir a qué nos referimos exactamente cuando hablamos de «atracción interpersonal». ¿La atracción hacia una persona es la misma que hacia un objeto, actividad o fenómeno o, por el contrario, son realidades de naturaleza completamente diferente?

Dicho en términos concretos, ¿nos atrae un hombre o una mujer de la misma forma que nos atrae la música, el fútbol, una puesta de sol, un coche o un vestido?

Cuando decimos de una persona que es atractivo o atractiva, ¿significa esto que *posee* ciertas características o elementos que hacen que cualquiera se sienta atraído por ella?; o ¿más bien se trata de una etiqueta social que sólo tiene que ver con su aspecto físico, valorado según las modas vigentes en un momento social concreto?

¿Qué tienen de verdad todos esos tópicos acerca de las formas que adopta la atracción humana?, tópicos tales como:

— ¿Cómo pueden atraerse si son tan diferentes? ¡Los extremos se tocan!
— ¡Cuanto más cuesta llegar a alguien, más atractivo nos resulta!
— ¡Alguien tan perfecto no puede resultar atractivo!

- ¡Estaba tan cerca, que ni siquiera la/lo veía!
- ¡No puedo entender por qué me atrae tanto!
- ¡Le gustas tanto, que terminará gustándote a ti!
- ¡Siempre habrá alguien para quien seas irresistible!
- ¡El que hace unos años era atractivo, ahora resultaría ridículo!
- ¡La suerte de la fea, la guapa la desea!

Estas frases representan formas generales de pensar que, de una u otra forma, se tienen por ciertas, y que hacen mella en nuestras vidas. Más adelante analizaremos lo que hay de cierto en ellas y lo que, por el contrario, sólo contribuye a una mayor confusión y desconocimiento.

Por último, un asunto de indudable relevancia para los temas que aquí vamos a tratar es si la atracción amorosa, erótica o sexual tiene o no algo que ver con las otras formas de atracción interpersonal, como la que nos lleva a una relación de amistad, la que nos hace seguir las ideas y decisiones de un maestro admirado, o la que no nos deja apartar la mirada de un bebé ante el que sentimos una gran ternura o simpatía.

Vamos a algunas ideas básicas:

1. ¿QUÉ ES LA ATRACCIÓN? ¿CÓMO PODEMOS DEFINIRLA?

Podemos sentirnos atraídos por actividades (deportes, viajes, trabajo, creación artística), objetos (ropas, vehículos, alimentos, utensilios, obras de arte), simples sensaciones (sentir el sol en la piel, ver una puesta de sol, entrar en el agua cuando se tiene calor, etc.)... y podemos sentirnos atraídos por *las personas*.

¿Qué hay en común en todos estos fenómenos, que se engloban en la palabra «ATRACCIÓN»? Pues, como definición general y prudente, sirva decir que...

Algo, sea lo que sea, decimos que nos atrae, cuando nos damos cuenta de que, de alguna forma, tiene que ver con que *nos sintamos bien*.

Por esta razón, algo que nos atrae es algo o alguien que queremos tener *cerca*. De ahí que se use el mismo término para la atracción magnética y otras formas de atracción física, que para la atracción interpersonal, en ambas el fenómeno alude a un acercamiento entre cuerpos u objetos.

Enseguida saltan a la vista una serie de acotaciones necesarias, del tipo de: las personas son diferentes entre sí, respecto a cómo y con qué se sienten bien; además, hay muchas formas de sentirse bien, de manera que también habrá muchos tipos de atracción...

En efecto, esta definición general nos lleva enseguida a otras consideraciones...

1.1. LA ATRACCIÓN ES UN FENÓMENO COMPLEJO

No nos atrae sólo aquello que nos gusta de forma estética o que nos produce placer a un nivel más físico o primario... Podemos sentirnos atraídos por una infinidad de ejemplos distintos, de aquello que los humanos llamamos «bueno».

Para citar sólo unos cuantos de esos ejemplos, podemos hablar de que puede ser atractivo lo que nos resulta...

— ADMIRABLE.
— SORPRENDENTE.
— RELAJANTE.
— EXCITANTE.
— INTERESANTE.
— MISTERIOSO.
— CLARIFICADOR.
— ENRIQUECEDOR.
— PLACENTERO.
— ENTERNECEDOR.
— NOVEDOSO.
— RECONOCIBLE.
— VALIOSO.
— PELIGROSO.
— COMPRENSIBLE.

— COMPLICADO.
— DIVERTIDO.
— SERENO.
— GRANDIOSO...

... Pero también nos resulta atractivo lo que nos permite mostrarnos...

— ÚTILES.
— COMPETENTES.
— NECESITADOS.
— ADMIRADOS.
— ENVIDIADOS.
— BRILLANTES.
— FUERTES.
— TRIUNFANTES.
— DÉBILES.
— SEGUROS.
— JUSTIFICADOS.
— PROTEGIDOS.
— LIBRES.
— LIMITADOS.
— PODEROSOS.
— DIFERENTES.
— SEMEJANTES.
— ACOMPAÑADOS.
— SOLOS.
— BONDADOSOS.

Esta complejidad que, a simple vista, muestra los múltiples prismas de la atracción, nos alerta de lo inadecuado de hacer cualquier tipo de generalización o predicción precipitada, porque...

Nos puede atraer un juego o deporte porque nos resulta conocido, nos sale bien y lo dominamos..., pero también puede atraernos por lo contrario, porque sea algo nuevo para nosotros, un reto, algo difícil que tardaremos mucho en dominar.

Igualmente, y como veremos más adelante, una persona puede ser atractiva para nosotros por su seguridad y competencia, porque puede ayudarnos y forzarnos a mejorar..., pero también puede atraernos alguien frágil, inseguro, torpe incluso; precisamente porque esas características hacen que deseemos y podamos serle de utilidad, guiarlo y protegerlo, haciendo que nos sintamos, útiles, necesitados, superiores, bondadosos, etcétera.

Podríamos seguir ilustrando, de forma casi interminable, este carácter complejo y, aparentemente, contradictorio de la atracción; pero dejamos al lector, a usted, la tarea (suponemos que una «atractiva» tarea) de analizar el qué y porqué de sus propios secretos de atracción.

1.2. LA ATRACCIÓN ES UN FENÓMENO INDIVIDUAL

Una vez observada la complejidad del hecho, aparentemente simple, de «sentirnos atraídos por...», estamos en condiciones de ir un paso más allá, estamos en condiciones de entender algo, por otra parte, obvio: lo que atrae a una persona, puede no atraer en absoluto a otra.

Esto, que parece una perogrullada que todos hemos tenido la ocasión de comprobar cientos de veces, es, sin embargo, puesto en cuestión por los innumerables consejos bienintencionados, que pretenden hacernos más atractivos en general a partir de unas reglas de la atracción universalmente válidas.

Estas supuestas leyes de la atracción nos estan hablando tan sólo de un criterio estadístico, de la coincidencia de gustos entre personas que, por compartir muchas cosas (educación, profesión, ideología, medios económicos, religión, entorno físico, edad, etc.), *han aprendido* a sentirse atraídas por experiencias, objetos y personas de características similares.

En cuanto nos quitamos las «orejeras», que limitan nuestra visión del mundo y nos hacen creer que todo y todos son como nosotros mismos; cuando realizamos el saludable y respetuoso ejercicio de mirar alrededor y darnos cuenta de que las personas y los ambientes son enormemente diferentes entre sí, y que cada uno tiene sus propias leyes, entonces notamos lo irreal, simple, engañoso y perjudicial de esa pretendida norma universal.

Lo que gusta a uno no gusta a otro. «Sobre gustos, no hay nada escrito», tal y como nos avisan desde Kant, en su *Tratado de la razón práctica,* hasta nuestros mayores con su «sabiduría práctica».

Así, habrá quien se sienta atraído por lo nuevo, lo arriesgado y excitante; el que se obsesione con un juego o tarea compleja y le llene de placer el resolverla; el que busque el poder como única «pareja» atractiva, y también el hedonista, que se siente irresistiblemente atraído por una buena comida, por el silencio y el olor embriagador del campo en primavera, etcétera.

También se dan todo tipo de combinaciones; de forma que, por ejemplo, el que se apasiona con el poder también se puede sentir atraído por la comida y el sexo; aquel al que le van los retos difíciles también puede ser arrastrado por la persona a quien proteger...

1.3. LA ATRACCIÓN ES UN FENÓMENO CAMBIANTE

Las personas no sólo somos diferentes unas de otras respecto a lo que nos atrae, también somos *diferentes a nosotras mismas,* dependiendo de las situaciones, estados de salud, etapas y condiciones de vida, acontecimientos, etcétera.

Ya estamos con otra perogrullada, dirán ustedes. Es algo ampliamente conocido que en cada momento vital y cada situación concreta nos gustan unas cosas u otras; pero es conveniente recordarlo y tenerlo en cuenta cuando intentemos saber más acerca del fenómeno de la atracción entre personas.

Fíjense que algo tan obvio influye en hechos de gran relevancia en nuestra vida, hechos como el final del amor o el descubrimiento y atracción hacia esa persona que ha estado siempre ahí, cerca de nosotros... También tiene que ver con el distanciamiento de un amigo con el que ya no se tiene nada en común y con la recuperación del gusto por ese libro, esa calle o esa canción que últimamente no podíamos soportar... Una lista que puede resumir todo aquello que afecta a nuestros motivos y amores contendría, más o menos, lo siguiente:

A) *El conocimiento más amplio de aquello que nos atrae:*

Esto tiene que ver fundamentalmente con dos efectos. Por un lado, si algo o alguien nos atrae por novedoso, cuando seguimos relacionándonos con ello, perderá ese carácter misterioso, desconocido, retador. Por otra parte, conocer más a fondo algo o a alguien supone, sin excepción, el descubrimiento de la otra cara de la moneda, es decir, de aspectos que, lejos de hacernos sentir bien, son responsables de emociones y experiencias claramente negativas.

Esto no supone que hayamos cambiado ni que haya cambiado aquello que nos atraía; lo que sí ha cambiado es nuestra relación y conocimiento, y, como consecuencia, nuestra actitud hacia aquella cosa, actividad o persona por la que tan atraídos nos sentíamos.

Así, el juguete que el niño ya sabe montar, pierde para él su misterio; el paisaje sorprendente deja de serlo cuando lo hemos visto cientos de veces; la preciosa casa en el campo, por cuya posesión y disfrute estábamos dispuestos a cualquier cosa, muestra ahora sus otras facetas: está demasiado lejos de todas partes, no tenemos vecinos, hay demasiado silencio... Y lo mismo pasa con las personas: aquella que nos sedujo por su sentido del humor y su vivacidad, ahora es previsible en sus ocurrencias y agotadora por la velocidad que ha conseguido imprimir a nuestra vida.

B) *La situación concreta en la que nos relacionamos con nuestro objeto de deseo*

Hay situaciones que aumentan, que multiplican, por diez o por mil, el atractivo de algo o alguien; y, por el contrario, hay otras situaciones que consiguen reducirlo, anularlo por completo, incluso.

Algunos ejemplos servirán para ayudarnos a reflexionar acerca de esta naturaleza cambiante de nuestros gustos (no sólo la «donna e mobile, *tutti* siamo mobile»; todos estamos sujetos a la influencia de cada situación):

* Por mucho que nos guste la música, seguro que no ponemos un disco cuando los niños están corriendo y armando un gran alboroto.
* El precioso cuadro que tanto nos gustaba, deja de ser objeto de nuestra atención, apenas atrae nuestra mirada, cuando lo situamos en otras paredes, entre otros objetos....
* La idea de ir al cine, que tanto nos atraía cuando lo planeamos por la mañana, ha perdido su atractivo y se nos hace cuesta arriba, cuando la volvemos a considerar desde nuestra confortable casa en una noche lluviosa.
* El vestido que tanto nos ilusionaba estrenar en la fiesta dejó de ser «espectacular» cuando vimos los que llevaban nuestras amigas.
* La persona que conocimos en vacaciones y a cuyo encanto no podíamos sustraernos, resulta ahora agobiante y preferiríamos que no nos llamara.

C) *El estado físico en que nos encontremos:*

Todos hemos experimentado muchas veces, el cambio que se produce en nosotros y en nuestros apetitos cuando nuestro cuerpo nos juega una mala pasada. ¿Quién no ha comprobado la funesta influencia que sobre el atractivo de una fiesta, del sexo, la comida, la risa o la música, tiene un inoportuno dolor de cabeza, un malestar gástrico o un irresistible sueño?

Si el organismo, que es el instrumento y vehículo básico para nuestras sensaciones y actividades, no cumple unas condiciones mínimas de normalidad, el atractivo de todo lo que no sea descansar, comer, curarse... queda devaluado.

Podemos decir, incluso, que actividades placenteras en otras circunstancias, se convierten ahora en «amenazas ante las que huir».

Imaginemos de nuevo esa propuesta para ir al cine que por la mañana nos parecía atractiva, y cómo cambia cuando a eso de las siete de la tarde, a la hora de prepararse para salir, empezamos a sentir un agudo dolor de estómago que nos deja con ojos, sólo... para la cama, los remedios y las atenciones hogareñas.

D) *El estado de ánimo que «nos envuelve»:*

Al igual que las enfermedades y dolencias físicas afectan al potencial atractivo que las cosas tienen para nosotros, también nuestro estado de ánimo influye poderosamente en la apariencia del mundo y en lo que ese mundo nos promete.

Ese refrán que afirma que todo es «según el color del cristal con que se mira» alude a la naturaleza cambiante de nuestros juicios de valor, gustos y opiniones, dependiendo de la intensidad y el tipo de *momento emocional* en el que nos encontremos.

2. ATRACCIÓN INTERPERSONAL

Tal vez recuerdan la primera pregunta que hacíamos: **¿Nos atrae un hombre o una mujer de la misma forma en que nos atrae la música, el fútbol, una puesta de sol, un coche o un vestido?**

Después de lo que hemos dicho acerca de la atracción en general, estamos en mejores condiciones para entender los parecidos y las diferencias que existen entre los diferentes tipos de atracción.

Volviendo a la larga lista de «atributos» que pueden hacer que algo nos resulte atractivo, está claro que una persona puede tener, para nosotros, cualquiera de estas cualidades o dimensiones sin excepción; es más, algunas de ellas son específicas, *únicas* de la atracción interpersonal.

¿Cuáles son las dimensiones específicas de la atracción interpersonal?

Vamos a poner algunos ejemplos: podemos sentirnos atraídos por la *serenidad* de un lugar y también de una persona; asimismo, nos puede atraer lo *complejo y desconocido* de un texto, y también de alguien que nos acaban de presentar; incluso, el atributo de *enternecedor* puede hacer atractivo a un cachorro animal y también a un bebé humano... Hasta ahí ninguna diferencia.

Pero si nos atrae alguien por su *parecido* con nosotros, porque nos resulta *admirable* o, mejor aún, porque puede hacernos sentir *admirados* o *acompañados*... Estarán conmigo en que todos estos casos no son generalizables a objetos de atracción o deseo «no humanos». Es más, cuando, de alguna forma, se producen, es por una extensión o reconocimiento de rasgos o cualidades *casi humanas* en seres cercanos al hombre en la escala filogenética (perros, gatos, monos), es decir, mamíferos terrestres domesticados.

Veamos, por tanto, las dimensiones específicas de la atraccion interpersonal, teniendo en cuenta que a través de estas dimensiones, cualquier forma de atracción entre humanos queda transformada, «teñida» por características que ninguna otra posee:

2.1. SIMILITUD

Posiblemente sea este punto el básico, el que está presente siempre y el que da sentido a los que vendrán después.

Aunque existen multitud de estudios que han tratado de comprobar hasta qué punto nos gustan las personas parecidas o diferentes a nosotros, lo que es indudable es que una persona nos gusta porque es *un semejante*. Esto significa que la cercanía, la inmediatez, la complicidad y el reconocimiento de uno mismo están implícitos, incluso cuando el otro nos gusta por *ser diferente*.

Como hemos dicho, cada persona tiene sus propios gustos, y en cada situación o momento emocional nos atraen cosas diferentes y con diferente intensidad; pero *siempre*, cuando algo nos atrae de una persona, ese algo es humano, es decir, similar al algo que uno mismo podría tener. Aclaremos este galimatías. Lo que queremos decir es que cualquier característica, cualquier atributo, se observa y se entiende en su aplicación concreta a las personas.

Si alguien nos atrae por su apariencia física (aspecto éste de gran protagonismo en la atracción), sus rasgos, cuerpo, andares, sonrisa... nos están hablando de mucho más que de una mera «disposición armónica», nos están haciendo reconocer señales dentro de un código *común a toda la especie*.

Un cuadro, una casa, una puesta de sol y una persona nos pueden atraer por su belleza, pero sólo la belleza de la persona se rige por las mismas reglas por las que sería juzgada nuestra propia belleza.

A esto nos referimos cuando decimos que los atributos que nos resultan atractivos son similares, de la misma naturaleza que los que uno mismo puede presentar ante otros.

Podríamos poner más ejemplos para facilitar la comprensión de este importante aspecto. Uno bueno puede ser el de la atracción que sentimos por las personas a las que admiramos. Aunque esas personas sean claramente diferentes a nosotros, nos ponen en contacto con cualidades que, de tenerlas nosotros, nos harían sentir muy bien y nos harían admirables para otros.

Y esto es así incluso cuando la situación es aparentemente la contraria: queremos estar cerca de un hombre o de una mujer precisamente porque, así, por contraste, nos sentimos mucho mejores que él o ella; somos más listos, más guapos, más cultos, más simpáticos, mejores.

En definitiva, podemos decir que cuando nos atrae una persona, nos atrae un miembro de la misma especie y cultura a la que uno pertenece, y esto sitúa la atracción interpersonal en unas coordenadas necesariamente diferentes a las de cualquier otro fenómeno psicológico de atracción.

Derivadas de esta dimensión de la similitud se dan otras varias dimensiones, igualmente importantes:

2.2. PERSONALIZACIÓN

La cualidad que nos atrae de alguien rara vez es algo simple y separado de otras características o cualidades; por el contrario, lo que nos gusta es el complejo resultado de un cruce o *combinación concreta* de elementos *en esa persona*. Por eso nos resulta, con frecuencia, tan difícil decir qué es *lo* que me atrae de él o de ella. Es tan difícil porque lo que atrae es la milagrosa unión de no se sabe qué cosas... *en el todo de un ser humano concreto*.

Por eso, caras parecidas a las de nuestra amada no nos dicen nada; por eso, amigos del alma que piensan y dicen cosas idénticas que nuestro hombre deseado no nos hacen, sin embargo, estremecer como él; por eso, aunque hayamos dicho que nos atraen las rubias de pelo largo, es precisamente esa morena de pelo al 1 la que nos quita el sueño; por eso, ninguna cualidad por separado justifica la atracción que nos produce «el combinado completo»... por eso, el resultado no es igual a la suma de sus elementos, y, por eso, el orden de los factores *sí* altera el producto.

Esto no quiere decir que sea imposible explicar y entender, incluso predecir, **cuándo y por qué** nos atraen unas personas y no otras. En absoluto. Afirmamos que esto es posible, como lo son la comprensión y predicción de cualquier comportamiento humano; lo que decimos es que, como cualquier hecho psicológico importante, es mucho más complejo de lo que en principio puede parecer y de lo que nos quieren hacer creer algunos seudoexpertos en «temas del corazón».

No olvidemos que las personas somos multifacéticas, contradictorias, cambiantes... y únicas. Únicas en su doble acepción de «unidad» y de «diversidad» respecto a otros.

Cada persona es una unidad indivisible, un «lote completo», que, juzgado por otro, presenta siempre unos elementos buenos y atractivos, y otros malos e indeseables, que uno haría desaparecer si pudiera... ¡pero no se puede! Hay que relacionarse con el lote completo, y lo más que podemos lograr es regular, esconder, hacer la vista gorda y, en el mejor de los casos, evitar la relación con esos elementos que estropean el conjunto.

Por supuesto que a cada uno le atraen aquellas personas que demuestran (o prometen, en el caso de no habernos relacionado con ellas aún) poseer las cualidades adecuadas, en calidad y cantidad suficiente, pero —y aquí está lo complicado— integradas en un todo en el que no queden anuladas, devaluadas o relativizadas por otros rasgos no convenientes.

Cuando en el «lote» vienen muchas cosas buenas y las malas son pocas y secundarias, no hay duda, la atracción es clara, directa e intensa. Sin embargo, cuando percibimos en alguien cualidades maravillosas, que nos hacen sentir en el cielo, pero, simultáneamente, tenemos que tratar con ese Mr. o Mrs. Hide, vulgar, mentiroso, infantil, físicamente anodino, inquietante, aburrido, exigente, convencional... (y pongan ustedes en los puntos suspensivos las categorías que, en su caso, no soportan; las que, como decíamos, estropean el conjunto), entonces surge el problema, surge el sufrimiento y la imparable «comedura de coco»; entonces es el «sí, pero no», el ir y venir, al que los psicólogos denominamos «conflicto de aproximación-evitación»; un conflicto, realmente, de complicada solución.

2.3. RECIPROCIDAD

Otro de los curiosos fenómenos de la atracción entre humanos es el que hace alusión a la reciprocidad, la simetría o bidireccionalidad, que, en muchas ocasiones, está implícita en el qué y el porqué de nuestros afectos. Cuando nos atrae un cuadro, una puesta de sol, una canción o un juego, no esperamos que el cuadro, el sol, la canción o el juego sientan nada por nosotros: la experiencia es unidireccional o asimétrica porque solamente nosotros somos *modificados emocional o vitalmente* por ella. Por el contrario, cuando nos atrae una persona, *sí* esperamos, deseamos, que esa persona sea, en reciprocidad, modificada emocional o vitalmente por nosotros. Esto es tan definitivo, que las excepciones, que las hay, son consideradas inhumanas, aberrantes, peligrosas, alienantes..., no ya por los psicólogos, sino por el sensato «sentido común» de la gente.

Cuando los adolescentes se siente irresistiblemente atraídos, enamorados incluso, por personas con las que no han tenido contacto alguno y, lo que es peor, con las que nunca lo tendrán, nos parece que no es una atracción normal; nos parece que es algo dañino y desviado, morir de amor por alguien que nunca sentirá nada parecido por ellos.

De igual manera, no aprobamos que un hombre o una mujer dediquen sus pensamientos, sus emociones y una buena parte de sus actos al amor de su vida, cuando la persona deseada no quiere saber nada de ese amor y, por supuesto, no está sintiendo de igual manera.

En el caso de la atraccion sexual, es evidente que uno de los elementos más excitantes es la sincrónica excitación de la pareja. Hasta tal punto esto es así que, en el caso de la prostitución, ésta se considera «bien ejercida» cuando la profesional o el profesional simula una intensa y recíproca respuesta ante el cliente.

Nos parece tan natural esta necesidad de que el otro se sienta atraído y excitado para el inicio y mantenimiento de la propia satisfacción sexual, que nos sentimos extrañados y horrorizados en los casos de total asimetría y falta de reciprocidad, como pueden ser los del sexo practicado con niños de corta edad, las violaciones, en las que las señales de rechazo y de dolor, no sólo no frenan al violador, sino que incluso pueden llegar a jugar un extraño y perverso papel excitante; y aquellos actos sexuales en los que la pareja está inconsciente o muerta; casos extremos, todos ellos, de imposibilidad de respuesta recíproca.

Para terminar este apartado con algo más agradable y «atractivo», centremos nuestra atención en lo que, en otro capítulo, va a merecerla toda, el amor. En el amor, la búsqueda de la reciprocidad es una seña de identidad; es, según muchos autores, lo que precisamente lo define y diferencia de otro tipo de sentimientos.

Las teorías sobre la atracción interpersonal, basadas en la equidad y el intercambio social, predicen que ESTAR

ENAMORADO SIGNIFICA DESEAR QUE EL OTRO TE AME DE LA MISMA FORMA. (Giles, 1994.)

La atracción interpersonal, por tanto, es un fenómeno basado en la SIMILITUD, en la pertenencia a una misma especie y juego social; es una atracción personalizada; y busca la reciprocidad, busca producir alguna forma de «efecto simétrico» en el otro.

3. LA ATRACCIÓN ERÓTICO-AMOROSA

Lo primero que hay que decir de este tipo de atracción es que, al darse entre personas, comparte las cualidades de similitud, personalización y reciprocidad, con atracciones más asexuadas, como las que se dan en la amistad, en el amor paterno-filial o fraternal, en la admiración intelectual, etcétera.

Entonces, ¿cuál es la diferencia? La diferencia o rasgo definitorio de este tipo de atracción es que está basada en el RECONOCIMIENTO DEL OTRO COMO POTENCIAL PAREJA SEXUAL.

No se trata, por tanto, de la antigua y estéril discusión acerca de si en otros tipos de atracción existe o no una dimensión sexual por supuesto que la sexualidad está presente siempre. Las personas no somos del género masculino o femenino en abstracto, sino que, en mayor o menor medida, nos presentamos en sociedad y presentamos nuestros actos «teñidos» y «marcados» con infinidad de señales sexualmente efectivas para los demás.

En el trabajo, en casa, al comprar un periódico en el quiosco, al mirar a los otros viajeros en el metro, al dar clase, al sonreír a nuestros hijos o a nuestros padres... no dejamos de ser seres sexuados. Es más, rasgos tales como una sugerente voz, una sonrisa seductora, unos movimientos irresistibles o una mirada profunda, aunque pueden ponerse al servicio de «deliberadas estrategias de seducción», van, sin embargo, con nosotros *a todas partes*, formando parte de las relaciones amistosas, fraternales, maternales o docentes.

La diferencia, como decíamos, es el *sentido* que esos rasgos adquieren cuando se integran en un *todo* que se llama «amistad», «simpatía», «amor maternal» y «respeto profesional», o cuando, por el contrario, lo hacen en un *todo* que se llama «pasión», «enamoramiento», o simplemente «atracción sexual».

Cuando el sentido de nuestra atracción por alguien **no** es que llegue a ser pareja sexual para nosotros, entonces los rasgos y atributos sexuales del otro cambian este significado por otro más neutro desde el punto de vista de la sexualidad.

Por eso, un padre no se excita al ver a su hija adolescente vestida «de forma seductora» para salir con su chico; por eso, la enfermera no se excita al ver desnudo al paciente; por eso, la madre acaricia a su hijo sin responder sexualmente al contacto de su piel; por eso, una estudiante puede compartir piso con un amigo sin que surja la excitación normal entre ambos ante esa convivencia; por eso, un profesor puede estar todo el día entre alumnas atractivas y, a pesar de vivir sin pareja, no interferir su enseñanza con inoportunos arrebatos eróticos.

Sí, ya sé que están ustedes pensando que esto no es así, que el padre, la enfermera, la madre, los estudiantes y el profesor a veces SÍ se excitan, que, en muchas ocasiones, el erotismo «salta a primera posición» y, *a pesar de todo*, a pesar de las palabras con las que han nombrado (y siguen nombrando) esas «inocentes relaciones», surge, con toda virulencia, una dimensión puramente sexual.

Por supuesto que esto pasa, ¿quién puede negarlo? Desgraciadamente los programas televisivos de turno no cesan de recordarnos las excepciones, no dejan de cebarse y atraer nuestra atención hacia aquellos casos en los que, por circunstancias fácilmente reconocibles, la palabra y la convención social han cedido su autoridad a elementos más primarios y biográficos.

La psicología explica el hecho, difícilmente comprensible desde la biología, de la anulación de nuestros apetitos por las palabras y normas sociales; y también el hecho, de explicación no menos compleja desde lo social, de que algunas personas, en condiciones específicas, actúen *como si* esas palabras y normas sociales no existieran. Ambos hechos responden a un mismo «secreto», LA PERSONAL E INTRANSFERIBLE CONFLUENCIA DE «HISTORIA PERSONAL» Y «SITUACIÓN SOCIO-AMBIENTAL».

La dimensión erótico-sexual *siempre* está presente en las relaciones interpersonales, pero sólo mantiene esa función cuando sirve al proceso de búsqueda, elección y relación de la pareja humana.

Por tanto, podemos decir que la atracción erótica tiene de particular la subordinación o integración de las características del otro, en un todo denominado «potencial pareja sexual-amorosa». Éste será el criterio, el cristal con el que se va a mirar al candidato o candidata, y a través del cual vamos a valorarlo como sexualmente atractivo o no.

4. ¿QUIÉNES NOS ATRAEN?

¿Qué podríamos, entonces, decir que sea válido o aplicable de una forma más o menos general? Pues pocas cosas, las pocas cosas que se derivan de los estudios antropológicos, sociológicos y psicológicos que tratan de descubrir y conectarnos con nuestro pasado como especie. Revisemos algunos:

4.1. LAS MUJERES SE SIENTEN MÁS ATRAÍDAS POR HOMBRES «FUERTES Y PROTECTORES»

Esta hipótesis, plenamente confirmada cuando se aplica a las formas de relación propias de tiempos pasados, parece sostenerse todavía en la época actual, no sólo en culturas más primitivas que la nuestra, sino también entre las mujeres de los llamados países desarrollados.

Queremos aclarar que, con el término «protector», nos referimos a lo que se suele llamar «actitudes prosociales», y esto tiene que ver con comportamientos solidarios, altruistas, de ayuda, generosidad y preocupación por otros; y **no** tiene que ver con «actitudes dominantes» de sometimiento, desatención y desigualdad respecto a otros.

Hay estudios que demuestran que, en la actualidad, a diferencia de otros momentos de nuestro pasado como especie, las actitudes dominantes NO aumentan el potencial atractivo de un hombre para una mujer.

4.2. LAS MUJERES SE SIENTEN MÁS ATRÍDAS POR HOMBRES «MASCULINOS» PERO CON UN TOQUE DE «CUALIDADES FEMENINAS»

Diversos estudios demuestran que las mujeres prefieren encontrar en los hombres un combinado más heterogéneo y complejo, y no una personalidad monolíticamente compuesta sólo por lo que tradicionalmente se ha dado en llamar «cualidades masculinas». Esto hace que hombres más expresivos y versátiles en sus emociones, más variados y atípicos en sus intereses y gustos, y más completos y autónomos en sus habilidades y saberes, sean los preferidos, en términos generales, por la mujer de nuestros días.

4.3. LOS HOMBRES SE SIENTEN ATRAÍDOS POR MUJERES «FEMENINAS Y VULNERABLES»

Tanto en tiempos pasados como ahora mismo, los hombres parecen sentirse atraídos, con más probabilidad, por mujeres con rasgos y atributos claramente femeninos, y rechazan actitudes que muestran un exceso de autosuficiencia, dominancia o independencia respecto a los demás.

La mujer que muestra su «talón de Aquiles», que confiesa el impacto que los acontecimientos y personas tienen en ella, es, al parecer, más atractiva para los hombres que aquella otra que siempre tiene la solución para todo y no parece necesitar de nadie. Pero esto no significa que los hombres prefieran a las mujeres débiles, problemáticas, acomplejadas o con baja autoestima. Es más, está comprobado que el «termómetro» de la autoestima y lo que en cada momento marque (ya sabemos que no marca lo mismo en todas las situaciones y momentos) es un buen indicador del potencial atractivo de alguien.

4.4. LAS MUJERES SE SIENTEN ATRAÍDAS POR LA «POSICIÓN SOCIAL» DEL HOMBRE, Y LOS HOMBRES POR EL «ATRACTIVO FÍSICO» DE LAS MUJERES

Aquí estamos ante una de las reglas que más cambio o devaluación han sufrido en los últimos tiempos. En efecto, antes, cuando la mujer necesitaba la seguridad económica que le aportaba el hombre y el hombre se acercaba a la mujer con la única y específica intención de que se convirtiera en pareja sexual y madre de sus hijos, en esos remotos tiempos (aunque quizás no lo sean tanto en ciertos entornos sociales o personales), «los posibles» del hombre y «los atributos de hembra» de la mujer eran lo prioritario, casi lo único.

Los tiempos, como dijimos en el capítulo anterior, han cambiado mucho, y ahora existen otras prioridades que, sin anular por completo la herencia histórica y biológica de nuestros antepasados, sí relativizan y diluyen la importancia de estas cualidades en un «caldo» mucho más complejo y rico en matices, olores y sabores.

4.5. LAS MUJERES Y LOS HOMBRES SE SIENTEN ATRAÍDOS POR PERSONAS DEL SEXO OPUESTO, CONSIDERADAS «BELLAS»

La belleza o atractivo físico ha demostrado ser uno de los elementos más indiscutibles en cuanto a lo que nos hace acercarnos o gustarnos los unos a los otros.

Un estudio tras otro ha demostrado que a las personas físicamente atractivas se las cuida más, están mejor consideradas y se las trata mejor. Esta promoción de la belleza empieza en la más tierna infancia, cuando los escolares atractivos de la guardería tienen más probabilidades de ser elegidos como amigos y menos de ser culpados de mal comportamiento por los maestros. Esto continúa durante los años de escuela, en los que los niños agradables son más populares, y persiste en la adolescencia, en la que las personas con mejor apariencia son mejor tratadas, se cree que tienen mejores perspectivas para una buena vida sexual, para un «buen partido», para buenos empleos y felicidad completa, en general. (Moscovichi.)

Parece claro que presentar una apariencia física que cumpla los dictados de lo que, en cada época y cultura, se considera «bello» o «atractivo» es un pasaporte, una garantía de buena acogida por parte de nuestros semejantes. Es indiscutible y seguro que ustedes lo comparten; el atractivo erótico-sexual se asocia indisolublemente con rasgos o características físicas que reconocemos rápidamente con un simple vistazo, en ciertas personas mucho más que en otras.

Pero si esto es así, de forma tan rotunda y universal, entonces estaríamos contradiciendo, negando, lo dicho anteriormente. ¿Recuerdan eso de que la atracción entre personas es individual, cambiante, etc.? Lo cierto es que ambas afirmaciones no son incompatibles y vamos a tratar de aclarar por qué.

Cuando nos preguntan quién nos resulta atractivo, cuando miramos por la calle, en las páginas de una revista o en la pantalla de cine, así, *a priori,* sin más conocimiento previo del otro u otra, decimos que nos atraen, por supuesto, aquellas personas en cuya apariencia saltan a la vista esos elementos de belleza o superioridad física.

Pero también es una realidad indiscutible que las personas que más gustan, las que tienen un éxito amoroso envidiable, no siempre pueden considerarse «bellas». Entonces, ¿cómo podemos descifrar este acertijo? Vamos a ayudarles apuntando algunos datos...

* ***Atractivo NO es equivalente a belleza:*** El calificativo «guapo» o «guapa», aunque cambiante según épocas y cul-

turas, es algo más general, más consensuado, podríamos decir, incluso, más «impersonal». Podemos estar de acuerdo en que alguien es guapo y, sin embargo, no estarlo respecto a su potencial atractivo para cada uno de nosotros.

Y es que el «goce estético», el gusto por los rasgos armónicos, la ternura o simpatía que nos despierta un bebé sonriente y mofletudo, son respuestas primarias y generales en los seres humanos. Es debido a eso por lo que, en términos generales, preferimos a las personas más guapas; pero cuando se trata de relacionarnos afectiva y sexualmente con UNA PERSONA, entonces la atracción, como dijimos anteriormente, se personaliza, convirtiéndose así en algo mucho más imprevisible, complicado y único.

Cuando conocemos a alguien, tras su apariencia física, también sus gestos, ideas, actos, preferencias, valores, etc., TIENEN MUCHO QUE DECIR.

De esta forma, alguien no atractivo en principio, «no guapo» en un primer vistazo, puede atraer, hechizar incluso, a una persona ¡o a muchas!, gracias a todo eso que se conoce poco a poco, y que, poco a poco, se va incorporando a su apariencia física, hasta hacérnosla hermosa, irresistible, cargada de señales que actúan como un imán y que antes no eran perceptibles.

Podríamos poner muchos ejemplos de personas tenidas por atractivas y, sin embargo, nada bellas; seguro que todos ustedes pueden recordar a ése o esa conocida, compañera de trabajo o amigo de la infancia, que, por su profesión, su forma de vestirse, de moverse, de hablar, de reír o de estar ante los demás, ¡multiplican por cien o por mil! el atractivo qué haciendo abstracción de todo eso, sólo por «la belleza de su cuerpo», podríamos atribuirle.

* *La apariencia física es una fuente de información:* y es que de la apariencia física, de la presencia de una persona, no se puede decir como de un cuadro, de una joya o de una puesta de sol, que es «bella», aludiendo solamente a criterios estéticos (quizás tampoco se pueda decir en el cuadro, la joya o la puesta de sol); la presencia de una persona ante otras es

un continuo fluir de señales y datos, es un «discurso» en el que nombres, adjetivos y verbos de acción van dando SENTIDO (y sinsentido) a quién y cómo es *ese* individuo.

Lo que nos resulta atractivo o no, lo que nos embruja o nos repele de alguien, no es el mero «conjunto de líneas y volúmenes» de un cuerpo, es, por el contrario, el indicio, la promesa, la anticipación de todo lo bueno o lo malo que el mundo de esa persona puede representar para nosotros.

Y como ya adelantábamos, para cada uno de nosotros, los «mundos deseados y buscados», los que se identifican y reconocen como atrayentes o repelentes son claramente diferentes; como lo son también las señales o atributos del otro, que, por anunciar «lo bueno» o «lo malo», se consideran atractivas o desagradables.

De esta forma, alguien a quien le guste el mundo del lujo y el poder social considerará atractiva la elegancia, las ropas caras, las joyas y las maneras de alta sociedad, mientras que alguien que ansíe formar parte de la intelectualidad, verá irresistible a ese descamisado con gafas que cita a Heidegger; aquella otra joven loca por la música, adorará a ese cantante, feo como él solo, pero indiscutiblemente rockero; y ese chico que acaba de descubrir los placeres del sexo y la piel, no podrá separarse de esa mujer entrada en años y en carnes, cuyos movimientos, acercamientos y miradas son ¡puro fuego!

En efecto, la presencia de una persona no es la presencia de un cuerpo, sino la presencia o, mejor dicho, *el anuncio de un mundo*, un mundo deseado o un mundo temido; un mundo ansiado o, solamente, un mundo conveniente; un mundo seguro o un mundo excitante. Por esta razón, cuando se dice que alguien es físicamente atractivo, en general se está diciendo que ese alguien anuncia el mundo que, en general, es deseable para la mayoría de las personas que comparten una cultura o una forma de entender la vida. Más allá de esto sólo se puede apreciar la armonía o valor estético, sin duda, agradable, pero no necesariamente atractivo, de los rasgos y proporciones de un cuerpo cuando es bello.

Como era de esperar, en nuestra cultura, en la forma de entender la vida que se nos impone, los modelos de belleza y atractivo físico generales anuncian valores tales como: vida rápida, éxito social y económico, cuerpos elásticos, curtidos por el deporte y los viajes, y, ¡cómo no!, cierta tensión, violencia y descaro, tanto en el sexo como en la vida.

No es de extrañar que figuras como Claudia Schiffer o Julio Iglesias; Isabel Preysler o Jesulín de Ubrique, sean consideradas como atractivas, a pesar de su escasísima, si no nula, aportación personal al mundo del conocimiento, la ciencia o la cultura. Tampoco es de extrañar que, sin embargo, no hablemos del atractivo de pensadores, escritores, investigadores...

Ya no leemos las «vidas ejemplares», ya no están de moda la serenidad, la reflexión, el altruismo, la constancia o la rebeldía. ¿Cómo iban a ser modelos de belleza y atractivo físico los rostros inteligentes, las miradas plácidas, las voces y las palabras cargadas de sugerentes significados, las oportunas e irónicas sonrisas?

No es de extrañar, tampoco, que nuestros políticos no sean líderes, que no sean figuras carismáticas y atractivas, ¡qué más da!, lo importante es que han llegado lejos, que han alcanzado el tan deseado éxito social y económico. Sus vidas no son modélicas, sus palabras no nos arrebatan y seducen, sus rostros no prometen mundos mejores, sólo el avance rutinario y aburrido por los trillados caminos del mundo de siempre, del «mundo único».

Nos parece que no puede ser de otra forma, que los tenidos por bellas o bellos, lo son por derecho natural, que siempre ha sido así; pero basta con echar un imaginario vistazo a otros momentos de la historia o a otras culturas, para darnos cuenta que los cánones de atractivo físico son tan cambiantes como la moda en el vestir.

En fin, que una cultura considera atractivo o bello a aquel o aquella que ha tenido la suerte de «encarnar» (con su cara, su cuerpo, sus maneras, su vida) los valores por los que esa cultura, en ese momento, se rige. Y que, sin embargo, cada persona encuentra (está bien esta palabra, que alude a búsqueda y a reconocimiento) atractivo o atractiva, a aquel que personaliza el mundo de valores y de deseos hacia el que quiere dirigirse.

Así, cuanto más convencional, integrado y homogéneo respecto a la cultura imperante sea un individuo, más coincidirá su modelo de atractivo y belleza con el propuesto (mejor, impuesto) por esa cultura; y, por el contrario, cuanto más divergente, librepensador y rebelde, más se separará de estereotipos y propuestas generales.

4.6. LAS MUJERES Y LOS HOMBRES PREFIEREN PAREJAS QUE SEAN «PARECIDAS A ELLOS MISMOS», PERO QUE, AL MISMO TIEMPO, LES CAMBIEN LA VIDA EN «DETERMINADA DIRECCIÓN»

En esta tendencia a la igualación, a la confluencia de caminos entre hombres y mujeres, lo que parece estar claro es la decadencia y pérdida de potencial atractivo, de los tópicos vivientes, de los extremos representantes de la «débil mujercita» y el «hombre macho».

A las mujeres les gustan los hombres que también son como ellas en aquello en que éstas siempre les aventajaron, en su familiaridad con las emociones, en su cuidado por el entorno físico y humano, en la resolución eficaz de problemas cotidianos; y a los hombres les gustan las mujeres que son como ellos en lo que éstos dominaban con creces, la fuerza y seguridad personal, el conocimiento y creación científico-artística y profesional...

Los atributos que pueden hacer a una persona atractiva, independientemente de su sexo y del de aquel que la juzga como tal, van siendo cada vez más universales, asexuados, inespecíficos; son atributos que nos hablan de un «ser humano atractivo», un ser humano del que uno quiere estar cerca, con el que uno se siente bien.

Por eso, las teorías que ponen el énfasis en la similitud como base de la atracción, tienen hoy más vigencia que nunca, porque hoy, más que nunca, podemos ser realmente semejantes a nuestra pareja, ¡a pesar de la obvia, aunque no siempre necesaria, diferencia que aporta el que uno sea hombre y otro mujer!

Pero ¿qué «parecidos» son, no sólo razonables, sino también atractivos? Según los trabajos de investigación llevados a cabo en este terreno, se puede afirmar que:

* *Nos atraen más las personas que viven cerca de nosotros*: Esta especie de obviedad requiere, sin embargo, un cierto análisis. No es sorprendente que una persona conozca, se haga amiga y se case con alguien con el que se cruza casi a diario, es una cuestión de probabilidad.

Pero hay implicaciones menos obvias, y éstas tienen que ver con fenómenos tales como:

— Nos sentimos más cómodos con la gente que nos resulta familiar, y nos resulta familiar aquel al que vemos más.
— El que está cerca y vemos con frecuencia, nos facilita el camino para acceder a él.
— Con la gente más cercana creemos saber, *a priori*, cómo comportarnos, esto nos relaja y predispone favorablemente hacia ella.
— Por último, las personas que pertenecen al mismo entorno físico y social, al mismo barrio, son, con mayor probabilidad, candidatos mejor aceptados por la familia y el círculo social de ambos.

* *Nos atraen más las personas que se parecen a nosotros política, religiosa e ideológicamente*: Ahora que el cortejo, el noviazgo y la relación de pareja se asientan mucho más en complicidades, diálogos y actividades compartidas, no podría ser de otro modo. La pareja, según todos los estudios, tiende a ser más satisfactoria y duradera cuanto más tienen en común sus miembros, respecto a ideas e intereses.

Por supuesto que no es una garantía, pero todos sabemos, intuimos, la riqueza y supervivencia de una vida de pareja basada en esos intereses comunes. Por eso, cuando conocemos a alguien, nos resulta más atractivo SI detectamos rápidamente que PENSAMOS Y SENTIMOS ALGO MUY PARECIDO respecto a temas que nos importan.

* *Pero también nos atraen los «muy diferentes»*: En los numerosos casos en los que la base de una atracción o de una relación ya establecida es, precisamente, la clara diferencia entre las dos personas que componen la pareja, en estos casos las características que hacen atractivo a uno para el otro componen un curioso puzzle de compensaciones o equilibrios.

El hombre maduro, poco atractivo físicamente, pero con buena posición social... que se siente atraído por la guapa joven, con medios económicos más escasos... El hombre fuerte que desempeña un trabajo manual, que ha leído poco y se maneja mal con la palabra... fascinado por una mujer más fría, mucho más culta, que desatiende su casa y es un desastre con el coche, con los aparatos, con los objetos, ¡hasta con la ropa!... y esta misma mujer, rendida ante la ternura, la carnalidad y el erotismo del mecánico, ¡con el que no puede hablar de casi nada!...

Casos como los de Marilyn Monroe y Arthur Miller, o Sofía Loren y Carlo Ponti; como los de Edith Piaff y Theo Sarapo, o Elizabeth Taylor y su último marido Larry Forsinsky; o los más cercanos a nosotros, como Camilo José Cela y su mujer Marina Castaño, o el barón Thyssen y Carmen Cervera, son algunos de los ejemplos que ilustran el papel de la diversidad y la asimetría como claros aliados de la mutua atracción.

Si, ya sé que me dirán ustedes que, en algunos de estos casos, es dudosa la atracción de uno de los «protagonistas» por el otro. Si entendemos la atracción solamente como atracción física, ésta es una duda razonable (aunque nada se puede afirmar, desde fuera de la piel de una persona concreta); pero estamos hablando en términos más amplios, estamos hablando de la atracción erótico-amorosa como el reconocimiento del otro o la otra como potencial pareja, y, desde este punto de vista, no cabe duda que las parejas citadas son ejemplos de pleno derecho de atracción mutua, aunque, eso sí, no simétrica (lo que a uno le atrae del otro no es lo mismo que lo que al otro le atrae del uno, valga al juego de palabras).

Pero sin llegar a estos casos de gran diversidad entre dos personas que se atraen, existen otras desigualdades que siempre están presentes en las parejas; son esas desigualdades necesarias que potencian, subrayan y enriquecen el efecto que uno tiene en el otro.

Pensemos, por un momento, en la posibilidad de encontrar a alguien tan parecido a nosotros en ideas, gustos, costumbres e intereses, una media naranja tan «a la medida» e idéntica que no añada nada nuevo o diferente a lo que ya conocíamos o éramos... ¿Verdad que da un poco de miedo? ¿Verdad que, lejos de resultarnos una posibilidad atractiva, es casi todo lo contrario? Naturalmente, porque en ese combinado complejo que supone una persona por conocer, el misterio, la sorpresa, la novedad, la DIFERENCIA, son ingredientes imprescindibles para que nazca la atracción.

El amor supone siempre, un cambio, una importante transformación vital, provocada, precisamente, por las diferencias que el otro aporta a nuestros hábitos, emociones, pensamientos, intereses, relaciones, etcétera.

Eso es lo que vamos buscando en las personas que nos atraen. Buscamos lo que nos completa, lo que nos enriquece, lo que, siendo diferente, es valorado, sin embargo, muy positivamente por nosotros.

Es frecuente que la profesión de la persona que nos atrae, tan diferente a la nuestra, nos abra nuevos mundos de experiencia, conocimiento y relaciones... Puede ser que los deportes que practica, para nosotros, que apenas movemos un músculo, supongan el reto que esperábamos hace tiempo... es posible también que su sentido del humor nos saque de nuestra seriedad hacia una vida más alegre... Puede que su pasado, un poco loco, nos ponga en contacto con países, personas y experiencias que nosotros nunca conocimos... Puede que su meticulosidad, su control y disciplina ponga en nuestra vida el orden del que estaba tan necesitada... Puede que su serenidad calme nuestro febril ritmo de vida, o que su vitalidad nos haga despertar de un largo letargo... En esas formas de vida, en esas experiencias, en esas situaciones o formas de relación, entre las que reiteradamente hemos buscado nuestra «media naranja», ahí se encuentra, aunque no lo sepamos, eso hacia lo que, no racional o verbalmente, pero sí vitalmente, tendemos.

El problema, ya lo sabemos, surge cuando aquello hacia lo que tendemos NO es aprobado por nuestro pensamiento y nuestros valores; cuando el «yo buscado» en nuestras relaciones NO es el «yo ideal» de nuestra razón.

Dejemos aquí este intrincado asunto, que será retomado más tarde, y baste decir como resumen que:

LA ATRACCIÓN ERÓTICO-AMOROSA ESTÁ BASADA EN:

1. EL RECONOCIMIENTO DE LA SIMILITUD BIOLÓGICA Y SOCIAL QUE, COMO ESPECIE, COMPARTIMOS...
2. LA BÚSQUEDA DE UNA RECIPROCIDAD O BIDIRECCIONALIDAD DE LAS EMOCIONES Y LOS ACTOS...
3. LA PERSONALIZACIÓN O INTEGRACIÓN DE LOS «RASGOS ATRACTIVOS» EN EL «TODO» QUE *UNA* PERSONA COMPONE...

QUE A LAS MUJERES LE SIGUEN ATRAYENDO LOS HOMBRES «FUERTES Y PROTECTORES»... PERO ¡NO TANTO COMO PARA SER DOMINANTES, UNIDIMENSIONALES Y TÓPICOS!...

Y QUE A LOS HOMBRES LE SIGUEN GUSTANDO LAS MUJERES «FEMENINAS Y VULNERABLES»... PERO ¡NO TANTO COMO PARA SER DÉBILES, INSEGURAS, IGNORANTES Y TÓPICAS!...

QUE *A TODOS*, MUJERES Y HOMBRES, NOS GUSTAN LAS PERSONAS IDEOLÓGICA Y SOCIALMENTE

PARECIDAS A NOSOTROS... PERO ¡NO TANTO COMO PARA QUE ESTÉ AUSENTE LA SORPRESA, EL RETO, EL DESCUBRIMIENTO DE MUNDOS DIFERENTES Y EL ENRIQUECIMIENTO MUTUO!...

Hasta aquí lo que podemos decir de forma general, lo poco que, «a vista de pájaro», se puede afinar en un tema de tal complejidad y de matices tan finos, que merece algo más de detalle y concreción. Esto es lo que vamos a proponernos en el apartado siguiente, vamos a abordar la tarea de «cruzar» estos datos con el aquí y ahora de cada persona y situación concretas, para, dentro de lo posible, aumentar nuestro conocimiento respecto a ¿QUIÉN SE SIENTE ATRAÍDO POR QUIÉN?

5. ¿QUIÉN SE SIENTE ATRAÍDO POR QUIÉN?

¿Recuerdan? Lo que una persona es, su unidad o **identidad personal**, se vertebra a lo largo de cuatro ejes que se cruzan entre sí: *lo que sabemos hacer, lo que pretendemos lograr, nuestra imagen ante nosotros mismos y ante los demás* y *hacia donde nos empuja nuestra historia de relaciones.*

Usando este esquema, vamos a ilustrar una serie de cruces, más o menos frecuentes o típicos, y sus respectivas formas de atracción.

Vamos, pues, a trazar esos «retratos robot» de atractivos y atraídos... y de las ocultas o no tan ocultas fuerzas que les unen...

5.1. ATRACCIONES «SIMÉTRICAS»

Esta forma de atracción ejemplifica las teorías sobre la «similitud», a las que ya hemos aludido en el apartado anterior: **lo similar a nosotros nos atrae**, pero esto no funciona con todas las personas por igual. ¿Quiénes son, por tanto, los que tienden a sentirse atraídos por otros parecidos a ellos? Hay varias posibilidades...

A) *Atracción «perfecta»:* Es la que se da cuando la persona «atraída» y la «atractiva» reúnen las siguientes características:

Atraído/a	Atractiva/o
— FÍSICO AGRACIADO.	— BUENA APARIENCIA FÍSICA.
— BUEN NIVEL DE HABILIDADES.	— BUEN NIVEL DE HABILIDADES.
— OBJETIVOS «ARMONICISTAS» (compartir experiencias, respeto y admiración mutuos...).	— OBJETIVOS IGUALMENTE ARMONICISTAS.

Es el caso de los «amores de película», en los que todo parece ser equilibrado y perfecto: él y ella son guapos, les gustan las mismas cosas, han triunfado social y profesionalmente y respetan las reglas del juego de su relación de pareja.

Más tarde analizaremos por qué estas atracciones perfectas, que, en algunos casos, no sólo son reales, sino también duraderas, pueden en otras ocasiones irse a pique, estropeando el «final feliz» de la película...

Aquí la dimensión «atractiva» de la relación es: *compartir con el otro experiencias de...* RECONOCIMIENTO, COMPRENSIÓN Y COMPLICIDAD.

B) *Atracción «conveniente»:* En este caso, el cruce decisivo consiste en lo siguiente:

Atraído/a	Atractiva/o
— APARIENCIA MEDIA.	— APARIENCIA BUENA O «NORMAL».
— NIVEL DE HABILIDADES MEDIO.	— HABILIDADES MEDIAS.

Atraído/a	Atractiva/o
— MOTIVOS MUY CONVENCIONALES. Este último es el elemento decisivo: lo que importa a estas personas, por encima de todo, es cumplir con las normas sociales establecidas sin discrepar en nada.	— MOTIVOS IGUALMENTE CONVENCIONALES, DE AJUSTE A LAS EXPECTATIVAS Y NORMAS DEL GRUPO SOCIAL AL QUE SE PERTENECE.

Para estos hombres y mujeres, la persona atractiva será la que comparta, al cien por cien, si es posible, las costumbres, preferencias y formas de vida de su entorno familiar o social. En esta forma de atracción lo importante es... *acceder con el otro, a la* SEGURIDAD, SEMEJANZA Y *APROBACIÓN SOCIAL.*

Ejemplos de esta forma de atracción los tenemos en esa mayoría de uniones convenientes, que han sido la base de la sociedad y del mantenimiento de las «buenas costumbres».

El caso extremo de este supuesto es aquel, desgraciadamente aún vigente en algunos países y culturas, en el que el grupo social fija *a priori* los límites que restringen las posibilidades de resultar atractivos sólo a los *muy iguales.*

La religión, la raza, la clase social, la profesión, la edad... han sido, tradicionalmente, elementos prefijados que censuraban, aun antes de conocerlo, a cualquier candidato potencialmente atractivo si no cumplía unos mínimos de homogeneidad.

El liberalismo, con su reivindicación de las diferencias individuales, la instauración de las democracias, la tolerancia hacia los códigos y opiniones divergentes y la ya comentada equiparación social de la mujer, ha hecho que «lo normal» deje de ser un valor universal e indiscutible. La alternativa normal, la propuesta como adecuada por los canones sociales mayoritarios, ha pasado de ser una «exigencia», para quedarse en «consejo» o «preferencia».

C) *Atracción «rebelde»:* Nos referimos a los casos en que el parecido con la persona que nos atrae es precisamente la común divergencia o enfrentamiento con un orden general establecido... se trata, por tanto, de personas con perfiles como:

Atraído/a	Atractiva/o
— UN POTENTE SISTEMA DE VALORES O NORMAS PROPIOS (contrapuestos a los del entorno de origen: padres, colegio, grupo social). — HISTORIA DE RELACIONES NO MUY AFORTUNADAS CON PERSONAS DE SU ENTORNO.	— IDÉNTICO SISTEMA DE VALORES. — HISTORIA DE RELACIÓN CON EL PROPIO ENTORNO TAMBIÉN AVERSIVA.

Aquí el candidato a resultar atractivo, lógicamente, no será el igual a la familia, sino el **igual a uno mismo y *diferente al común enemigo: los otros.***

Es el caso de la atracción por los compañeros de causa, tan frecuente en situaciones de revuelta juvenil. Recordemos el grado de homogeneidad interna en las parejas de hippies de los años sesenta y setenta (algunos eran tan iguales que parecían hermanos), en contraposición con su heterogeneidad externa (diferencia con la sociedad circundante). Es el caso, también, de los amores de campaña, entre los que comparten situaciones de enfrentamiento, riesgo físico o guerra. Y, sin ir tan lejos, es el caso de los primeros amores adolescentes, en los que el punto de unión y atractivo mutuo, está constituido por su complicidad en oposición a los mayores.

Como vemos, el valor o rasgo que hace atractivo al otro es «que sea igual a mí y diferente a los que me rodean». Éste es, sin duda, el punto de unión *entre* ambos y *contra* los demás.

La dimensión relevante aquí es: *Compartir con el otro los rasgos de* NOVEDAD, VALENTÍA, ANTICONVENCIONALIDAD Y ENFRENTAMIENTO CON EL ENTORNO.

D) *Atracción «clónica»:* Diversos estudios han demostrado que la persona que «se gusta a sí misma», es decir, aquella con

Atraído/a	Atractiva/o
— NIVEL DE HABILIDADES, ORGANIZACIÓN DE VIDA Y APARIENCIA FÍSICA VALORADO POR SÍ MISMA *MUY* POSITIVAMENTE. — SISTEMA DE VALORES SÓLIDO E INDIVIDUALMENTE GENERADO.	=

Ese privilegiado ser humano, cuya autoestima suma muchos enteros, se siente atraído por otros que sean casi una repetición, unos «clónicos» de sí mismo.

Es lógico, ¿verdad? Si me gusto a mí mismo, es lógico que me gusten los que son como yo.

Aquí no es fácil poner ejemplos, ya que no son muchos los que consiguen gustarse a sí mismos...

La dimensión relevante es *reconocer al otro como:* SEMEJANTE, CÓMPLICE Y CERCANO.

Podemos decir, resumiendo este apartado de atracciones simétricas u homogéneas, que:

CUANTO MAYOR SEA EL *ACUERDO* DE UNA PERSONA CON SU FORMA DE VIDA, SU ENTORNO O CONSIGO MISMO... MÁS PROBABILIDAD EXISTE DE QUE LAS PERSONAS POR LAS QUE SE SIENTE ATRAÍDA SEAN PARECIDAS A ELLA MISMA.

Pasemos, y ya verán cómo esto se pone interesante..., a las atracciones que, por el contrario, se dan cuando el otro o la otra son sustancialmente diferentes a uno mismo.

5.2. ATRACCIONES «ASIMÉTRICAS»

Aquí lo llamativo, la pregunta que debemos responder es: ¿Cómo son las personas que se sienten atraídas por «otras» muy diferentes a sí mismas? Veamos algunos ejemplos...

A) *Atracción «divina»:* Con este extraño nombre queremos referirnos a aquellos casos en los que alguien se siente atraído por «un dios» o «una diosa», casos en los que la dimensión atractiva del otro es, precisamente, la enorme distancia y diferencia que le separa de uno mismo.

En estos casos, el atraído siente una enorme admiración por el atractivo, una admiración que le lleva a actitudes de sumisión y aceptación del profundo abismo que le separa (y siempre le separará) de «su dios».

El perfil más propicio para este tipo de relación de atracción está constituido por la combinación siguiente:

Atraído/a	Atractiva/o
— NIVEL DE HABILIDADES O/Y DE BELLEZA ESCASO O MEDIO (pero, en cualquier caso, juzgado por sí mismo como muy inferior al del otro). — *BAJA AUTOESTIMA.* — MOTIVOS U OBJETIVOS DE LOGRO Y APRENDIZAJE.	— ALTO NIVEL DE HABILIDADES. — ÉXITO SOCIAL O ATRACTIVO FÍSICO. — ALTA AUTOESTIMA.

La dimensión sobre la que se sostiene este tipo de atracción, como es lógico, es: *Reconocer en el otro rasgos* AD-MIRABLES, INTERESANTES, MISTERIOSOS, NO-VEDOSOS, *PODEROSOS...* La atracción puede ser mutua, si al perfil del «dios» o la «diosa» se añade un elemento más. Se trata de que al exitoso, guapo y admirado individuo le guste a rabiar... PRODUCIR CAMBIOS, CONTROLAR Y DIRIGIR LA VIDA DE OTROS... En este caso, estamos ya en el siguiente supuesto..

B) Atracción *«Pigmalión»:* Como acabamos de decir, este caso es el de las personas profundamente atraídas por los que están (o se consideran) muchos escalones por debajo de ellas.

Es un caso recíproco al anterior, ya que aquí también existe una enorme distancia, pero esta vez a favor del atraído. Se da, por tanto, un cruce consistente en:

Atraído/a	Atractiva/o
— HABILIDADES ALTAS O MEDIAS.	— HABILIDADES BAJAS O MEDIAS.
— *AUTOESTIMA NO TAN ALTA COMO SE APARENTA* (la aparente solidez personal de estos dioses o diosas no pasa la prueba de los iguales y, para ser mantenida, requiere del contraste con los inferiores).	— BAJA AUTOESTIMA.
	— OBJETIVOS DE LOGRO O APRENDIZAJE.
— OBJETIVOS PRIORITARIAMENTE OPERATIVOS (relacionados con el control y el **poder** sobre el otro).	

Vemos que estos dos casos complementarios pueden dar, y de hecho dan mucho juego en nuestra sociedad, en una sociedad en la que, como hemos dicho, el poder y el aparente éxito social son los ejes de valor sobre los que se sustentan una mayoría de las relaciones.

Así es la dependencia mutua surgida de la atracción de un profesor y su alumna; del jovencito poco agraciado y experimentado, atraído como un imán por su tía o vecina de más edad, atractivo y posición social; del competente jefe y su secretaria o subordinada; del o de la adolescente dispuesto a todo por su ídolo de la pantalla o el rock...

Aunque menos obvio o popular, éste es el caso del hombre o la mujer que queda atrapado o embrujado por los aparentemente inexistentes valores de alguien, que sólo reúne una nutrida colección de defectos y carencias.

Esto es lo que ocurre cuando los amigos y la familia se hacen cruces por no entender ¿qué le habrá visto a esa mujer fea, antipática, no muy lista y cargada de problemas?... ¿Por qué no se separará de ese hombre al que parece detestar, que además la trata mal y que ¡no tiene nada que ver con lo que a ella le gusta!?...

La respuesta a estas preguntas no es nada obvia. Para encontrarla, tenemos que recurrir a conocer esos motivos, esas ocultas preferencias que arrastran nuestra conducta y nuestra vida... Tenemos que conocer, en definitiva, lo que realmente nos hace sentir bien, mas allá de lo que, «de boquilla», digamos a los demás o a nosotros mismos.

Y es que afirmarse por contraste a..., conseguir el control y la tutela de otro mortal, brillar ante la oscuridad del otro, tener a quien echar las culpas o a quien aleccionar o leer la cartilla, son formas de aumentar una autoestima tambaleante. Formas *más seguras,* en cualquier caso, que tratar con los iguales.

¿Recuerdan aquello de «en el reino de los ciegos el tuerto es el rey»?... y aquello otro de ser «cola de león» o, en este caso, «cabeza de ratón»... pues, una vez más, el saber popular ha dado con una realidad y lo ha expresado de forma metafórica y clara.

La dimensión en la que se apoya este tipo de atracción es: *Sentirse* ADMIRADO, NECESITADO, COMPETENTE, BRILLANTE, SUPERIOR, FUERTE...

C) *Atracción «conveniente II»:* Se da cuando las condiciones personales o vitales de alguien son precarias o insatisfactorias y esto le lleva a fijarse y sentirse atraído por otros *muy diferentes* que hagan posible el cambio conveniente. Es la combinación entre:

Atraído/a	Atractiva/o
— ESCASAS HABILIDADES, ESCASO EXITO SOCIAL O MEDIOS ECONÓMICOS. — HISTORIA DE RELACIONES NO SATISFACTORIA. — OBJETIVOS DE LOGRO Y CAMBIO PERSONAL.	— BUEN NIVEL DE HABILIDADES, ÉXITO SOCIAL O MEDIOS ECONÓMICOS. — OBJETIVOS DE AYUDA, CAMBIO O PODER SOBRE OTROS.

Como habrán sospechado, este último o última responderá, a su vez, sintiéndose atraído hacia el abandonado por la fortuna, si pertenece al tipo Pigmalión, o si se da lo que llamaremos a continuación atracciones complementarias o fisicoquímicas.

Los ejemplos de estos casos, de atracción conveniente para la mejora y el cambio vital, son numerosos y conocidos, y no debemos juzgarlos con desprecio o dureza, ya que, en definitiva, como decíamos al principio de este capítulo nos sentimos atraídos por aquellos que nos hacen sentir bien y CADA *UNO* NECESITA COSAS DIFERENTES PARA SENTIRSE BIEN EN *SU* VIDA.

La dimensión clave de este tipo de atracción es: *Acceder, a través de la relación con el otro, a* SEGURIDAD, VALOR, RESPETO, RIQUEZA, ALIVIO, PROTECCIÓN, COMPAÑÍA y PODER.

D) *Atracción «complementaria»:* Esta forma de atracción está a caballo entre la atracción por lo diferente y la atracción por lo similar. Se trata de sentirse atraído por aquellas personas que son parecidas a nosotros, en aquella faceta propia a la que más cariño tenemos, pero que se encuentra «bajo mínimos».

Atraído/a	Atractiva/o
— INSATISFACCIÓN RESPECTO A UN ÁREA DE LA PROPIA VIDA. — OBJETIVOS DE CAMBIO O ENRIQUECIMIENTO PERSONAL JUSTO EN *ESE ASPECTO.*	— PRESENCIA INDISCUTIBLE DE ESE ASPECTO QUE SE ENVIDIA Y SE DESEA ALCANZAR (actividad, tipo de ambiente, estilo personal...).

La persona que resulta atractiva es, según afirman algunos estudios, como nosotros desearíamos ser; representa nuestro «yo ideal», la forma de vida que querríamos vivir. Es, por tanto, complementario, puesto que perfecciona, amplía o enriquece esa faceta de nosotros mismos que es nuestro «yo» más mimado y querido, aquel que quisiéramos que creciera y arrebatara el espacio a todos los demás «yoes» que conviven en nosotros, de forma más o menos pacífica.

Nos sentimos atraídos por aquel o aquella que nos va a ayudar a ser más **el tipo de persona que queremos ser**.

Nos sentimos cautivados por la persona que potencia nuestra apenas apuntada alegría de vivir, lo lúdico, la locura que, aun sin saberlo, deseábamos incorporar a nuestra seria y ordenada vida... o nos sentimos atraídos por el que pone el tan ansiado orden y disciplina en una vida marcada por la improvisación.... por el que hace el ejercicio físico, los deportes y los viajes que siempre quisimos hacer... o por el que se toma la vida con tranquilidad y calma, cuando nosotros no paramos ni un momento y todo nos afecta... por la que es activa, segura de sí misma y rápida en sus decisiones, cuando uno querría, más que nada en el mundo, sentirse capaz de actuar y salir de la inhibición...

También, respecto a los entornos y la gente, puede resultarnos atractivo el que se mueve en ese mundo del arte que nos fascina... o entre esas personas tan creativas, liberales e inteligentes... o en un mundo tan sofisticado y elegante... o movido por actividades y causas humanitarias y solidarias... En cualquier caso, se trata de ser «yo mismo», pero mejorado por el contacto con otro que se parece mucho a mi «yo ideal».

Es fácil recordar ejemplos en los que las **transformaciones** debidas a una relación afectivo-sexual son muy positivas y evidentes. Son esos casos en los que quienes les conocían previamente comentan «lo bien que uno le viene al otro» para completar o perfeccionar un «yo», que podría haber tirado por otros derroteros, en caso de haberse dejado llevar por atracciones menos adecuadas.

La dimensión que nos hace entender este tipo de atracción es, sin duda, *el reconocimiento en el otro de rasgos y formas de vida* ADMIRABLES, INTERESANTES, ENRIQUECEDORAS, VALIOSAS, EXCITANTES Y ENVIDIABLES...

E) *Atracción «fisicoquímica»:* Hemos dejado para el final de este apartado de gusto por lo diferente este tipo de atracción tan popular y tan tratado por el cine y la literatura de todos los tiempos. Se da, cuando la base de la atracción, casi independientemente de todo lo demás, es la sensación, la emoción, aquello para lo que no hay palabras. Esta atracción se basa en la dimensión física de ¿dos cuerpos?, más bien, de dos personas que, a través de sus cuerpos, consiguen un contacto y una comunicación; un entendimiento tan perfecto que ¡todo lo demás no importa!

Todos hemos leído mucho y hemos visto muchas películas al respecto, algunos incluso lo habrán sentido; pero lo que es indudable es que se trata de una experiencia única que no sólo no está necesariamente incluida en lo que muchos llaman «atracción» o «amor», sino que es escasamente frecuente en nuestra vida cotidiana.

¿Cuál es el perfil psicológico de los candidatos probables para sentir este tipo de atracción? Pues el de los que reúnen:

Atraído/a	Atractiva/o
— DESINHIBICIÓN Y HABILIDAD PARA LA COMUNICACIÓN NO VERBAL (para saber identificar emociones y sensaciones propias y del otro y expresarlas). — OBJETIVOS O PREFERENCIAS *PRIORITARIAMENTE SENSITIVAS* (¿recuerdan lo de los aficionados o «adictos» a las sensaciones?). — HISTORIA DE EMOCIONES O AFECTOS NO DESTRUCTIVA (para que sea posible sentir las emociones de manera no amenazante).	?

Pero ¿cómo es la persona con la que la «química» funcionará? Lo cierto es que la respuesta es difícil; parece ser que la **intensidad, sincronía y adecuación** de las emociones expresadas por uno y otro (de uno hacia otro sería más correcto), es lo que produce esta especie de **resonancia emocional** que puede darse entre personas muy similares en todos los aspectos, o entre personas «inconvenientemente diferentes»...

Los elementos de comunicación no verbal, tales como la voz, la mirada, el olor y textura de la piel, la risa, los movimientos y gestos, y la confluencia de todo ello en los particulares ritos del CONTACTO PIEL A PIEL, son los responsables de esta forma de atracción. Pero este proceso no es ajeno al resto de «piezas del puzzle», a elementos tales como... las palabras, ropa, actividad, ideas, etc., de la persona atrayente.

Esta forma de atracción «piel a piel» se considera un componente deseable en casi cualquier relación amorosa. Los problemas surgen cuando se busca, sin éxito, sentir algo así por la persona con la que se ha decidido compartir la vida... o cuando el intenso volcán emocional se da de forma intensa e *inevitable* por alguien al que se rechaza por otros motivos... o cuando esta atracción pone en peligro la continuidad o estabilidad de otra relación menos caliente pero más conveniente.

La dimensión de la atracción fisicoquímica es aquella por la cual *se accede a experiencias* SORPRENDENTES, EXCITANTES, RELAJANTES, MISTERIOSAS, DIVERTIDAS, PLACENTERAS, NUEVAS, ARRIESGADAS, INTENSAS...

Y con esto pasamos al último de los tres grandes puntos en los que hemos dividido este apartado...

5.3. ATRACCIONES «FATALES»

Con este cinematográfico rótulo queremos hacer referencia a esos casos en los que, al contrario de lo que parece serle propio, la atracción no produce, en el que la siente, bienestar y mejora personal; o, por lo menos, no produce esto *solamente,* sino que, como los fármacos, tiene perniciosos «efectos secundarios».

Veamos algunas de las condiciones y situaciones personales que favorecen el caer en algunos de estos contradictorios «callejones sin salida»:

A) *Atracción «redentora»:* Se produce entre personas que reúnen características como:

Atraído/a	Atractiva/o
— *ESCASAS HABILIDADES* DE RELACIÓN, AUTONOMÍA PERSONAL Y *AUTOESTIMA*. — DESEO U OBJETIVO *CASI ÚNICO* DE SER AMADO. — HISTORIA DE DESPRECIO Y DESAMOR.	— BUENAS HABILIDADES PARA CONOCER E INFLUIR EN OTROS. — OBJETIVOS DE PODER Y MANIPULACIÓN DE LA PAREJA.

Se trata del fuerte vínculo que se mantiene a pesar de la, en muchos casos, abrumadora evidencia, del daño o perjuicio que esta atracción causa en uno o en los dos polos de ese «continuo magnético».

Como dijimos antes, las personas con una historia de desprecio o falta de amor son «población de riesgo» para que su deseo de ser amadas los lleve a una entrega incondicional y «eterna». Por miedo a no ser correspondidas o a ser abandonadas, se someten ¿gustosas? a las mil y una pruebas y humillaciones, llegando a la casi total pérdida de identidad y, podríamos decir, de ¡derechos constitucionales!

El que fue «no amado» en el pasado se considera «redimido» de ese sino por la atención y el amor del otro, por lo que *no se puede permitir poner en peligro* esa atención y amor, sin las que volvería a caer en el «pozo negro» del desamor...

La dimensión sobre la que se asienta esta atracción es *sentirse* AMADO, NECESITADO, ÚTIL, ACOMPAÑADO, VALIOSO...

B) *Atracción «obsesiva»:* Se trata de una atracción de las que llamábamos «complementarias», pero llevada al extremo.

En efecto, llevada a un extremo en que la vida sólo tiene sentido *con y por* la relación con *esa única* persona, esa persona que nos pone en contacto con el «yo» que queremos ser, cuando nadie ni nada más lo puede conseguir.

Aquí, el efecto de «individuación» y «exclusividad» propio del fenómeno de la atracción llega al límite, ya que se niega la posibilidad de que otra persona pudiese cumplir la misma función que ahora cumple la que es objeto de atracción o deseo.

Como decíamos en el apartado de la atracción complementaria, la persona atraída desea cambiar algo de su vida o de sí misma, gracias a la relación con el otro. Hasta ahí, nada que objetar; pero cuando empieza a ser dañino o «fatal», es cuando se fantasea de forma desbordada y nada realista respecto a los efectos que, sobre nuestra vida o sobre nosotros mismos, tiene la «mágica influencia» de ÉL o de ELLA.

La hemos llamado «obsesiva» porque presenta puntos en común con este comportamiento tan problemático y de difícil tratamiento. Como en él, el pensamiento del individuo elabora, agranda, dirige, «construye» *su* realidad, sin que sea posible, en muchos casos, acceder a ella para tratar de relativizar o matizar las rotundas conclusiones a las que la continua «comedura de coco» le lleva.

El perfil adecuado para ser carne de cañón de una atracción obsesiva es:

Atraído/a	Atractiva/o
— GRAN CAPACIDAD DE ANÁLISIS Y PENSAMIENTO.	
— NO TAN BUENA CAPACIDAD DE OBSERVACIÓN Y *RELACIÓN DIRECTA* CON PERSONAS Y HECHOS.	
— PRIORIDAD DE LOS PROPIOS VALORES Y REGLAS DE CONDUCTA.	ALGUIEN A QUIEN, POR LA RELACIÓN PREVIA O POR LAS

Atraído/a	Atractiva/o
— MOMENTO VITAL EN EL QUE LA RELACIÓN AFECTIVO-SEXUAL (más que el trabajo, el estudio, la política o cualquier otra cosa) ES LA LLAVE DE LA REALIZACIÓN PERSONAL.	CARACTERÍSTICAS IDONEAS, SE ATRIBUYEN *TODOS LOS DONES.*

El candidato a «pócima mágica» puede ser alguien que haya tenido una relación pasada con el «obseso». Éste es el caso de los que apuestan por recuperar la relación con el ex marido o la ex mujer, o de los que quieren transformar al amigo en amante a toda costa.

También puede ser que el elegido tenga unas cualidades de base: inteligencia, belleza, juventud... sobre las que *construir el arquetipo idóneo,* el único a nuestra medida.

En cualquiera de los casos, el candidato sirve de base, de excusa, para un interminable proceso de pensamiento, que termina siempre en la formulación de una *indiscutible verdad:* «SOLAMENTE *ÉL* O *ELLA* PUEDE DAR SENTIDO A MI VIDA.»

No cabe entrar aquí en ningún juicio de valor o de verdad respecto a estas «realidades absolutas», que lo son, como siempre sucede, para aquel que las vive.

Ni siquiera queremos desaconsejar que se entre en este proceso del «sólo tu», ya que las compensaciones pueden hacer que merezca la pena. Nuestra intención es sólo señalar el riesgo de sufrimiento, de limitación de otras posibles relaciones y actividades, e incluso el peligro de acciones contra uno mismo o el otro, que este tipo de atracción conlleva.

La dimensión clave de esta atracción extrema es el *acceso, a través de la relación con el otro u otra, a:* «LO BUSCADO», «EL SENTIDO DE LA VIDA», «EL FINAL DE TODA CONFUSIÓN Y VACÍO» (como se ve, se trata de conceptos globales y abstractos y no de realidades particulares y concretas).

C) *Atracción «excluyente»:* Este fenómeno tiene que ver con esa «atracciones asimétrica» por la que alguien, para estar cerca del que le atrae, se ve obligado (unas veces bruscamente y otras poco a poco, casi sin darse cuenta) a sacar de su vida a cualquier otra persona o actividad... hasta llegar al extremo de excluirlo todo, excepto al otro y *su mundo.*

Es el «síndrome de Anna Karenina»; es aquella situación en la que la persona que nos atrae, por sus características o condiciones de vida, resulta incompatible con el mantenimiento de actividades y relaciones, que antes eran importantes para nuestra vida.

Nos preguntamos, una vez más, ¿qué perfil tienen los candidatos de caer en una atracción excluyente?

Este perfil consiste, básicamente, en:

Atraído/a	Atractiva/o
— BAJA AUTOESTIMA Y ESCASAS HABILIDADES PARA AUTOAFIRMARSE Y DEFENDER DERECHOS Y OPINIONES PROPIAS. — PRIORIDAD DEL OBJETIVO DE «SER AMADO» (por tanto, miedo de perder el amor del otro e incapacidad para retenerlo, si no es a cambio de «renunciar a todo»).	— BUEN NIVEL DE SEGURIDAD EN SÍ MISMO. — BUENA POSICIÓN SOCIAL. — INTERESES Y AFICIONES CONSOLIDADAS Y DEFENDIDAS AFIRMATIVAMENTE. — OBJETIVOS PRIORIRTARIOS DE LOGRO.

Hasta ahora eran casi exclusivamente los hombres los que «tiraban» de las mujeres hacia sus profesiones, intereses, círculos sociales y lugares de residencia. En la actualidad, sin embargo, puede ser tanto uno como otra el candidato a adoptar la vida del otro, **renunciando a la propia.**

Las relaciones excluyentes tienen dos importantes y muy negativos «efectos secundarios». Por una parte, la persona dispuesta a renunciar a todo por el otro va reduciendo más y más las actividades y relaciones que le permitirán el acceso a experiencias de conocimiento, control y satisfacción *por sus propios medios,* con lo que su vulnerabilidad, impotencia e inseguridad van en aumento, y, recíprocamente, va en aumento también su dependencia del otro. Por otra parte, y precisamente por esa dependencia casi total del otro «hasta para respirar», cualquier cambio, mala cara, ausencia prolongada o disminución de la atención que éste le prodiga suponen un verdadero «cataclismo emocional», en el que el atraído o atraída se sume sin remisión.

¿Recuerdan las palabras de Anna Karenina cuando describe su absoluto aislamiento y dependencia del conde Bronski? «He dejado todo atrás por estar con él; si ahora le pierdo, ¿como podré seguir viviendo?»

La dimensión sobre la que discurre esta atracción es, una vez más, *el acceso a sentimientos como* SER AMADO, ACOMPAÑADO, PROTEGIDO, VALIOSO, SEGURO...

D) *Atracción «contradictoria»:* En realidad, podemos decir que todas las atracciones son contradictorias. Lo son porque siempre en la persona que nos atrae «coexisten» elementos o dimensiones claramente positivas, atractivas, con dimensiones no tan positivas.

Así, la que nos embruja con su mirada y «verbo fácil» es, también, poco coherente con sus ideas, poco constante y demasiado bajita; el atractivo hombre que «no me puedo quitar de la cabeza» es incapaz de seguir una conversación de cierta altura; el que «se desvive por mí» y me hace sentir «segura y relajada» es poco excitante y un poco aburrido; la que «me atrae como un imán» y me hace sentir «lo que nunca antes había sentido» es, al mismo tiempo, bastante inestable y tiene unos prontos insufribles.

Como ya apuntamos al comienzo del capitulo, **una** persona es una unidad indisoluble y compleja, en la que los distintos aspectos que la integran en ocasiones componen una imagen homogénea y armónica para quienes la conocen, pero las mas de las veces en «el lote» entra de todo. Entonces el resultado es difícil de aceptar «al completo», por aquel o aquella que siente una gran atracción sólo por «una parte».

Por eso, cuando la contradicción es extrema, cuando «lo bueno» es muy bueno, pero «lo malo» es muy malo, surgen la duda, la indecisión, el sufrimiento, la escisión y las grandes marejadas emocionales. Es el caso del «ni contigo ni sin ti».

Lo que puede llevar a una atracción contradictoria no es un perfil personal concreto, sino, más bien, la coincidencia o correspondencia entre un elemento del atraído y otro del atrayente.

Se trata de que eso que se prefiere por encima de todo, que se busca desesperadamente, se encuentra «a manos llenas» en ese hombre o esa mujer que... sin embargo, también prodiga a manos llenas, malos ratos, aburrimiento, culpabilidad, rechazo, e incluso riesgo físico, psicológico o social.

Se da cuando la persona que nos atrae es una persona «blanco-negro», una de esas en las que la intensidad y contraste entre unas piezas y otras de su puzzle provocan choques violentos.

Es en estos casos cuando uno querría «construir» al hombre o la mujer **ideal** ¡con elementos entresacados de varias personas conocidas!

Y esto no tanto por *sumar* elementos buenos que les hagan realmente perfectos, sino, sobre todo, por *restar* las «caras feas», por eliminar los inconvenientes que están *estropeando el retrato*.

Normalmente, cuando se ha hablado de estas atracciones contradictorias en el cine o la literatura, se ha hecho para referir casos en los que el «punto fuerte» de la atracción es lo sensual-erótico-sexual, y el «punto flaco» que provoca el conflicto es lo inadecuado de los elementos intelectuales, ideológicos o sociales del candidato o candidata.

No siempre la contradicción es en este sentido, pero sí hay que admitir que los tintes de conflictividad y coste de esta «fórmula» son mayores que los de otras aparentemente más apacibles: piénsese, por ejemplo, en la fórmula contraria, punto muy fuerte en lo intelectual-social y punto muy débil en lo físico-sexual. En este tipo de atracción no existe una dimensión característica que la haga reconocible, tan sólo podemos señalar que LA INTENSIDAD del rasgo atractivo debe ser tal que, sea éste el que sea, «compita en igualdad de condiciones» con los defectos o rasgos poco atractivos que completan el retrato del amado o amada.

E) *Atracciones «inconvenientes»:* Sin llegar a los extremos antes mencionados y de forma menos «clásica», pero no menos «predecible», podemos mencionar algunos ejemplos de cruces o coincidencias entre personas que se atraen (mutuamente o de forma unilateral) y de cuya atracción se derivan resultados poco aconsejables.

Por ejemplo, cuando alguien muy «RACIONALISTA», CUYA VIDA SE RIGE, SOBRE TODO, POR LA LÓGICA Y EL RESPETO A LOS «PROPIOS VALORES», se siente atraído por alguien MUY PRAGMÁTICO, MOVIDO POR EL PODER Y EL CONTROL DEL DÍA A DÍA.

O cuando alguien MUY CONSERVADOR, MOVIDO POR LAS «NORMAS SOCIALES VIGENTES», se siente atraído por otro u otra que es INNOVADOR, AMANTE DE LOS CAMBIOS Y CON UNA VIDA REGIDA POR CRITERIOS PROPIOS.

O, por último, cuando alguien PASIONAL, IMPULSIVO Y RÁPIDO EN SUS ACCIONES, se siente atraído por alguien FRÍO, LENTO, CONTROLADOR Y PRAGMÁTICO (¿recuerdan la fábula de la cigarra y la hormiga? Pues ¡imagínenlas juntas!).

Bien, creemos que con éste, más o menos, exhaustivo recorrido por la casuística de las atracciones, podemos dar por terminado el apartado. Antes recordaremos, como conclusión, que las atracciones **psicológicamente más sanas, mas aconsejables** o de mejor pronóstico no sólo dependen del desarrollo y duración de la relación amorosa, sino también del **enriquecimiento personal y menor coste** de ésta para ambos.

Estas relaciones se dan entre personas que reúnan:

— UNA ALTA AUTOESTIMA Y COMPETENCIA PARA CONSTRUIR SUS PROPIOS VALORES Y CRITERIOS.
— UNA CAPACIDAD PARA DEFENDER ESTOS CRITERIOS DE LAS AMENAZAS EXTERNAS.
— QUE, ADEMÁS, NO TENGAN UNA HISTORIA PREVIA DE RELACIONES QUE LES LLEVE A DEFORMAR O PREJUZGAR LA REALIDAD, ni hacia el escepticismo negativista, ni hacia el ciego e inmaduro optimismo.
— QUE SE MUEVAN POR UNA «EQUILIBRADA COMBINACIÓN» DE OBJETIVOS O PREFERENCIAS. En donde lo sensible, lo efectivo o pragmático y lo normativo entren en una combinación equilibrada.
— Y por último, CON UNAS CONDICIONES VITALES SUFICIENTEMENTE SATISFACTORIAS, *EN PRINCIPIO,* COMO PARA NO NECESITAR ATRACCIONES EXCESIVAMENTE ASIMÉTRICAS Y «SALVADORAS».

Es decir, las atracciones de mejor pronóstico son las que se dan entre personas competentes y satisfechas, que encuentran en el otro o la otra un **complemento**, una **fuente de mejora personal, satisfación y aprendizaje**. En definitiva, cuando la vida e imagen personal de los dos que intervienen en la «ecuación» es claramente **mejor estando juntos** que por separado... y, por supuesto, todas ellas, a ser posible, con un gran componente de atracción fisicoquímica.

Evidentemente, se trata solamente de un pronóstico referido al menor coste personal o probabilidad de conflictos, ¡no es un juicio de valor! La intensidad, satisfacción y, en definitiva, elección de cada experiencia amorosa sólo puede ser valorada con el conocimiento exhaustivo y riguroso de cada persona y su circunstancia, hablando en términos orteguianos.

Dejamos esta ardua tarea a los que, por cercanos o, mejor aún, por protagonistas de los distintos casos de atracción, son conocedores de los detalles que hacen, a cada uno de estos casos «único en su genero».

6. ALIADOS Y ENEMIGOS DE LA ATRACCIÓN

Una vez repasadas las características personales y vitales que llevan a una persona concreta a sentirse atraída por otra —y esto con unas y otras consecuencias—, examinaremos ahora, brevemente, los elementos **azarosos**, **externos**, a veces controlables y otras no, que «juegan a favor» o «en contra» de que la atracción erótico-amorosa, se produzca.

6.1. «ESPACIOS» AMIGOS Y ENEMIGOS

Nos referimos a aquellos lugares que favorecen o dificultan el acceso a personas desconocidas, la observación y acercamiento a ellas, y el trato prolongado y conocimiento de las que ya estaban en nuestro círculo social. Estos lugares influyen también en el estado de ánimo y favorecen las actividades más propicias para «sentir y dejarse llevar» por la atracción.

Todas estas funciones, y alguna más, cumplen las tres grandes —en términos cinematográficos— «localizaciones».

• VIVIENDA Y BARRIO: Como ya dijimos al comienzo de este capítulo, está comprobado que la cercanía física, como era de esperar, es un importante aliado que facilita el **encuentro**, la **confianza** y la suposición de **similitud** entre las personas que comparten un espacio social, ya sea una vivienda en el mismo edificio o calle, ya sea un barrio —comercios, centros de ocio, parques— en el que se «ven las mismas caras».

La disposición arquitectónica y las formas de vida que *en* ellas y *por* ellas se hacen comunes tienen mucho que decir respecto a esas posibilidades de encuentro, confianza y suposición de similitud.

Analizando las «formas arquitectónicas» (lo haremos con las formas de vida, más adelante), se ha comprobado que los entornos con formas circulares y cuadradas en los que confluyen las ventanas, puertas y «tránsito» de vecinos —esto es, las plazas, jardines pequeños y patios— aumentan significativamente el porcentaje de noviazgos y parejas, formados entre personas «frecuentadoras» de dicho espacio.

Las casas, urbanizaciones y barrios que disponen de espacios de utilización común, como piscinas, salas de reunión, zonas de juego para los niños, etc., facilitan que sus habitantes lleguen a conocerse e intimar más que los edificios verticales e impersonales, en los que «nadie tiene que ver con nadie».

Lógicamente, en los pueblos y ciudades pequeñas es asimismo mayor, cuantitativa y cualitativamente, el contacto entre vecinos y ciudadanos. La «soledad y anonimato» propios de las grandes poblaciones lo son, en gran medida, por la dificultad de conocer, no a los que están «en la otra punta de la ciudad», sino a los que están alrededor de uno mismo, en la puerta de al lado y en la calle contigua.

¿Por qué es esto así? No es, claro está, porque los habitantes de las ciudades sean «extraterrestres», seres extraños a los que no interesa saber nada de sus vecinos y que prefieren estar «solos como la una», ¡nada de eso! La explicación radica en la estructura arquitectónica y social de la gran ciudad.

Y es que en la gran ciudad las dimensiones se han ampliado, se han hecho tan grandes que ya no caben en los límites de «lo humano». Cuando casi todos los miembros de una comunidad social frecuentan *el mismo* colegio, mercado, cine, biblioteca, baile, parque, hospital, iglesia, etc., y, además, esos lugares son *pequeños*, es fácil adivinar que, tras un tiempo, esos vecinos llegarán a conocerse bastante bien.

Sin embargo, en las grandes ciudades, el enorme número de habitantes hace imposible el conocimiento directo de «todos por todos» y, lo que es peor, su estructura socioarquitectónica, lejos de propiciar la vida en núcleos pequeños de suficiente autonomía y contacto humano, «desmembra» a sus ciudadanos a lo largo y ancho de **MACROcentros de ocio, MEGApolideportivos, HIPERmercados, SUPERparques, GRANDES hospitales, INMENSAS discotecas, LEJANOS Y ENORMES colegios y universidades**, etcétera.

Allí, en las cada vez más «grandes superficies», como ahora se las llama, confluyen, ¿confluimos? todos; pero en las mejores condiciones para *no conocernos jamás*. ¿Cómo vamos a conocer, a reconocer a alguien en un lugar en el que han acudido de forma masiva, rápida y coyuntural, *miles* de personas de barrios, intereses y culturas *diferentes*? ¿Cómo vamos a identificar una cara?, ¿cómo vamos a confiar en la repetición del encuentro?, ¿cómo vamos a suponer una afinidad o similitud con *todos* los que *casualmente* encontramos en uno de estos «megasitios»?...

No es de extrañar que estemos solos, que nos sintamos solos, que recelemos del de la puerta de al lado, que no sintamos cariño por nuestro conciudadano... No es de extrañar, cuando ¡no es posible coincidir con él en unas condiciones de *humano diálogo*! Y covendrán con nosotros en que sin ese humano diálogo es imposible la humana atracción y el humano amor...

No es de extrañar, tampoco, y sí es de «mucho celebrar», el hecho de que nos estemos dando cuenta de éstas, por otra parte, tan obvias cosas, y que se esté dando una modesta pero progresiva vuelta a la «sensatez de lo pequeño», de lo abarcable con brazos, piernas, ojos y oídos.

La recuperación de los centros históricos de las ciudades, la disminución de población en algunas de ellas, el disfrute de fiestas y costumbres «de barrio», la descentralizacion de servicios, el empequeñecimiento de los edificios, la vuelta de los movimientos de solidaridad y participación ciudadana, el ecologismo y los movimientos artísticos y filosóficos que «toman la palabra en este fin de milenio»... parecen apuntar por la vuelta a esa **medida humana**, en la que eran expertas culturas como la griega o la árabe.

Un edificio pequeño, que tenga 15 viviendas, tendrá aproximadamente unos cuarenta vecinos, cuarenta personas que se cruzan por la escalera, se miran, se reconocen y se conocen. Porque, claro, en un edificio así, de cuatro o cinco pisos, se puede usar la escalera y no el ascensor, con las indudables ventajas para el encuentro, **la parada** y el diálogo, además de para la salud.

En un edificio grande, que tenga 70 u 80 viviendas con unos 250 vecinos y 13 y 14 pisos, las posibilidades estadísticas de «encuentro y diálogo» son muy escasas, sólo en los breves intervalos en los que se coincide, «incómodamente cerca» en un ascensor...

Es pura matemática, pero una matemática que explica las aparentemente ocultas y extrañas fuerzas que llevan a ciertos seres humanos (no olvidemos que los que viven en grandes ciudades **también** lo son) a ser poco solidarios, depresivos, intolerantes, violentos... y a estar solos, **tremendamente solos**.

• LUGARES DE OCIO Y CULTURA: Ya Ovidio, en su «actualísimo» *Arte de Amar,* aconseja practicar la seducción y el acercamiento al amado o amada, en lugares como el teatro, el circo, las fiestas y las celebraciones.

Está claro que aunque haya cambiado el tipo de ocio mayoritario (algunos lugares, actividades y formas de pasar el tiempo libre se han mantenido hasta nuestros días, pero otras obviamente son de nuevo cuño), lo que no ha cambiado es la utilidad de la recomendación del escritor romano: los lugares de ocio y cultura *son idóneos* para el conocimiento, la atracción y la seducción de unos humanos hacia otros.

Pero, como en el caso de las viviendas, existen lugares de ocio propicios para el conocimiento y atracción interpersonal y otros que lo son mucho menos. ¿Qué características presentan los unos y los otros?

Aplicando lo que hemos dicho respecto al «tamaño y disposición» de los barrios y casas, insistimos en la conveniencia de centros, locales y áreas de ocio de pequeñas dimensiones...

Sí, ya sabemos que ésta no es la tendencia en ninguna parte, ya sabemos que los centros comerciales y de ocio son iguales tanto en ciudades grandes como pequeñas, y en unas y otras ¡cada vez más enormes y masivos!... Sabemos que ésa es la tendencia en alza, pero esto no significa que sea una «buena tendencia».

De hecho, cada vez es menos frecuente que una chica o un chico, una mujer o un hombre, se sienta atraído o atraída por quien podría ser una «pareja potencial», e inicien su relación, **a partir de un encuentro fortuito en un lugar de ocio «al uso»** (léase discoteca, bar, cine, etc.). Cada vez es menos frecuente, en efecto, el «flechazo» o el simple conocimiento de alguien nuevo que se incorpora a nuestro círculo de relaciones, a partir de una «mirada en el baile».

Las relaciones iniciadas y mantenidas en los lugares de ocio actuales lo son a partir de un contacto previo ya establecido. Los jóvenes y no tan jóvenes **salen juntos** o **se citan** en el cine, cafetería, centro comercial o discoteca y, una vez allí, tratan de continuar su relación amistosa o afectiva, **a pesar** del entorno o marco arquitectónico en el que las actividades tienen lugar.

Entre otras cosas porque, como dijimos antes, ya no se baila..., pero también porque los lugares no reúnen condiciones propicias para ello, condiciones tales como:

— Mesas y asientos que permitan verse y mirarse.
— Poca densidad: la individualización del otro sólo es posible si al otro se le ve e identifica claramente, no como parte de una «masa».
— Escasez de ruido o música de alto volumen, ya que no permite la conversación de «a dos».
— Y, por último, algo que ya nos conecta con el punto siguiente: tiempo relajado y ocupado en la atención y conocimiento de otros...

¿Recuerdan los viejos cafés de Buenos Aires, México D.F., Barcelona, Madrid, Granada o Bilbao? Suponemos que aún disfrutan de su penumbra, amplitud, silencio y plácida decoración. Pues bien, ésta es la idea...

Pero, dirán ustedes, ¡si en los viejos cafés la gente no se atraía ni seducía!, ¡si ni siquiera se hace ahora en estos privilegiados lugares que han sobrevivido!...

Llevan razón, así es; el uso social que en el pasado «se imponía» en estos lugares ha impedido durante años que cumplieran esa celestinesca función. Quizá porque la hubieran cumplido muy bien, estaba estrictamente prohibido que entraran mujeres a un recinto tan propicio para los encuentros...

Quizá también por eso y, por supuesto, por los nuevos y americanizantes aires que nos arrastran, se decidió la progresiva sustitución de tales lugares por otros «más modernos», a los que la ausencia de prohibiciones parecía investir de todos los predicamentos favorables para «conocer a gente»...

Pero, claro, sólo el hecho de **permitir** la presencia de hombres y mujeres, el acercamiento y abierta conversación entre unos y otras, de **facilitar** el consumo de alcohol y otras «ayudas adicionales»... esto sólo, **no** asegura las condiciones para el contacto humano.

Nos encontramos, por tanto, con la paradoja de que antes existían **lugares propicios... pero normas restrictivas** que obligaban a «desaprovecharlos»... y ahora existen **normas permisivas... pero lugares y formas de vida...** aparentemente diseñados por «los peores enemigos del amor»...

¿Qué hacer? Obviamente, no se trata de volver otra vez a lo anterior, tampoco se trata de diseñar una tercera vía que, partiendo de cero, invente otra fórmula diferente, pero igualmente inadecuada. ¿Qué les parecería si aprendiéramos del pasado en cuanto a lugares, ritmos y prioridades, pero incorporando la mayor permisividad y apertura, propias de las «reglas del juego» actuales?

¿Qué les parecería si lo intentáramos hacer bien? y, al igual que en los terrenos de la ciencia y la tecnología, progresáramos poco a poco, avanzando sobre seguro e incorporando las nuevas formas a aquellas otras del pasado, de probada utilidad y sentido para nuestras vidas.

Para iniciar el contacto, no hay duda, son necesarios otros medios y lugares que sustituyan a los antiguos: calles, plazas y paseos, guateques, meriendas y «chocolates», bailes, misas y romerías...

- **LUGARES DE APRENDIZAJE Y TRABAJO:** Estos lugares son los auténticos **celestinos** de la actualidad. Se sabe que entre un 80 y un 90 por 100 de las parejas que se inician y se consolidan lo hacen **en** o **a través del** círculo social formado en el instituto, universidad, academia, etc., y en los mil y un entornos laborales y profesionales.

No podría ser de otra forma en la era de la productividad y la búsqueda de éxito profesional: el centro social por excelencia tenía que estar ubicado en el trabajo.

Este maravilloso aliado del amor lo es, en la mayoría de los casos, no por su especial y cuidada disposición arquitectónica, sino por otro elemento del que ya hablamos en el primer capítulo, la **continuada** y **justificada** «coincidencia» de personas en un mismo entorno físico y social.

La difícil coincidencia en viviendas y barrios, y el casi imposible contacto y conocimiento de personas nuevas en los lugares de ocio, es ampliamente «compensado» por el obligado y continuo trato, durante muchas horas y a lo largo de meses y años, en un mismo entorno de estudio o trabajo.

No es de extrañar que la secretaria sepa más de la vida de su jefe que la propia esposa; no es de extrañar que las empleadas de una fábrica se hagan «amigas inseparables» y que las enfermeras se casen con los médicos. Como ya apuntábamos, no es de extrañar que los casos de infidelidad y cambio de pareja, para empezar una nueva vida, con alguien que se ha conocido en el trabajo sean «el pan nuestro de cada día»...

Y esto a pesar de lo inhóspito y estresante del «marco» en el que, en muchas ocasiones, se desarrollan las tareas, sólo por un factor tan de peso como ese de COMPARTIR TAREAS Y PREOCUPACIONES EN UN ENTORNO COMÚN, *DE FORMA CONTINUA Y PROLONGADA EN EL TIEMPO.*

Los «lugares de trabajo» privilegiados para la atracción y la seducción son los **hospitales** (aquí existe verdadera

«convivencia»: se come, se duerme y se siente estrés, miedo, piedad y otras emociones «al unísono»...), las **grandes empresas** (en las que los viajes y los «maratones de trabajo sin hora de cierre» son habituales) y, también, los **ministerios y otros centros públicos**, los **colegios y universidades** y los **grandes comercios**...
Esto nos lleva ya, de lleno, al siguiente punto de nuestro análisis...

6.2. «ACTIVIDADES» AMIGAS Y ENEMIGAS

Si los lugares son importantes, ya que aportan las condiciones físicas (ruidos, hacinamiento, accesos...) y sociales (indican de forma elocuente «qué hacer» y «qué no hacer» en ellos) para que la atracción y el contacto interpersonal ocurran (no en vano se dice que algo «tiene *lugar*»), es la actividad que en esos entornos «tiene lugar» la que marca decisivamente cuántos y cuáles van a ser nuestros amores.

¿Cuáles son las actividades «aliadas» de la atracción y el amor? Pues bien, la respuesta a esta pregunta es clara: aquellas que en su desarrollo potencian una mágica «tríada» de condiciones de trato interpersonal: **CANTIDAD, VARIEDAD Y CONTINUIDAD.**

Por el contrario, las actividades que dificultan enormemente que «la llama se encienda» son las que obligan a que el trato sea ESCASO, «DESGASTADO POR EL USO» Y DISCONTINUO O PUNTUAL.

Veamos esto más despacio... Hay personas que tienen ocupaciones y actividades (ocio, arte, cultura, participación ciudadana o política, deporte, etc.) en las que conocen y se relacionan con pocas o con muchas personas, pero de forma puntual. Éste es el caso también de los dependientes de tiendas y comercios, o de los que llevan ya mucho tiempo con unos compañeros de trabajo a los que conoce de toda la vida.

Es evidente que estas personas tienen muchas menos posibilidades de encontrar a alguien por el que sentirse atraído, o de provocar, a su vez, grandes pasiones entre los que les rodean.

Sin embargo, el que trata frecuentemente con personas que, cambiando de tiempo en tiempo, le exponen a «caras nuevas», con las que, además, por «exigencias del guión», va a compartir experiencias, tiempos y espacios; éste, sin duda, tiene en bandeja el acceso a una vida amorosa intensa y extensa.

La cantidad y la variedad de personas nuevas que podamos conocer en el trabajo marcan la diferencia. Porque está comprobado que la **novedad** es uno de los elementos que más nos «llama la atención» y nos atrae.

Por otra parte, la cantidad y variedad de personas, como ya dijimos, nos hace conocedores y expertos en el trato y la relación interpersonal, esto con el consiguiente provecho para nuestra vida amorosa.

La **continuidad** es, sin embargo, la pieza clave. Ya hemos mencionado antes cómo el trato continuado, con una actividad que justifique ese trato, es lo que, en definitiva, nos hace fijarnos, querer y creer en el hombre o mujer que tenemos cerca. «Del roce nace el cariño», dice un antiguo refrán, y ocurre también en esta sociedad en la que «nos rozamos», sobre todo, mientras trabajamos, estudiamos, viajamos, aprendemos un idioma o un oficio. Es decir, **MIENTRAS LLEVAMOS A CABO UNA ACTIVIDAD COMÚN DURANTE UN *TIEMPO PROLONGADO*.**

Una vez dicho esto, podemos hacer dos listas, la de las profesiones o actividades que, por sus características, hacen más fácil los encuentros entre hombres y mujeres, la atracción entre ellos, y la lista contraria, la «lista negra», la de las ocupaciones que lo ponen muy difícil:

Ocupaciones amigas:

En el puesto número 1, por derecho propio, está la ocupación de **actor** y **actriz**, hecha casi «a la medida» para conocer a muchas personas diferentes, con las que, en principio, se tiene bastante en común (también son del mundo del cine o el teatro...). Además, en esta profesión no sólo se viaja y se convive estrechamente, compartiendo casi todo ¡durante meses!, sino que, con algunos de ellos, ¡se simula sentir atracción o amor!

Parece un diseño experimental para conseguir que los «pobres mortales» que se tienen que exponer repetidamente a ese tipo de situaciones, tengan una vida amorosa en perpetua erupción.

El alto número de rupturas, matrimonios y conflictos sentimentales observado entre los actores y gentes de la farándula no se debe sólo, como muchas veces se ha dicho, a sus costumbres y valores «más relajados» y permisivos (quizás antes era así, pero en la actualidad esas diferencias ya no son tales). Tampoco al hecho de su mayor nivel económico, que les hace enfrentar «más alegremente» el coste de esa convulsa vida familiar (no todos gozan de esa posición privilegiada). Todo esto influye, pero lo más importante es la continua «puesta a prueba», la continua y renovada tentación de sentirse seducido o seductor una vez más...

Tras estos verdaderos «escogidos por Venus» tenemos otras profesiones y tareas que aúnan, también, **ocasión**, **valores permisivos** y **nivel adquisitivo**... Son las siguientes, más o menos por este orden:

— Periodistas y presentadores de radio y televisión.
— Médicos y personal de centros sanitarios.
— Pilotos, azafatas y guías de viaje.
— Empresarios, ejecutivos, vendedores, secretarias de dirección y técnicos de alto nivel de multinacionales y grandes empresas.
— Políticos, representantes ciudadanos y funcionarios de ministerios y consejerías.
— Científicos, intelectuales y profesionales liberales ocupados de temas humanísticos (literatura, sociología, psicología).

En otras situaciones, aunque no se dan ya ni el buen nivel adquisitivo ni, necesariamente, un talante liberal o permisivo, sí se produce la ocasión, la continua y repetida ocasión. En estas situaciones se encuentran todas aquellas personas «de confianza», a veces, más cerca que nadie de sus «señores» o «empleadores», y con los que éstos llegan a compartir vida y secretos..

Así, los chóferes, masajistas, guardaespaldas, peluqueros, secretarios y secretarias privados, empleadas del hogar o criadas y, sobre todo, las y los canguros y «niñeras» de «padres solos», «madres solas» y «matrimonios en crisis».

Son muchas las veces que el cine ha utilizado la anécdota real de la chica que se introduce en la casa del desconsolado viudo o del recalcitrante divorciado con hijos y acaba haciéndose con su «reacio corazón». Ahora, desde que la mujer se ha incorporado al mundo del trabajo «de alto nivel», empiezan a aparecer las películas que cuentan historias de chicos que llegan al caótico hogar de una atareada ejecutiva y termina por «poner orden» en su casa y ¡en sus afectos!

Siempre se han dado historias de sexo y, a veces, de amor entre señores y criadas (más raro, aunque también existente, es el caso de las señoras con sus cocheros, capataces y criados); pero las convenciones sociales impedían el conocimiento o «exposición a la luz» de estas atracciones tenidas por «fatales».

Hoy en día, sin embargo, en que las diferencias culturales, económicas y sociales son mucho menores y las normas más laxas, es abiertamente declarado, y muchas veces sancionado con la convivencia y el matrimonio, el hecho de que, como decíamos, «del roce nace la atracción y el amor». Y no hay roce más cotidiano e irresistible que el que se puede dar *en el propio hogar.*

Como actividades no laborales, pero, asimismo, aliadas del amor, tenemos...

En el primer lugar, y sin rivales que se le acerquen... **los viajes**; los viajes son el «mejor invento» para sentirse atraído y enamorado ¡una y otra vez! ¿Por qué? Pues porque los viajes juntan muchas cosas a su favor: **lejanía del lugar habitual de residencia**, con lo que eso tiene de excepción, permisividad, novedad y emoción; **lugares exóticos, desco-**

nocidos y románticos; tiempo libre y compartido con otros; ánimo lúdico y predispuesto a «experiencias intensas»; y, para rematar, la alta probabilidad de compartir actividades, **situaciones emocionantes y ¡aventuras!** En los viajes se agranda la distancia y el tiempo que nos separa de lo cotidiano y, al mismo tiempo, se acelera el proceso de conocimiento y cercanía de los «compañeros de viaje».

Evidentemente, esto es para los viajes en los que de verdad hay lugar para la sorpresa, lo nuevo, el esfuerzo y el descubrimiento de gentes y sensaciones nuevas. En los viajes en que todo está previsto y organizado, en los que apenas se trata a nadie del país que se visita y cuyo único objetivo, más o menos declarado, es, ¡cómo no!, comprar cosas... Para estos viajes olviden lo dicho en los párrafos anteriores...

Después de los viajes se sitúan aquellas actividades que aúnan el placer con la cultura: **seminarios, congresos, cursos de todo tipo, tertulias y cenas...**

Así, las actividades que siempre se recomiendan cuando alguien quiere ampliar su círculo de amistades y, ¿por qué no?, sus afectos y amores, son del tipo de:

— **Cenas, reuniones y fiestas con amigos y conocidos** y con amigos de amigos y amigos de familiares.
— **Cursos, seminarios y todo tipo de aprendizajes «en grupo»**, que requieran la participación de varias personas *durante un periodo prolongado de tiempo.*
— **Asociaciones y tareas de participación ciudadana y cultural**, en la que la coincidencia de las mismas caras es habitual, aunque no exista una continuidad obligada y con tiempo prefijado, como en los cursos.
— **Actividades que requieren la colaboración o complementariedad,** como la práctica de **deportes de equipo** (aquí, si los equipos están compuestos por personas de un solo sexo, como es habitual, las «ocasiones» serán sólo indirectas), **juegos sociales, baile** y, sobre todo, **excursiones y viajes.**

¿Cuál es, por el contrario, la «lista negra», la de las actividades y profesiones menos aptas para los asuntos amorosos? Podemos decir que son aquellas en las que confluyen tres, otra vez tres, «factores negros»: **AISLAMIENTO, FALTA DE «HABILIDADES PARA EL TRATO» Y NORMAS CONTRARIAS A LAS RELACIONES AFECTIVAS Y AL SEXO.**

Sin duda alguna, la que se lleva el «primer premio» en esta improvisada clasificación, es la ocupación, profesión o vocación (según se quiera plantear) **religiosa**.

Aunque existe un amplio rango de religiones, y cada una de ellas tiene normas diferentes acerca del sexo y de las «tentaciones de la carne», podemos afirmar que todos aquellos religiosos que viven en instituciones cerradas y practican el celibato son los que están más «a salvo» de las atracciones y seducciones «inoportunas».

En segundo lugar, estarían las **amas de casa** «a la antigua», es decir, aquellas que, por preparación, convicción, prohibición expresa del marido y aislamiento en el hogar, estaban —algunas aún lo están— (casi) totalmente protegidas contra «el mundo, el diablo y la carne».

Las mujeres casadas, antes de haber tenido ocasión de conocer sus propias emociones y las de los demás, se encerraban entre las paredes de su casa y, sobre todo, entre «los barrotes» de las «leyes carcelarias» que regían sus vidas.

Su virtud estaba así (casi) resguardada y garantizada de por vida.

Pero ¡los tiempos cambian que es una barbaridad! Ahora, ser «un ama de casa modelo» no certifica al marido, a la sociedad ni a la propia mujer, la vacunación contra sensaciones, acercamientos y acciones «inconvenientes».

Si se fijan, ahora se han rotado los tres ejes sobre los que se asentaba el comportamiento asexuado. Ha terminado el «encierro», han cambiado los valores y ha aumentado considerablemente la preparación, conocimiento y habilidad de las mujeres para tratar a los hombres.

Después de esta consideración sobre las dos ocupaciones asexuadas por excelencia (una al 100 % y la otra para todos, excepto para «el marido», o ¿acaso también para éste?, no entremos en esta espinosa cuestión...) sigamos con nuestra lista...

— Los pastores, fareros, vigilantes de los bosques, campesinos y ganaderos de haciendas, cortijos o caseríos aislados...
— Los que trabajan solos en casa, como escritores, pintores, músicos...
— Aquellos cuyo trabajo les hace tratar a personas «no aptas como interlocutores eróticos», como niños, ancianos, y, como aquí estamos hablando tan sólo de la atracción heterosexual, personas del mismo sexo (el ejército, para los hombres... las «peluquerías de señoras» para las mujeres, por ejemplo).
— Y, por supuesto, aquellos cuyo trabajo les hace relacionarse, casi exclusivamente, con «elementos no humanos», como aparatos, motores y vehículos, sustancias y materiales...
— Como «fin de fiesta» queremos hacer referencia a aquellos cuya ocupación o vocación les hace relacionarse con el mundo a través de las palabras: los filósofos, poetas, científicos, etc., aquellos que pueden estar rodeados de personas, pero viendo, oyendo, oliendo y sintiendo *sólo palabras*, sólo abstracciones que les alejan de la realidad fisicoquímica, personal y social del otro.

Respecto a ocupaciones no profesionales o laborales, es decir, aquellas que se realizan con objetivos de ocio, aprendizaje y práctica de actividades culturales, artísticas, intelectuales o deportivas, vuelven a repetirse las «máximas» antes apuntadas: si la actividad facilita el conocimiento y trato de personas afines, en cantidad, variedad y continuidad suficientes, será una actividad propicia para la atracción y el amor. Sin embargo, si la actividad se desarrolla en condiciones de aislamiento, en un entorno de normas contrarias al erotismo y al sexo, o con contactos muy esporádicos y despersonalizados con la gente, entonces será una actividad «enemiga» o poco propiciadora de asuntos amorosos.

Así, las tareas o aficiones no favorecedoras de encuentros y atracciones son:

— La televisión, la lectura, la escritura y pasatiempos de «casa» y «de a uno», como crucigramas, puzzles, solitarios.
— Actividades de «fuera de casa», pero que no requieren ni facilitan el ser compartidas, tales como visitar museos, ir al cine, escuchar un concierto, oír una conferencia.
— Actividades «extrañas» o poco frecuentes en el entorno de la persona. Ya dijimos en el apartado de las habilidades, que cuando alguien es muy hábil en la práctica de «algo raro» (algunos deportes, idiomas o viajes) puede tener más dificultades, en principio, en conocer y tratar a posibles parejas, que si practica algo «habitual». Pues bien, las actividades extrañas favorecen el contacto y complicidad con el reducido grupo de personas que también la realizan, pero no sirven para acercarse a esa mayoría que no tiene ni idea del tema o actividad. Por eso, los deportes de elite, el aprendizaje del chino, japonés o ruso, las prácticas religiosas o artísticas minoritarias... acercan enormemente a los «iguales» (los interesados en la misma temática)... pero alejan o, por lo menos, no sirven para conocer y tratar a «todos los demás».

Por esto, es muy importante saber cuáles son los objetivos e intereses que nos llevan a realizar una actividad. Saber si, además del placer de aprender o poner en práctica algo, existe en nosotros, de forma más o menos explícita, el deseo de «conocer gente» por medio de ese «algo»; porque si esto es así, debemos deliberada e inteligentemente elegir aquello que cumple, con más probabilidad, ambos objetivos.

Es frecuente la queja de personas con un escaso número de amigos y con un más escaso todavía número de «amores», respecto a su mala suerte o al negro futuro de soledad que les espera. Pues bien, en muchos casos (no en todos, obviamente), analizando sus formas de vida y aficiones, nos encontramos con que lo que les gusta hacer y hacen casi en exclusiva es, ¿se lo imaginan?, ver la televisión en familia, leer, ir al cine...

Es cierto que muchas veces estas personas se dedican a estas cosas porque sus escasas habilidades de trato y su timidez hacen difícil otra cosa. También es cierto, y lo hemos hablado aquí extensamente, que el entorno social que nos ha tocado vivir no facilita nada las vías para salir airosamente del encierro.

Pero no es menos cierto que, precisamente porque el «panorama» es complicado y poco halagüeño para los que no sólo no son «el alma de la fiesta», sino que ni siquiera van a ella; éstos tienen que **planificar acciones y ocasiones para que la cantidad y calidad de los contactos aumente de forma significativa.**

Este trabajo combinado de «mejora de las habilidades» y «planificación de actividades y entornos» para el conocimiento y trato de caras nuevas y atractivas, es el que se lleva a cabo en nuestros grupos de entrenamiento de habilidades sociales para personas tímidas, aisladas socialmente o con problemas de relación en sus entornos habituales.

Invitamos a los lectores a analizar con detenimiento sus habilidades, entornos y actividades, para que este análisis les lleve a acciones realmente eficaces en la mejora de sus relaciones interpersonales, tanto amistosas como afectivo-sexuales.

Y con esta recomendación pasamos a otro apartado, que hace referencia a los tiempos propicios o no, para los asuntos del corazón.

6.3. TIEMPOS «AMIGOS Y ENEMIGOS»

Si el espacio y el tipo de actividad condicionan nuestro éxito o fracaso en la búsqueda de personas que nos resulten atractivas, los **momentos, épocas del año, horas del día** en los que esa búsqueda tenga lugar, son también elementos a tener en cuenta.

¿Cuáles son los momentos propicios? ¿Cuáles son aquellas etapas de la vida en las que la atracción erótico-amorosa es más fácil, más intensa, más protagonista en nuestros pensamientos e intenciones?

Para hacer este análisis, vamos a «cortar el tiempo» en tres conceptos diferentes: periodos o edades en la vida humana, épocas del año y momentos del día.

* *Edades*: Para todos es obvio que la atracción, la seducción y el amor son vividos de formas muy diferentes, según estemos en una «recién estrenada adolescencia», una «espléndida juventud» o una «plena madurez».

Estas distintas formas de vivir la atracción y el erotismo dependen no sólo de los distintos estados por los que va pasando nuestro organismo, sino, sobre todo, de los intereses, prioridades, compromisos y «prejuicios» que caracterizan a cada etapa de la vida.

Afortunadamente, como decíamos en el primer capítulo, las «edades prohibidas» para el amor y el sexo se limitan, en nuestros días, a los años de inmadurez biopsicológica propia de la niñez. Salvo esta exclusión, el resto de la «vida adulta» es, en principio, buen momento para el amor.

Ahora, la atracción y el sexo no se limitan a los años fértiles, es cierto, pero no es menos cierto que existen valores, opiniones y presiones sociales que dan a cada edad un «tono amoroso» diferente.

Los cambios físico-hormonales y el comienzo de una incipiente madurez, hacen del sexo y la atracción erótica verdaderos «centros de gravedad» de la vida del **adolescente**. Hacerse mayor es sinónimo de disentir de las opiniones paternas, sinónimo de desobedecer y, sobre todo, sinónimo de sentirse **permanentemente atraído** por «esa chica» o «ese chico» que, aunque cambian de nombre y cara, mantienen la característica común de ser irresistibles objetos de deseo.

La atracción en los «tiempos del acné» es una atracción total, incondicional, irreflexiva... y obsesiva. El chico o la chica se entrega, de repente, al magnetismo de la atracción;

de repente pasa a ocupar todos sus pensamientos y todas sus conversaciones con los «amigos-cómplices»; y, de repente, termina, para recomenzar al poco tiempo, dirigida hacia otra «chica ideal» o «chico de mis sueños».

Es el momento de las «atracciones colectivas» hacia personas que no se conocen y que en la mayoría de los casos nunca se conocerán. Es el momento en el que los jóvenes **fans** de cantantes, actores y actrices «darían su vida» (a veces la han llegado a dar) por tocar a sus ídolos.

Como vemos, se trata de una **atracción pura,** de un *entrenamiento* para los sentimientos, las acciones y el control de las propias emociones. Aquí lo que menos importa es la posibilidad real de relación. La atracción se construye sobre cualidades y atributos visibles y «tópicos» (prendas de vestir, estatura, piernas, estilo «viril» o «muy sexy», etc.), a partir de los cuales se supone todo lo demás.

La fantasía y la febril imaginación de los adolescentes, puestas al servicio del «otro ideal», pueden llegar muy lejos. Pueden llegar a dibujar un perfecto «Príncipe Azul» o una «Chica 10», basándose tan sólo en la rápida y borrosa visión de una chupa de cuero o de las piernas que salen de una minifalda.

Durante la **juventud,** sea cual sea el límite de edad que, en cada caso, se le suponga, la atracción está más personalizada, cada joven se siente atraído por cualidades y rasgos diferentes. Los tópicos quedan superados y el objeto de atracción es alguien «de carne y hueso» al que se tarda más en conocer y con el que se pretende iniciar una relación que vaya más allá de una «pasión efervescente y pasajera».

En la juventud, el sexo es un componente prioritario de la atracción, y el momento vital, caracterizado por aprendizajes y proyectos de futuro, favorece el compromiso y la oficialidad social de esas relaciones sexuales, empujándolas a ser «amores para toda la vida» «matrimonios», «familias», etcétera.

En la juventud, la vida se conjuga en futuro, y la atracción, mientras el hombre o la mujer no tienen pareja, es una **promesa de relación con futuro.**

Por esta razón, es más exclusiva (no vale cualquiera), duradera y con un mayor coste cuando el futuro de la relación fracasa o, simplemente, no llega a darse.

En la etapa de **madurez**, entre los 35 y 55 años aproximadamente, la atracción es un complicado proceso que unas veces se da en contra de la voluntad del individuo y otras supone algo deseado y repetidamente buscado. Todo depende de la confluencia de dos factores: **la situación afectiva actual y la historia de relaciones**.

Varios estudios han demostrado que la probabilidad de sentirse atraído y *admitir* esas emociones (sin devaluarlas o negarlas), se relaciona claramente con el grado de **compromiso y de satisfacción** de la relación de pareja que se vive en cada momento.

La situación más propicia para sentirse atraído es, sin duda, cuando la persona está sola, cuando lleva un largo tiempo sin pareja y desea cambiar esa situación iniciando una relación afectiva y sexual.

Si la satisfacción que reporta la vida en pareja es alta, disminuirá la probabilidad de sentir las variadas atracciones que «salen al paso». Pero se ha demostrado que lo que más «frena» la atracción extramarital —llamándole «marital», en sentido amplio, a toda relación estable— es el grado de compromiso respetado y mantenido que une a los dos miembros de la pareja.

Este concepto del compromiso tiene que ver con lo que hablábamos de los «motivos», ¿recuerdan? Para aquella persona que responde a las emociones y sensaciones del momento de forma intensa y sin que «lo ausente» (pareja, reglas, consecuencias, promesas, etc.) controle casi nada su comportamiento, el compromiso es algo sólo nominal, que no «inmuniza» contra los múltiples riesgos de «atracciones inconvenientes».

Sin embargo, para aquel otro u otra, cuya vida responde coherentemente a las reglas del juego acordadas entre dos, el compromiso con el otro y con esos valores establecidos supondrá un fortísimo «código de honor» inviolable, que impide la entrada al más leve sentimiento de atracción.

Respecto a la historia de relaciones previa, ya dijimos que la disposición a sentirse atraído y a iniciar nuevas relaciones dependerá de la cantidad y calidad de la experiencia vivida. Pues bien, en esta etapa de madurez la historia suele ser ya muy larga, con multitud de «mensajes» y «posos» de todo tipo.

El bagaje de un ciudadano o ciudadana actual de cuarenta años es un raro compuesto en el que se mezclan, en muchos casos, los sinsabores, fracasos y perplejidades con las grandes satisfacciones y las sorpresas positivas.

De los componentes de este «brebaje» surgen extrañas fuerzas que llevan al cuarentón o cuarentona a actitudes como el escepticismo y la retirada, la repetida confianza en cada atracción que se insinúa, o el disfrute de las emociones «aquí y ahora» sin más planteamientos de futuro.

En edades que van **más allá de los 55 ó 60 años**, la atracción se vive, en general, de forma menos intensa y sexual. Son los aspectos más **amistosos y plácidos**, como la afinidad de puntos de vista e intereses, los que mueven a las personas que están solas a fijar su atención y a acercarse a posibles compañeros o compañeras.

Esto no quiere decir que a partir de esas edades no se den emociones, sensaciones y respuestas sexuales, es sólo que la dimensión fisicoquímica de la atracción cede su protagonismo a aquellas otras dimensiones que tienen más que ver con la confluencia de **momentos vitales, actividades, lugar de residencia, nivel cultural**, etcétera.

Podemos decir, por tanto, para terminar, que cada edad tiene su forma peculiar de vivir la atracción, pero que en todas es un fenómeno vivo e importante para la satisfacción y calidad de vida de los humanos.

* *Épocas del año*: La temperatura, la vegetación y composición del aire, la luz y la lluvia son elementos que cambian según la época del año, y el ser humano, como organismo vivo, se ve afectado por ello, tanto en su funcionamiento biológico (estados de salud/enfermedad) como psicológico (emociones, acciones, pensamientos y relaciones).

El hombre, sin embargo, no tiene restringido su periodo de «celo» a una u otra «franja de tiempo». El hombre es un animal **permanentemente en celo**, y lo que podamos decir en este apartado hace referencia a cuestiones «de grado», a una mayor o menor intensidad o probabilidad en el fenómeno de la atracción erótico-amorosa.

Para el ser humano, los 365 días del año son días de amor y sexo en potencia, y son las circunstancias vitales y sociales de cada persona las que marcan las diferencias, haciendo de algunos de esos días «ocasiones propicias» y de otros «fechas negras» para la atracción y el amor.

Pero veamos algunos aspectos generales...

Es de todos conocido el efecto de la **primavera** sobre nosotros, ya se sabe, «la primavera, la sangre altera». Con esta metáfora hemos aprendido a reconocer ese fenómeno tan familiar, consistente en una especie de «ebullición emocional» que nos hace más vulnerables y sentimentales.

En primavera, cuando comienza a haber más luz, cuando la temperatura sube, cuando la vegetación renace y en el aire están presentes el polen y los insectos, nuestro cuerpo reacciona con mayor **intensidad**, **variabilidad** y **rapidez** ante los hechos, situaciones y personas que en otros momentos del año «nos dejan fríos» o, por lo menos, no tan calientes.

Pero no se trata tan sólo de un fenómeno físico. La «ebullición primaveral» de los humanos es, ante todo, un fenómeno psicológico y social. Y es que la primavera y el buen tiempo están asociados en nuestra cultura a realidades de tanto peso como el **anuncio de actividades lúdicas y de ocio**, el **cansancio por muchos meses de trabajo** y, sobre todo, el **cambio de atuendo y la presencia de personas por calles, plazas y balcones**.

En primavera empezamos, una vez más, a vernos unos a otros en entornos, actitudes y ropas ATRACTIVAS. Esto es así porque el buen tiempo nos permite pasear, tomar el sol o estar «indolentemente» sentados en cafeterías y terrazas.

Nos miramos más, mostramos más nuestra piel, permanecemos quietos y relajados más tiempo, y nuestro aspecto, con ropas más ligeras y coloristas, es más «sugerente». Sin duda, la primavera parece estar hecha para atraernos y amarnos los unos a los otros.

La abundancia de estímulos atractivos (aromas, sonidos, temperatura y personas mostrando su piel), la anticipación de tiempo libre y las actividades de ocio y, sobre todo, **el cambio** de una estación fría, laboriosa y gris a otra luminosa y cálida, nos altera, para bien y para mal.

Nos altera para bien, porque, como hemos dicho, favorece la atracción y el acercamiento entre las personas; y para mal, porque «dispara» todas nuestras emociones y sensaciones, no sólo la ternura, la excitación sexual, la euforia, sino también la ansiedad, la tristeza, la inquietud e incluso la agresividad.

Las situaciones y tiempos de cambio favorecen estos estados de «alto volumen emocional»; pero en el **otoño**, el cambio hacia un clima más frío y biológicamente «neutro» y el descanso vacacional aún reciente en todos nosotros, provoca, más bien, estados de melancolía, inhibición y tristeza.

En el otoño se terminan las aventuras y los «amores fugaces», las preocupaciones e intereses se vuelven a centrar en el trabajo y las actividades «productivas y obligatorias» y, por decirlo así, **nos hacemos un poco más serios**.

El «letargo invernal» para los humanos, siempre en celo, no es tal letargo, pero sí es un periodo menos «aliado de la atracción»; un periodo en el que el contacto afectivo entre personas está mediado por las actividades cotidianas y, sobre todo, por el trabajo.

En **verano**, por el contrario, los lugares nuevos, las actividades atípicas, el tiempo de ocio, el calor, la vida al aire libre y la lejanía respecto a normas y compromisos familiares, crean un ambiente de permisividad y acceso fácil para las experiencias amorosas.

Pero, ¡ojo!, que los veranos también pueden ser... aburridos, monótonos, en lugares «de plástico»; con más horas, no tanto para el sexo y la pasión, sino para las discusiones y el hastío mutuo, con calores sofocantes en una ciudad que se vacía y en la que el tiempo libre se vuelve una «pesada condena» de la que se van restando ávidamente los días.

Y es que en el ser humano no hay nada fijo o predeterminado. Cada ejemplar es diferente y vive las épocas del año, como cualquier otra circunstancia, de manera particular y personalizada. Esta vivencia individual depende de la historia, de los hábitos y costumbres, de la salud y el nivel económico y, desde luego, depende de si la persona está sola, en familia, recién enamorada o buscando ávidamente el sexo y el amor.

* *Momentos del día*: También respecto a las horas del día, el hombre carece de limitaciones. Desde el descubrimiento del fuego podemos iluminar la oscuridad, podemos orientarnos, deambular, realizar cualquier tipo de actividad y podemos ver a los demás en la noche. No existen, por tanto, «horas muertas» para la atracción y el amor. Pero ¿hay unas horas mejores que otras?

Podemos decir que si exceptuamos los momentos especialmente románticos, asociados en nuestra cultura a experiencias estéticas o emocionales, por su carácter limítrofe o de cambio, como son el amanecer y el atardecer, el resto del día o la noche viene marcado por las actividades que, en cada caso, realicemos.

Durante las horas del día dedicadas al trabajo, éste impone sus leyes y sus limitaciones al conocimiento y atracción entre las personas que en él coinciden.

La noche es más adecuada para la atracción y el acercamiento, no tanto porque sea más oscura y fría sino porque supone un tiempo de descanso, de ocio y de actividad social facilitadora de atracciones y encuentros.

Si exceptuamos los viajes y el deporte, todas las demás actividades (música, conferencias, cine, teatro, baile, «copas», celebraciones, fiestas y reuniones) tienen lugar, en un 90 por 100 de las ocasiones, por la tarde y por la noche. No es de extrañar, por tanto, que la mayoría de las personas que se han conocido fuera del entorno laboral lo hayan hecho en horas «de poco sol».

Terminamos este apartado dedicado a los «tiempos del amor» y lo hacemos recordando que **cualquier tiempo es bueno para la atracción y el amor, si la actividad y las circunstancias personales y sociales «se confabulan a su favor».**

6.4. ENTORNOS SOCIALES «AMIGOS Y ENEMIGOS»

Si el tiempo, el espacio y la actividad influyen en la atracción y el amor, no podemos olvidar la poderosa influencia de **las personas**, de esas personas que nos rodean, que nos importan y que, ¡cómo no!, opinan favorable o desfavorablemente cuando nos ven «arrastrados por una pasión».

Vamos a dedicar unas pocas palabras —en los capítulos dedicados al amor y a la seducción se hablará más extensamente de ello— a cómo la presión social, las prohibiciones, la tolerancia, el consejo o la opinión de las personas significativas afectan a la intensidad, duración y consecuencias que la atracción tiene para cada uno en cada momento.

Los **«entornos permisivos»** que alientan la expresión de emociones, el acercamiento y contacto afectivo entre las personas, son caldo de cultivo propicio para que los niños y adolescentes, así educados, sean después adultos competentes y se sientan «cómodos» con sus sensaciones de atracción y respuestas erótico-sexuales.

Las familias, colegios y ambientes que aceptan un amplio abanico de experiencias y posibilidades, destierran gran parte del miedo y la ansiedad que van unidos a cualquier inicio de relación personal.

Podemos decir, por tanto, que la permisividad y la tolerancia son firmes aliados de la atracción y el amor. Pero, ¡cuidado!, no debemos confundir la tolerancia con **la ausencia de normas**, con el «vale todo», a cualquier edad y en cualquier circunstancia.

En las sociedades o momentos históricos del «vale todo» (círculos de la «progresía concienciada» de los setenta o «juegos de sociedad» de gente adinerada actual, por ejemplo), el acercamiento entre personas se devalúa, pierde la complejidad y riqueza propias de lo desconocido y arriesgado. Pierde, en definitiva, su sentido.

La pretendida «naturalidad» de la conducta erótico-amorosa será fácilmente reconocida por los lectores que ahora tengan alrededor de los cuarenta. En ella, el juego de seducción, la ambigüedad de las señales y el "riesgo del no" habían dejado de estar presentes, y en estas condiciones los encuentros amorosos eran algo tan interesante como «beber un insípido vaso de agua», cuando, además, ¡no se tiene sed alguna!

Sin lugar a dudas, las distintas culturas, con sus ritos y ceremonias, imponen **límites**, **demoras** y **dificultades** a unas relaciones, las afectivo-sexuales, que no tienen nada de «naturales».

Los límites, demoras y «ciertas» dificultades dan sentido al acercamiento amoroso, porque hacen de ello lo que debe ser, un hecho social, culturalmente reglado y complejo.

Los entornos «represivos», por el contrario, crean en los individuos intensos **estados de ansiedad y miedo** ante las emociones y el sexo, **escasa competencia** para desenvolverse en estos terrenos y **una exagerada y perniciosa idealización** de los potenciales encuentros amorosos.

Los lectores a los que, por su edad, les haya tocado vivido y ser educados en el represivo y asexuado periodo de los años cincuenta, sabrán de lo que estamos hablando. Conocerán y podrán identificarse con situaciones y circunstancias en las que la falta de experiencia y habilidad se juntaban con el miedo y con los «enormes deseos» de iniciar una relación. Esta mezcla era una especie de «cóctel Molotov», tan difícil de manejar, que, en la mayoría de los casos, explotaba en las propias manos antes de tener tiempo para el ansiado encuentro.

Por otra parte, **las opiniones de amigos y familiares** son un factor de enorme importancia en la «escucha» u olvido de las emociones.

Cuando alguien comienza a sentirse atraído por otro, inmediatamente, sin apenas darse cuenta, hace un rápido y exacto balance de «lo que pensarán mis amigos y familia».

De ese balance va a depender, en parte, el que haga caso a la atracción, la disfrute y dedique sus pensamientos y acciones a hacerla prosperar en su objetivo de acercamiento. Pero también, por ese análisis, puede asustarse, «verle las orejas al lobo» y «batirse en retirada», no sólo de la relación y contacto con el otro, sino también de los propios pensamientos y emociones, hasta llegar a convencerse de que «en realidad, no me atrae nada».

Ante una atracción «socialmente inconveniente», se actuará de una forma u otra, según los propios valores. En cualquier caso, para sumar o restar puntos, la opinión de las personas que nos rodean y a las que queremos, es un importantísimo factor a tener en cuenta a la hora de entender y predecir por dónde discurre la vida de una atracción erótico-amorosa.

Es tan importante que, a veces, la insistente y precipitada opinión favorable de un amigo o amiga respecto a un «candidato desconocido», enciende la mecha de una llama que no sabemos si habría ardido sin la ayuda de ese «viento favorable».

Es el caso de las «citas a ciegas», preparadas por amigos de «las víctimas», el caso de los consejos que disipan dudas y, desde luego, es el caso de los profesionales (o deberíamos decir *las* profesionales) del oficio de Celestina. Unas profesionales que en unas y otras culturas han tenido y tienen su eficaz función de «provocadoras de la atracción».

El resultado del consejo amistoso dependerá, por supuesto, de quién lo ejerza y de cómo y respecto a quién se aconseje... Depende de si la «celestina» es alguien afín y cercano a nosotros, que sabe resaltar los aspectos que *de verdad* componen para nosotros el cuadro de «lo potencialmente atractivo»... Si además estamos en buena disposición para «dejarnos arrastrar»... entonces la influencia de sus palabras será grande.

Sin embargo, si el que opina es una persona ajena o contraria ideológicamente a nosotros, alguien de quien queremos diferenciarnos, su opinión pesará de forma inversa: Cuando sea contraria a un determinado candidato, provocará que éste gane puntos ante nuestros ojos, y, cuando sea favorable, nos llevará irremisiblemente a odiarlo o, por lo menos, a tacharlo como potencial centro magnético de nuestros afectos.

Esto es lo que sucede con los padres que pretenden aconsejar a sus hijos. Cuando éstos intentan mostrar su criterio y «decidir por sí mismos», siempre es en sentido contrario a como lo hubiera hecho su padre o su madre (de haber tenido la opción de hacer pesar su opinión).

6.5. HECHOS, FENÓMENOS Y COYUNTURAS

Por último, nos vamos a referir a los acontecimientos imprevistos y ajenos a la voluntad y al control, tanto del atrayente como del atraído, que afectan a las emociones que, entre ambos, se establecen.

Se ha demostrado sobradamente que las situaciones o acontecimientos que añaden un **contexto** «emocionalmente significativo» al encuentro o conocimiento del otro, aumentan su potencial atractivo sobre nosotros.

Y esto es así aunque las emociones sentidas en la situación no tengan nada que ver con el deseo, la ternura, la excitación y el amor.

En efecto, las emociones son un continuo que no entiende de categorías, y la existencia de una, puede facilitar que sintamos otras, aunque no sean del mismo signo.

Explicaremos esto un poco más. Cuando sentimos miedo, sorpresa, confusión, ira, ansiedad o dolor, **la alteración emocional** a la que estamos sometidos nos prepara biológica y psicológicamente, para prestar **mayor atención** y sentir **intensos afectos** por las personas que comparten o están presentes en la situación.

Nos referimos a experiencias como un accidente, una grave enfermedad, un duro viaje, hambre o sed prolongadas, un atraco, la prisión, la preparación de una competición o un difícil trabajo; y no digamos aquel acontecimiento por el que podemos llegar a vivir todas y cada una de estas cosas, nos referimos, por supuesto, a una guerra...

Todas ellas son experiencias vitales que, a pesar de su carácter trágico y traumático, precipitan atracciones y amores de gran intensidad y significación para sus protagonistas.

Sin llegar a vivencias extremas como los «amores de campaña» o el llamado «síndrome de Estocolmo», se ha experimentado con situaciones como entrevistas realizadas en estrechos y altos puentes, o encuentros fortuitos con desconocidos en ascensores que se quedan parados. Así, se ha comprobado que estos «escenarios» aumentan la probabilidad de encontrar atractiva a la persona con la que se pasa ese leve «mal trago».

Otros acontecimientos que favorecen la atracción son los que hacen coincidir a «dos» en:

— Bodas y enamoramientos de amigos o conocidos.
— Largas fiestas de fin de año o similares.
— Imprevistos que rompen el protocolo y la inhibición, como una caída, un tropezón, el llanto, la risa o el inesperado contacto físico provocado por el baile, el apretado asiento de un coche o la ayuda prestada por uno de los dos cuando el otro está enfermo, triste o atemorizado.
— La permanencia obligada en lugares cerrados y solitarios. ¿Cuántas películas y novelas se han escrito sobre el tema? ¿Cuántas nos hablan de la progresiva atracción entre dos personas —que, en principio, hasta se repelían mutuamente—, gracias a la ayuda de esas especiales condiciones que «rompen las barreras»?

¿Recuerdan la clásica película de Clark Gable y Claudette Colbert, *Sucedió en una noche*? ¿Recuerdan lo que les pasa a las, irónicamente llamadas, «murallas de Jericó»? (En realidad unas sábanas a modo de cortinas que preservan la intimidad de uno y otro, cuando dos semidesconocidos se ven obligados a compartir una habitación tras un largo viaje). Pues lo que sucede, como era de esperar, es que las «murallas» son estrepitosamente derribadas, a pesar de la inicial animadversión y rechazo mutuo.

— Y, en general, todos las situaciones «nuevas» o «complejas»: Aquellas que, para ser entendidas o resueltas, deben «despertar» nuestra atención y, con ello, despiertan también nuestro interés por las personas presentes, a las que se puede ver «como si fuera la primera vez», aunque sean antiguos conocidos.

Y ¿cuáles son las situaciones o acontecimientos «enemigos» de la atracción y el amor? Es fácil deducir, después de lo dicho, que acontecimientos como **el divorcio** o la separación de amigos, el **aislamiento voluntario**, para llevar a cabo un trabajo o para convalecer de una enfermedad, o la **dedicación en exclusiva** a un hijo o tarea, no dejan mucho lugar o motivación para la atracción erótica.

También son contrarios al erotismo, **la rutina**, la repetición hasta la saciedad de las mismas actividades y escenarios, el **trato sexualmente neutro** de los «amigos de toda la vida» o, lo que es peor, de las «parejas de toda la vida». Estos comportamientos son los menos propicios, los que no sólo no ayudan a la atracción y al amor, sino que, incluso, terminan con ellos cuando ya se habían producido.

RESUMEN

Bueno, una vez escritas estas páginas sobre la atracción, nos queda tan sólo hacer unas cuantas recomendaciones prácticas para resultar más atractivo o atractiva y también para sentirse atraído y disfrutarlo.

GUÍA PARA RESULTAR MÁS ATRACTIVO O ATRACTIVA:

1.º SABER **A QUIÉN** QUIERO ATRAER.
2.º INVESTIGAR **LO QUE ES ATRACTIVO** PARA ÉSE O ÉSA A QUIEN QUIERO ATRAER.
3.º SABER «**LO QUE SÉ HACER**», «**LO QUE ME HACE SENTIR BIEN**» Y «**LO QUE MI APARIENCIA FÍSICA DICE DE MÍ**».
4.º APRENDER **LAS HABILIDADES QUE ME FALTAN**. De una en una y sólo las imprescindibles y más asequibles para mí.
5.º CAMBIAR **ALGUNOS ELEMENTOS DE MI APARIENCIA**. También de uno en uno y los que, con un pequeño esfuerzo, pueden aumentar considerablemente mi atractivo.
6.º NO IMITAR GLOBALMENTE A OTROS, PERO **OBSERVAR CONDUCTAS Y GESTOS «QUE QUIERO APRENDER»**.
7.º ATREVERSE A **EXPERIMENTAR EN «SITUACIONES SENCILLAS»** Y **OBSERVAR LOS RESULTADOS**.
8.º PRESENTARME ANTE LOS DEMÁS LO MÁS **RELAJADO** POSIBLE, CON LA **AUTOESTIMA ALTA** Y CON EL **SENTI-**

DO DEL HUMOR SUFICIENTE COMO PARA ENCAJAR LOS RESULTADOS SIN DRAMATISMOS. Si no se es capaz de hacer esto por sí mismo, es aconsejable pedir ayuda a un psicólogo.

9.º DARSE TIEMPO Y OPORTUNIDADES (lugares, personas y actividades variadas) PARA APRENDER, CAMBIAR Y MEJORAR.

10.º Y, POR SUPUESTO, ¡LEER ESTE LIBRO!

GUÍA PARA SENTIRSE ATRAÍDO Y DISFRUTARLO:

1.º NO HUIR DE LAS PERSONAS.
2.º NO ANTICIPAR QUE SON ESTÚPIDAS, ABURRIDAS O QUE: «TODOS LOS HOMBRES SON IGUALES», O «VISTA UNA MUJER, VISTAS TODAS».
3.º MIRARLAS Y ESCUCHARLAS CON INTERÉS.
4.º NO HUIR DE LAS SITUACIONES MÁS PERSONALES, «COMPROMETIDAS» O «DE RIESGO» (riesgo de sentir emociones inconvenientes, claro).
5.º CONVIVIR CON LAS EMOCIONES Y ACEPTAR LA ALTERACIÓN, DESCONTROL O DESORDEN QUE INTRODUCEN EN NUESTRA VIDA.
6.º CONOCER «HASTA DÓNDE LLEGA» LA ATRACCIÓN QUE EL OTRO EJERCE SOBRE MÍ.
7.º PREGUNTARME Y DECIDIR: «QUÉ QUIERO HACER CON ESTA ATRACCIÓN.»

8.° **ACTUAR EN CONSECUENCIA**: Alejarse y neutralizar la atracción o, por el contrario, fomentarla y llevarla hasta sus últimas consecuencias.
9.° ***DISFRUTAR DE LA EXPERIENCIA EMOCIONAL DE SENTIRSE ATRAÍDO, INDEPENDIENTEMENTE DE LA DURACIÓN O TIPO DE RELACIÓN QUE SE ESTABLEZCA CON LA PERSONA QUE NOS ATRAE***. Sentir emociones erótico-amorosas por alguien no es, sólo, el comienzo de una posible relación, es un fin en sí mismo.
10.° **Y, POR SUPUESTO, LEER ESTE LIBRO...**

Capítulo 4

Seducción

UNA vez finalizado el recorrido por el fenómeno de la atracción, pasamos al segundo de nuestros temas, la seducción. Y lo hacemos con la intención de desvelar aquellos misterios que parecen atesorar las vidas, actitudes y logros de los afortunados seres seductores.

Antes de entrar en materia, quizás sea conveniente trazar las líneas divisorias que separan al mundo de la atracción del de la seducción.

Aunque atracción y seducción van unidas, aunque una sin la otra no parecen tener sentido, podemos decir que...

Mientras **la atracción** alude más a:

* Sensaciones, emociones y sentimientos del «atraído».
* Sensaciones y emociones positivas muy variadas y no necesariamente unidas a lo sexual.
* Características y cualidades de unas personas para otras.
* Un fenómeno que puede no ser deliberado o consciente por parte de la persona que resulta atractiva.
* Un fenómeno que aunque puede ser el primer paso para la seducción y el amor, no siempre avanza hacia ellos.

La seducción, sin embargo, alude a:

* Comportamientos y actitudes del «seductor».

* La presencia siempre de un matiz erótico-sexual.
* No tanto a como alguien es, sino, sobre todo, a cómo actúa.
* Un fenómeno casi siempre deliberado y consciente por parte de la persona seductora.
* Un fin de influencia, poder o cambio en el seducido.
* Un juego dialéctico y dual que puede llegar a ser un fin en sí mismo.

Una vez establecidas estas diferencias, entremos de lleno en la SEDUCCIÓN, en contenidos eminentemente prácticos que pretenden desvelar su misterio y conocer sus claves, para poder incluirlas en nuestro comportamiento y utilizarlas siempre que lo deseemos.

Empecemos haciendo un poco de historia...

1. LA SEDUCCIÓN: UN DON NATURAL O ADQUIRIDO

Todos, o casi todos, hemos soñado con ser seductores, hemos querido conquistar a alguien, hemos querido que «cayera en nuestras redes». Algunos lo intentan una y otra vez, otros nunca. Seducir es una tarea misteriosa y atractiva; a veces incluso asusta, tal vez por la «expectativa» del resultado... o por otros motivos que iremos comentando.

Una idea bastante popular y frecuente es que «se es» o «no se es» seductor, que hay gente más seductora que otra. Parece que algunos tienen ese don natural, que han nacido con esa cualidad. Y claro, para ellos... ¡qué fácil! Pero, ¿y los demás? ¿Y los que no están en ese grupo? Algunos, los más atrevidos —como Woody Allen en la película *Sueños de un seductor*—, se arriesgan a probar; otros, mejor que se resignen a ser lo que son y se olviden de seducir; esta tarea, sencillamente, no les ha sido encomendada.

Si las cosas son así, si el mundo de la seducción es dicotómico: unos son los seductores y otros no lo son... Si los genes tienen tanta importancia... sólo nos queda esperar

los avances de la ingeniería genética, y, hasta entonces, ¡paciencia!
Pero afortunadamente las cosas no son así. Creemos y afirmamos *rotundamente* que los genes no son lo relevante. La batalla de la seducción no está perdida.

Una de las primeras preguntas que nos surgió al abordar este tema fue si la seducción era un territorio privado de la especie humana. Numerosos estudios realizados por etólogos han demostrado que los animales también «seducen». El cortejo animal tiene relación con la seducción humana, pero ¿estamos hablando de lo mismo?

En el universo animal existen rituales de conducta programados genéticamente que están al servicio del cortejo. Los animales desencadenan ante los mismos estímulos las mismas respuestas. Es decir, ante una serie de señales **todos** se comportan **siempre** del mismo modo. Las señales de cortejo son perfectamente identificables y reconocibles por los miembros de cada especie.

Un buen ejemplo de ello es el de la chimpancé hembra que, cuando está en celo, camina serenamente hacia un macho, le apunta con sus nalgas a la nariz y le hace poner de pie para copular (Fisher, 1994), o el ave del paraíso roja que durante el cortejo arranca hojitas de los árboles, las sostiene un momento en el pico y después las deja caer al suelo (Eibl-Eibesfeldt, 1986).

El cortejo cumple una función prioritaria: copular. De esta manera, el **programa genético** para seducir contribuye al mantenimiento de la especie.

Las investigaciones sobre el «cortejo» humano confirman que el hombre también sigue una «pauta de conducta». Eibl-Eibesfeldt, etólogo alemán, realizó en los años 60 numerosos estudios sobre la secuencia de cortejar en distintos países, y confirmó que existe un «esquema de conductas femeninas de coqueteo».

Si una muchacha recibe la mirada de un posible pretendiente, humilla la cabeza y baja los párpados. A menudo, dicho gesto va acompañado de un cambio en la dirección de la mirada. Por lo general, el contacto visual vuelve a establecerse con rapidez. «Este **interesarse y desinteresarse** es un elemento típico del comportamiento de coqueteo, que se manifiesta principalmente por el lenguaje de los ojos.» (Eibl-Eibesfeldt, 1986.)

Esta pauta es tan característica y tan igual en los distintos países investigados que se ha llegado a considerar innata. Lo que observó Eibl-Eibesfeldt ciertamente es relevante e indiscutible. Registró los elementos **no verbales** de la seducción: la mirada, la sonrisa, los gestos, el movimiento corporal... ¿Quién no ha sido atrapado por una sonrisa irresistible? ¿Quién no ha experimentado rubor y aceleración del pulso ante una mirada seductora? ¿Quién no ha sucumbido ante un gesto «especial» y diferente?

Como ya dijimos, todos estos elementos han sido estudiados e investigados hasta la saciedad.

Sabemos que la *«mirada seductora»* no es cualquier mirada. Los estudios revelan que la pupila se dilata y la duración es mayor; la persona fija sus ojos en los de otro una fracción de segundo más de lo habitual y después los desvía, para, al momento, volver a detenerse en ellos. Es un ir y venir, las miradas se buscan y se encuentran «por casualidad» en sucesivas ocasiones; casualidad intencionada, evidentemente. Es una mirada que los etólogos llaman «mirada copulatoria», precisamente por la función que cumple en el reino animal.

Los babuinos o mandriles se miran a los ojos durante el cortejo con este tipo de mirada huidiza, y cuando por fin sus miradas se encuentran, las conductas de acercamiento se precipitan.

Fisher (1994) afirma: «Tal vez sean los ojos —y no el corazón, los genitales o el cerebro— los órganos donde se inicia el idilio.»

«La sonrisa» también tiene en la seducción un matiz especial. Se trata de una media sonrisa: sólo se descubren los dientes superiores, las cejas se elevan y vuelven a bajar.

Es uno de nuestros primeros gestos. La utilizamos no sólo para seducir, sino, también, para entrar en contacto de manera grata con el mundo externo, con el mundo social. Es evidente, sonreír nos acerca al otro, nos facilita el camino. Son inolvidables las sonrisas, eternas sonrisas, de Paul Newman, Marilyn Monroe, Ava Gadner...

Algunos animales, como los gorilas y los chimpancés, también «sonríen» cuando juegan; aunque no debemos olvidar que lo que observamos en el reino animal es llamado sonrisa por extensión de la sonrisa humana. El gesto animal cumple siempre una función diferente al gesto humano.

No sólo la mirada y la sonrisa, nuestra *«postura corporal»* es importante para seducir. Con ella indicamos disponibilidad, accesibilidad e importancia.

Baste sólo algún ejemplo. Así como los antílopes y camaleones se ponen de costado para parecer de mayor tamaño, y los gorilas se golpean el pecho para demostrar su fuerza, el hombre también se estira, saca pecho, mete tripa, sube la barbilla y coloca los hombros. Todo para aparentar mayor poder, un «aquí estoy yo». No sólo los hombres... Las mujeres también aparentan: alzan los hombros, arquean la espalda, mueven las caderas, se echan el pelo hacia atrás, lo tocan, ladean la cabeza...

¿Y el *«contacto físico»*? Los animales se tocan durante el cortejo. Lo hemos visto en la calle, en el zoo, en la televisión. Los chimpancés se abrazan, los perros se lamen, los delfines se mordisquean, las aves se picotean...

La caricia nos sumerge, sencillamente, en otra dimensión. Cuando nos tocamos, algo pasa, algo tal vez indescriptible... Sentimos una «revolución interior». El pulso se acelera, el corazón palpita, el estómago se encoge, el cuerpo parece electrizarse... Y todo por un roce piel a piel.

Cuando seducimos, empezamos a tocar al otro «por casualidad». Una mano descuidada en su brazo, en su pierna, un roce en el hombro... Pero todos sabemos que en muchas ocasiones no es una casualidad, sino una estrategia para que el otro sienta. La piel marca una frontera, y, cuando se traspasa, pueden saltar chispas.

Hasta aquí hemos seguido un recorrido en paralelo por el reino animal y el humano, y parece que tras las numerosas investigaciones realizadas a lo largo de años, la correspondencia entre los gestos de cortejo de los animales y los hombres estaría confirmada. A estas alturas todos estamos de acuerdo, las expresiones, tanto faciales como corporales, son elementos comunes en el cortejo de todas las especies. Entonces, ¿dónde está la diferencia? ¿Dónde se encuentra lo exclusivo del hombre? ¿Posee la seducción humana esa diferencia que la aleja del reino animal? ¿Es el comportamiento seductor humano idéntico al de otras especies, sólo que «más refinado»?

Cuando animales y hombres seducen, comparten un territorio común. Mirar, sonreír, posar, tocar... Todos, unos y otros, al seducir, iniciamos conductas que nos aproximan y acercan al otro, que **nos ponen en contacto**. Si hacemos un análisis aislado de estos elementos, el parecido salta a la vista. Pero cuando el análisis es más «global» —y debe serlo—, cuando, en el hombre, estos elementos se combinan, interactúan y se mezclan, formando un todo, aparece la diferencia.

Los individuos de cada especie animal **se cortejan de la misma manera**. Si recordamos, la chimpancé hembra se presentaba ante el macho apuntando con sus nalgas a la nariz. Y **cualquier** chimpancé hembra que quiera copular, en esa misma situación, hará lo mismo. En los animales, la forma de cortejar está determinada genéticamente para alcanzar una finalidad. A «una función» (copular) le corresponde «una sola acción» (apuntar con sus nalgas a la nariz del macho). Es cierto que, sobre todo en los primates superiores, componentes de la conducta de cortejo cumplen también otras funciones, como conseguir atención o comida y favorecer la pertenencia a un grupo por la necesidad de protección. Pero esto se realiza de manera rudimentaria o simplificada, si lo comparamos con el ser humano.

Veamos, por fin, qué es lo exclusivo del hombre:

* LA PALABRA

El lenguaje. Aquí tenemos la gran diferencia. Aunque los animales emiten sonidos y tienen incluso sistemas de comunicacion, sólo nosotros contamos con la palabra. Las palabras se conjugan, se entonan y, por supuesto, también nos acarician. Todos recordamos a Cyrano de Bergerac: su voz, sus palabras, hermosas palabras, sedujeron a su amada... aunque ella creía estar enamorada de otro.

No siempre da resultado, es cierto, ¡con la palabra no basta! Pero el lenguaje es una llave mágica que nos permite entrar en otra dimensión al relacionarnos con los demás. Podemos combinar los gestos con palabras, podemos hacer miles de complicadas variaciones, y eso es exclusivo del hombre.

Una voz susurrando ¡me encantas!, y un gesto distante y frío... nos aturde; un ¡no me puedo quedar! con una voz cargada de emoción y una mirada apasionada... nos confunde. Y es que aunque el lenguaje nos enriquece, también, a veces, nos desconcierta. Una misma palabra, una frase, pueden expresar cosas distintas, según el tono, la situación, el interlocutor, el estado de ánimo... Tenemos tantas palabras para expresar lo mismo, y a veces, sin embargo, no encontramos ninguna para decir lo que queremos...

A pesar de todo, el lenguaje es un maravilloso nexo de unión con los demás. Somos seres sociales por excelencia, o al menos podemos serlo. Hablando nos «mostramos»; podemos hablar para decir mucho de nosotros mismos, de nuestro modo de ser y de pensar, de nuestros conocimientos. Aunque a veces las palabras no nos sirvan —incluso nos alejen del otro—, sabemos que podemos contar con ellas. Siempre «nos queda la palabra», como dijo el poeta.

Nos hemos referido al lenguaje externo, al que se habla **en voz alta**. Pero no reside aquí únicamente el gran salto cualitativo del ser humano. Hay algo más: el pensamiento, que no es más que nuestro **lenguaje interno**. Esa capacidad privada que nos acerca y nos aleja de los otros, que nos permite, incluso, relacionarnos con lo no presente... en silencio.

El pensamiento nos ofrece la posibilidad de mantener en el más estricto secreto nuestros deseos, anhelos, opiniones... hasta los más inconfesables; nos permite conservarlos como algo exclusivo y absolutamente individual.

Tenemos la capacidad de razonar, y esto nos posibilita anticipar. Podemos saber cuáles podrían ser las consecuencias de lo que hacemos (qué pasaría si..., qué sucederá cuando...). Esto nos permite organizar nuestra conducta, preparar nuestras acciones, elaborar estrategias, dirigir nuestros pasos hacia los objetivos que marquemos. Y todo ello sin previa experiencia, ya que no hace falta probarlo todo para saber qué hacer, aunque practicar y ensayar nos ayude a ser más competentes y hábiles.

De este modo, cuando queremos coquetear con alguien, podemos, primero, imaginar cómo establecer el «contacto», y de las diferentes formas posibles que se nos ocurran elegir una, para, después, experimentarla en la realidad y ponerla a prueba. Si no diera resultado, podemos elegir cualquier otra y volver a experimentar. Tenemos la posibilidad de elaborar nuestro plan de acción, no sólo a nuestra medida, sino, lo que es más importante, a la del que queremos seducir. Cuanto más ajustada y adaptada sea la estrategia, mayor será la probabilidad de éxito.

Esta capacidad nos coloca en un nivel muy superior, marca la gran diferencia con el mundo animal. Pensar, imaginar, soñar —incluso despiertos—, nos posibilita **trascender la realidad presente** y **prepararnos para la futura**.

La palabra y el silencio, hablar y pensar... amplían el horizonte de lo humano de forma inalcanzable.

* LA VARIABILIDAD INDIVIDUAL

En el hombre, la seducción no tiene una única función, y hay numerosas formas de seducir, casi tantas como individuos. Podemos hacerlo con el único fin de tener relaciones sexuales, como en el reino animal. Pero no siempre es así seducimos también para enamorar, seducimos para seducir. Incluso, a veces, los fines pueden ser ajenos a la propia relación; podemos intentar conseguir un aumento de sueldo, una posición privilegiada en la empresa, o que nos atiendan mejor en una ventanilla. Podemos mostrarnos seductores para conseguir cualquier tipo de objetivo, porque, en el ser humano, **la variabilidad** es la nota característica. Por lo tanto, **a una función**, por ejemplo, de enamorar, le pueden corresponder **múltiples acciones**: hacer un regalo, alabar, escuchar. **A una sola acción**, por ejemplo, la de mostrarse simpático, amable, le pueden corresponder **múltiples funciones**: seducir, enamorar, ser un buen amigo, vecino...

Algo que nos define y caracteriza es esta posibilidad de escoger. Entre una multiplicidad de conductas, entre una multiplicidad de objetivos, elegimos aquellas o aquellos que preferimos, los que más se adecuan a cada situación.

Los hombres, al igual que los animales, necesitamos de manera natural e instintiva el contacto con los semejantes para protegernos y defendernos. Tenemos necesidades biológicas (sexuales, alimenticias, de supervivencia) y necesitamos establecer vínculos sociales, pertenecer a un grupo.

Ambos *aprendemos* a establecer estos vínculos, la diferencia entre hombres y animales es que en éstos lo predeterminado, fijado genéticamente y compartido por todos los miembros de una misma especie, es lo más relevante, y el aprendizaje añade sólo cierta variabilidad. Sin embargo, en los hombres, la base biológica y genética del comportamiento es un pequeño elemento de partida, para el inmenso desarrollo diferencial que aporta el aprendizaje. Aprendemos viviendo, no sólo con nuestra experiencia, probando una vez y otra, también por los modelos que observamos y copiamos: padres, profesores, amigos, cine, televisión. Como dirían nuestras madres, «la vida nos enseña».

Es verdad que a veces estamos limitados por nuestro aprendizaje. Puede ocurrir que sólo hayamos aprendido algunas maneras de seducir, y ésas sean las que ponemos en marcha en la mayoría de las ocasiones. Si lo pensamos, esto guardaría un cierto paralelismo con el cortejo animal, «una única forma para una única función». Pero lo distintivo es que el hombre, aunque sólo practique una forma, PUEDE APRENDER OTRAS, tiene ese potencial, esa posibilidad de variación, si las condiciones ambientales le facilitan el aprendizaje, si tiene, por ejemplo, buenos modelos que le enseñen y, por supuesto, práctica.

El hombre puede aprender más y más. Tiene esa capacidad de aprendizaje, que le hace más libre. La diversidad nos enriquece y, a veces... nos complica la existencia.

Los animales, al contar con menor diversidad, al tener conductas más homogéneas, reconocen de manera casi automática las señales, saben cómo actuar ante ellas. Pero nosotros, ¡pobres de nosotros! ¿Sabemos siempre qué hacer ante una insinuación? Seguro que ustedes también han dudado. ¿No le han dado vueltas y más vueltas en la cabeza de tal manera que cuando se deciden —si se deciden—, ya es tarde?

Y no sólo eso, ¿no han dudado, incluso, de esa insinuación? ¿Será o no será? ¿Serán imaginaciones mías? A veces, este estado de confusión mental nos paraliza. Otras nos precipita a un torbellino de acciones inconexas que no tienen sentido o que no son las acertadas, y que, al final, no nos dejan avanzar.

Tener tan amplia capacidad de aprendizaje **hace que identificar el qué y el cómo sea más difícil**. La confusión puede aparecer, pero tal vez es el precio que tengamos que pagar...

* LA HERENCIA CULTURAL

Como dijo el antropólogo Marvin Harris (1982), «somos el animal que más depende de tradiciones sociales para su supervivencia y bienestar». Y esto es bien cierto, ya que dependemos en mayor medida de la cultura y menos de la programación genética. Nuestras capacidades las adquirimos por la herencia social y no por la biológica, a diferencia de los animales, cuyo comportamiento depende en mayor medida de ésta.

El hombre está inmerso en un ambiente cultural y social que es el que dicta las normas, los valores. Esto es lo que regula nuestra conducta. Por eso, las pautas de seducción —y no sólo ellas— son propias de cada cultura, e incluso de cada momento histórico, dentro de una misma cultura. Estas pautas dependen, por tanto, de las reglas y códigos que imperen en cada momento y en cada sociedad. Es cierto que existen regularidades transculturales que traspasan las fronteras. Los estudios de Darwin lo mostraron, mujeres y hombres de distintos países realizaban gestos y posturas parecidas para expresar emociones básicas. Es decir, nos ponemos en contacto con el otro a través de nuestros sentidos. Para expresarnos, necesitamos tocar, sonreír, hablar, mirar, escuchar. Esto, nos atrevemos a decir, es universal. Pero el cómo lo hacemos, cómo relacionamos todo, esa diversidad de posibilidades de la que hablábamos antes, eso sí depende de la cultura en la que estemos inmersos. Ashley Montagu (1969), en su libro *Hombre, sexo y sociedad,* nos explica, con gran precisión, los distintos ritos de cortejo en distintas sociedades. Elegimos alguno de ellos a modo de ejemplo:

«Entre los dayaks de Borneo, un hombre joven despertará a una muchacha ofreciéndole un regalo de varias nueces de buyo, envueltas cuidadosamente en una hoja de siris. Si ella acepta, se interpreta esto como un estímulo, y significa que el joven puede quedarse y hablar con ella.»
«Entre los kayan de Borneo tienen que darse cigarros de tabaco liados en hojas de plátano, y la muchacha, si desea que permanezca más tiempo, dará a su amante un cigarro, liado de una forma muy especial.»

Si a alguno de nosotros nos regalaran nueces, no sé qué pensaríamos, pero es muy posible que no entendiéramos. Sin embargo, unas margaritas, una rosa...

Y si regalásemos un cigarrillo envuelto en una cáscara de plátano, seguramente el otro pensaría que estamos gastándole una broma.

Podemos decir que la cultura es la que crea la homogeneidad ante tanta diversidad. **La cultura es la que ordena el caos.**

Existen unas pautas compartidas que son practicadas y reconocidas por los miembros de cada sociedad, y que facilitan las cosas. Al menos aparentemente, porque entre los miembros de cada grupo social pueden darse de nuevo diferencias.

Desde los individuos más convencionales, que hacen exactamente lo que les dictan las reglas, hasta los que las trascienden y transgreden, existe todo un amplio espectro. Existen pautas más ajustadas a la norma social: noviazgo, casamiento, hijos. Otras, más transgresoras y atípicas, menos usuales: parejas alternativas (mujer-mujer, hombre-hombre), triángulos amorosos... La línea divisoria que separa a unos y otros cada vez es más difusa, más borrosa. Como decíamos en el capítulo primero, el concepto de «lo normal» ya no está tan claro.

En cualquier caso, suele ocurrir que las personas más convencionales tienen pautas más homogéneas, saben qué es lo que tienen que hacer y qué no, tienen claras las normas. Cuando se relacionan con personas que están en su misma dimensión —y suelen hacerlo—, no encuentran demasiadas dificultades, porque ambos saben de antemano qué deben hacer ante cualquier situación.

Las personas más transgresoras son las que van siempre más allá; existe mayor heterogeneidad entre ellas, mayor individualidad, la frontera entre lo que está bien y lo que está mal es más difusa. Por eso tienen más dificultad para decidir qué hacer. De hecho, los que están en este polo suelen ser los que rompen la norma, amplían las dimensiones de las relaciones y, por tanto, van creando nuevos valores. Entre los unos y los otros está la mayoría, los que siguen algunas reglas y otras no. En realidad, tanto unos como otros van haciendo que los valores sociales evolucionen, van construyéndolos, en mayor o menor medida.

El hombre es un ser complejo, único, con una gran capacidad de aprendizaje. Es un ser lleno de contrastes: diverso y parecido, complejo y sencillo, individual y social. Con tantas posibilidades —esto es lo fascinante—, tenemos la capacidad de sorprender, innovar, de conjugar lo aprendido y crear algo nuevo.

Desde estas páginas queremos indagar sobre los criterios generales que en nuestra cultura rigen las pautas de seducción. Nuestra pretensión no es explicar la fórmula magistral del cómo seducir, sino despejar el camino para que cada uno cree su propia receta, su combinación personal. Creemos que eso es lo que realmente puede conducir al éxito.

2. CASANOVAS Y DONJUANES

Merece la pena dedicar unas líneas a hacer un breve recorrido histórico por un «arte» del cual todo el mundo sabe, todo el mundo habla, aunque parece que son pocos los afortunados capaces de desarrollarlo con cierto éxito. A pesar de que se ha creado todo un vocabulario repleto de palabras que intentan definirlo, sigue siendo una asignatura que muy pocos aprueban. Estamos hablando del **«arte de la seducción»**.

Tras llevar a cabo una revisión exhaustiva del concepto de seducción, nos dimos cuenta que la seducción es «tan antigua como el mundo». Por ello, nos parece interesante plantear una serie de cuestiones:

¿Sigue existiendo este arte o ha quedado en el olvido y ha sido reemplazado por el amor virtual y los contactos cibernéticos? Si es así, ¿qué es lo que ha cambiado desde aquel tiempo donde la mayor parte de las palabras, de los gestos, del peinado, del vestido, estaban dirigidos hacia el único objetivo de seducir? ¿Qué parte de nuestro tiempo dedicamos hoy a este «buen fin»? ¿Qué ha sido de los grandes seductores de la historia? ¿Siguen en boga los Casanovas, las «mujeres fatales», los Donjuanes?

Vamos, pues, a asomarnos a la ventana del tiempo e intentar dar respuesta a todas estas cuestiones.

Antes comentábamos que **seducción** y hombre han sido casi una unidad indivisible, aunque a través de la Historia hayan variado y se hayan refinado sus estrategias.

Es por todos conocido el mito sobre nuestros primitivos antepasados, cuando, supuestamente, utilizaban sus peculiares estrategias de seducción, un tanto dolorosas pero al parecer muy efectivas, al arrastrar del pelo a sus amadas para luego copular con ellas, eso sí, pasando por todo un preludio de gruñidos y gestos que anticipaban a la cortejada que estaba siendo «víctima» del galanteo. Incluso en los textos y tratados más antiguos como el Antiguo Testamento se dedica una buena parte a hablar de la seducción como «la del mal». Para la religión era «la estrategia del diablo», ya fuese bruja o amante, y curiosamente siempre con cuerpo de mujer. Las mujeres «perdían» a los hombres con sus malas artes.

Sin embargo, a pesar de esta mala fama, el ser humano ha dedicado gran parte de su comportamiento a perfeccionar y refinar esta complicada habilidad. Recordemos que *La Celestina* no es otra cosa que un tratado minucioso de tramas, engaños y ardides que, combinados con pócimas misteriosas, iban encaminados a conseguir que, sin casi darse cuenta, la persona deseada cayera rendida a nuestros pies.

Pero el punto álgido del deleite y placer por la seducción lo marca, sin duda, el siglo XVIII. Siglo en el que este arte se convirtió, junto con el duelo y el honor, en la gran preocupación de las esferas aristocráticas.

Carmen Martín Gaite (1987), en su libro *Usos amorosos del XVIII en España,* nos comenta una costumbre venida de Italia que hacia 1750 llegó a arraigar plenamente entre nosotros. Consistía en que algunos maridos permitieran a sus mujeres establecer una estrecha amistad con un hombre, cuya misión era dedicar a la señora todo tipo de galanterías, atenciones y obsequios, manteniéndola informada constantemente de las novedades y cotilleos que se produjeran en cada momento, pero sin transgredir nunca la barrera del amor platónico.

Esta figura de amigo o enamorado llegó a ponerse muy de moda e incluso tuvo un nombre propio: «cortejo» (se llamaba cortejo al cortejador). Las mujeres hacían gala de tener su seductor particular, que las agasajaba en todo momento. Además, el hecho de tener su propio cortejo era signo de cierta posición. No deja de resultar curioso, sin embargo, que lo que en principio tenía un matiz de pasión contenida, llegara a convertirse en un rígido código de obligaciones del supuesto aspirante hacia la cortejada.

Comentamos esta anécdota porque, al margen de las múltiples lecturas y posibles interpretaciones que se puedan hacer de este fenómeno, nos parece de gran interés el papel que cumple la seducción, y la necesidad de ser seducidos, a lo largo de la Historia. Hasta tal punto es así, que casi se llegaron a «comprar» estas atenciones; sólo faltó marcar un precio a cada «seductor particular», en un momento en que la mujer imponía las reglas del juego.

Pero en la segunda mitad del siglo XVIII las cosas fueron evolucionando, y la aristocracia, influida por innovaciones venidas del extranjero, empezó a marcar una pauta de comportamientos diferentes.

Tanto seductores como seducidos comenzaron a dedicar especial atención al cuidado del cuerpo («atavío») para conseguir con mayor éxito sus fines. Cada vez se dedicaba más tiempo al cuidado de la apariencia, de lo externo. Así pues, los complicados peinados que la moda francesa había introducido hacían necesaria la ayuda diaria de un peluquero.

Esta ceremonia del peinado tenía mucha importancia en el juego amoroso del cortejo, puesto que encubría un lenguaje lleno de símbolos y existía toda una nomenclatura que los clasificaba. El objetivo no era otro que el de dar información acerca de la disposición de las mujeres hacia el juego del amor.

Exactamente lo mismo ocurría con otro tipo de accesorios del atavío. Es de especial interés un complemento femenino que tuvo un papel clave en el lenguaje de la seducción durante el siglo XVIII, **el abanico**. Manejado de forma hábil, encerraba toda una serie de mensajes que no pasaban inadvertidos a los admiradores. El lenguaje de los abanicos sustituyó casi por entero a las palabras, y, al igual que los voluptuosos ropajes, escondía en ocasiones, bajo su preciosa apariencia, una realidad que, vista al desnudo, tal vez no fuera tan atractiva.

Así pues, los abanicos se convirtieron en una pieza indispensable para estimular las relaciones iniciales en el cortejo. La forma de abrirlo y cerrarlo, de susurrar detrás de él y de dejarlo caer para que alguien lo recogiera, eran parte de un complejo ritual de seducción, que, unido a otro sinfín de símbolos (pañuelos, lunares,...), relegaban a un segundo plano al lenguaje hablado.

Así es, el mensaje se confiaba a objetos externos y se convertía en un complejo código de convenciones, al que se dedicaban muchas horas de ensayo ante el espejo. Las solteras tomaban cuidadosa nota de los estilos practicados por sus madres, pues el estado de soltería era, por definición, provisional, y todo lo que pudieran aprender en el arte de la seducción suponía aumentar posibilidades futuras de matrimonio.

No podemos terminar este recorrido histórico por el siglo XVIII sin hablar de los dos grandes mitos de la seducción: Casanova y Don Juan, quienes, tanto en la realidad (Casanova) como en la ficción (Don Juan), hicieron de la seducción una carrera. Tanto es así que el mismo Casanova en sus memorias se describió a sí mismo como «un hombre soltero cuya principal ocupación en la vida fue cultivar los sentidos».

Es de resaltar la cantidad de tiempo y esfuerzos que estos personajes dedicaban a la seducción. La literatura describe a Don Juan como «un galán tan persistente que por conseguir una cita era capaz de transformarse en toro, cisne o lluvia de oro».

A menudo se dice de ellos que poseían un «don innato»; que seducían, incluso, sin darse cuenta, sin querer; que eran casi víctimas de esa cualidad que formaba parte de su ser, como el pelo, los ojos. Este don, se piensa, les «obligaba» irremediablemente a ser perversos, viles, mentirosos y «asesinos de corazones ingenuos»; y se dice que no podían desprenderse de él, igual que los demás no podemos desprendernos de un brazo, los ojos o nuestra propia alma. Pero nada de esto es cierto.

Lo cierto es que, si examinamos detenidamente el comportamiento de los grandes seductores de la Historia (Casanova, Don Juan, el duque Valmont, Valentino...), nos damos perfecta cuenta de que todos ellos se caracterizan por una cualidad común: dedicaban gran parte de sus vidas a jugar el mismo juego, en el mismo escenario, con los mismos personajes y con una misma obsesión: seducir.

Esto implicaba conseguir que el otro accediera a sus deseos, pero las reglas siempre las imponía el seductor, encargándose éste de que lo poseído fuera de él y de nadie más. La célebre novela *Las relaciones peligrosas* (Choderlos De Laclos, 1991) es un claro ejemplo de lo que tratamos de reflejar.

No queremos entretenernos narrando las estrategias y artimañas de estos seductores, puesto que son por todos conocidas. Lo que sí queremos dejar claro es que si cualquiera de los lectores dedicara una gran parte de su vida y de su tiempo —como lo hicieron estos personajes— a conocer el funcionamiento y las claves de la maquinaria más compleja y sofisticada de este mundo, llegaría a ser, sin duda, un experto en su manejo.

Por tanto, el don de la seducción, lejos de ser una característica inherente a nuestro propio ser, un don divino o una maldición del diablo, como ya se comentó, es una habilidad aprendida.

Es cierto que esto es tranquilizador, pero no es menos cierto que la tarea es ardua y de difícil transmisión. A ello dedicaremos los próximos apartados.

¿Qué parte de toda esta «herencia de seducción» ha llegado y sigue vigente en nuestro siglo XX?, ¿qué parte de nuestro tiempo dedicamos a la seducción?, ¿qué ha sido de los abanicos, los lunares, los pañuelos y el cortejo?, ¿se han transformado o ha quedado todo en el olvido?

Con frecuencia, en nuestros días oímos frases como: «Ya nada es igual», «todo ha cambiado, ya no quedan románticos», «ya no quedan Casanovas».

Como ya dijimos en el primer capítulo, parece que nuestro siglo XX, con todos sus avances tecnológicos, ha sido tan glorioso que casi hemos logrado prescindir de «el otro». Prueba de ello es que hemos sido capaces de conseguir el «más difícil todavía», ligar en el ciberespacio y conseguir una cita a ciegas con un cibernauta.

El sexo ya se puede hacer por teléfono o mediante realidad virtual, y si alguien busca pareja, para no «perder el tiempo», también puede hacerlo por medio de la sección de contactos del periódico o a través de programas de televisión que se encargan de buscarnos el «candidato» más adecuado. Las grandes amenazas de nuestra sociedad ya no son los Casanovas o Donjuanes, sino el estrés, la Bolsa y el SIDA, sobre todo este último, por sus repercusiones sobre el tema que nos ocupa. Efectivamente, el SIDA ha supuesto un gran freno a nuestros apetitos sexuales y también a nuestro interés por los juegos de seducción, cuando éstos se dirigen exclusivamente a un final que ahora puede ser peligroso...

¿Y las mujeres...? ¿Qué ha sido de aquellas mujeres del siglo XVIII que casi pagaban por tener alguien que las cortejara? Algunos dirían que las mujeres ya no se sienten tan atraídas por el que les deleita los oídos con palabras bonitas acerca de su belleza, sino por aquel que valorando, ante todo, su inteligencia, le ofrece el mejor contrato de trabajo.

También dirían que los hombres ya no se dedican a esas «banalidades»; mejor ocupan la mayor parte de su tiempo en cosas más interesantes, como competir en esa lucha desesperada por alcanzar el poder.

Pero las apariencias engañan, **el interés por la seducción no se ha perdido en absoluto.** Ya decíamos al comienzo que, a pesar de tener menos tiempo, de vivir más deprisa, de las luchas de poder; a pesar de vivir en una sociedad competitiva y del aparente triunfo de lo material, las emociones ocupan un lugar prioritario en nuestra cotidianidad.

La seducción, aun disfrazada con otros vestidos, con otras formas, con otra música y con otro lenguaje, no ha pasado de moda. Prueba de ello es que sigue ocupando un lugar importante en los guiones de cine, *best-sellers* e incluso en los anuncios publicitarios.

Es cierto, ya no queda nada de aquellos seductores vestidos con ajustados corsés, que estrechaban la cintura hasta casi la asfixia, para, de paso, elevar el pecho hasta límites insospechados... Ahora ya no se llevan los corsés, pero se han sustituido por esos maravillosos Wonderbra que, aunque más cómodos, cumplen parecida función.

La moda está cada vez «más de moda», y no sólo nos estamos refiriendo a la femenina, también los hombres quieren sentirse seductores. La cosmética masculina es un negocio en alza, incluso también existe para ellos una prenda de ropa interior que simula un mayor volumen en las «partes nobles». Todo esto sin mencionar la eclosión de la cirugía plástica, que permite a los más insatisfechos rehacer a su medida aquello que la naturaleza les negó.

Entonces, ¿qué es lo que ha pasado?

Como ya hemos comentado extensamente, el avance tecnológico ha contribuido en gran parte a mejorar nuestra calidad de vida, incluso a alargarla. Pero no es menos cierto que todos nuestros grandes inventos también han requerido una **enorme cantidad de tiempo**, para hacernos con el conocimiento y las habilidades necesarias en su adecuada utilización.

Hoy, cuando esta necesidad ya está cubierta, hoy, que somos expertos en el manejo de «casi todo», nos damos cuenta de que no es suficiente, ya no nos satisface tanto como antes pasar horas frente al ordenador, porque ya está todo descubierto.

Es ahora cuando empezamos a darnos cuenta que, como ya dijimos, hemos descuidado enormemente el «manejo» de nuestras emociones. Apenas hemos dejado tiempo para ponernos al día en el aprendizaje para seducir y enamorar. Y, cuando hemos ido a desempolvar aquellos manuales que heredamos de nuestros abuelos, descubrimos que ya no nos sirven, que se han quedado anticuados, que ya no podemos enviar mensajes con los abanicos.

Lógicamente, las reglas han cambiado. Aquellas cosas que sobreviven son las que se transforman para conseguir adaptarse al medio, y esto ha ocurrido también con la seducción. Ha ido cambiado para adaptarse a las exigencias, normas y valores de cada momento histórico-social. Antes, en el siglo XVIII, estaba todo claro: esto vale, esto otro no... Ahora casi todo vale. Esto nos hace más difícil la tarea y nos obliga a innovar, a ser creativos y originales.

Tenemos la difícil tarea de sorprender al otro, cuando al otro ya no le impresiona casi nada. Ante este panorama, nos sentimos perdidos y nos preguntamos: ¿qué podemos hacer? En un intento desesperado de recuperar las «claves» de la seducción, de encontrar algo que nos ayude a orientar nuestros pasos, nos dedicamos a copiar modelos que nos llegan de fuera, intentamos imitar gestos de actores, actrices y otros famosos, queremos actuar como Sharon Stone; pero enseguida nos damos cuenta que el resultado no es el mismo, y pensamos «esto no es para mí».

Es aquí donde se produce el verdadero conflicto entre esos modelos y nuestras propias habilidades, y por eso a nuestras consultas de psicología acuden cada vez más personas que se siente solas, deprimidas, por no saber qué hacer para acercarse o acceder a quienes les atraen, por no saber cómo seducir.

Sin embargo, es alentador leer las declaraciones, que la propia actriz hace, referentes a como aprendió a ser seductora:

> Cuando un director de cine me rechazó por ser **poco sexy**, decidí pasar a la acción. Con el tiempo *he aprendido* a mostrarme seductora, y ahora muchos piensan que lo soy. Lo cual es bastante placentero.

Queremos terminar este apartado tal y como lo empezamos, con las mismas preguntas, sólo que las respuestas, ahora, parecen más claras. ¿Merece la pena rescatar algo del pasado?, ¿merece la pena seguir algunos consejos que sabiamente nos dieron nuestras abuelas? La respuesta es sí. Y vamos a resumir el sentido de muchos de esos consejos con el siguiente dicho popular...

«Todo el que a querer se apura, pronto la vida se quita. Para querer necesitas paciencia, calma y frescura.»

Justo es eso lo que hemos perdido, la calma y la espontaneidad, lo que se lleva es la sofisticación y las prisas, ¡así nos va!

Sin embargo, merece la pena comentar, finalmente, algo que nos parece de un gran interés social, y es que en la actualidad todo apunta a una prometedora «vuelta atrás» de la moda, de los valores y de la propia seducción.

Ejemplo de ello es el movimiento de las «drags queens», protagonistas de varias películas recientes, de las que fue pionera *Las aventuras de Priscilla, reina del desierto*. En ellas vemos una exagerada versión de seducción al más puro estilo, la seducción a la antigua usanza: enormes pestañas postizas que enmarcan miradas suavemente entornadas, que van y vienen; «pinturas de guerra» que resaltan labios carnosos y todo un sinfín de ademanes sexys, cuyo objetivo no es otro que seducir por seducir, por el propio placer que nos aporta ese juego tan complicado pero tan «seductor» a la vez.

3. ¿QUÉ ES LA SEDUCCIÓN?

Le invitamos a hacer un ejercicio que puede ser interesante. Deje el libro, coja papel y lápiz, y anote ¿qué es para usted seducir?, ¿qué es lo característico?, ¿en qué consiste? Cree su propia definición, guárdela —no la pierda— y, al finalizar esta lectura, reléala. Así podrá comprobar si su criterio se mantiene, si ha cambiado. En cualquiera de los casos, nosotros nos conformaríamos si esa definición primera queda, al menos, enriquecida en algo por la lectura.

Todos tenemos, más o menos, una impresión, sabemos a qué nos referimos: «La seducción es, pues eso... esa manera de... no sé... tú sabes a qué me refiero.» Se agolpan en nuestra mente imágenes, sensaciones. Tiene algo que ver con las relaciones, con lo erótico; es algo especial, diferente, incluso emocionante.

Intentemos saber algo más preciso y concreto. Vayamos al Diccionario de la Real Academia Española, a ver si nos ayuda:

SEDUCCIÓN: «Acción y efecto de seducir.»
SEDUCIR: «Engañar con arte y maña, persuadir suavemente al mal. Embargar o cautivar el ánimo.»

¿Seducir es engañar? Persuadir al mal, aunque sea «suavemente», no parece muy honesto...

Definir la seducción no es tarea fácil y, cuanto más se reflexiona, más difícil resulta; pero vamos a intentarlo.

La seducción es una habilidad que se puede aprender, es una manera especial de acercarnos al otro, de **relacionarnos** con él. Consiste en **saber hacer**, en comunicanos con ciertas señales (ya veremos cuáles y cómo...). Se trata de poner en marcha una **estrategia** para conquistar y provocar **un cambio** en el otro; el último fin es que éste responda, que exista un intercambio, una **reciprocidad**. La seducción es un juego de exploración, donde siempre aparece, sutilmente, el deseo por el otro. El matiz erótico siempre está presente, aunque veladamente; es una insinuación, no una evidencia.

Baudrillard, en su célebre libro *De la seducción,* nos dice:

> La seducción es del orden de lo *ritual*, el sexo y el deseo son del orden de lo natural. Juego movedizo, donde es falso suponer que es sólo una estrategia sexual... estrategia de desplazamiento, de desviación de la verdad del sexo: jugar no es gozar... soberanía de la seducción, que es una pasión y un juego del orden del signo... un orden reversible e indeterminado. (Baudrillard, 1989.)

Savater, por su parte, en una discusión epistolar con su amigo Aurelio Arteta en el diario *El País,* comenta:

> ... Lo inequívoco es la negación misma de lo erótico... El intercambio sensual es mucho mas rico, divertido y aun civilizador que los simples preliminares para que dos acaben juntos en la cama.

Seducir no es, en absoluto, un intercambio sexual, es otra cosa. La clave está en mostrarse atractivo al otro. Es generar la expectativa de «tal vez podría ser», aunque nunca se traspase esa barrera, aunque ni siquiera se desee traspasarla. Manuel Delgado Ruiz (1992), profesor de antropología de la Universidad de Barcelona, lo expresa así:

> Citar, excitar, incitar... y luego escabullirse, no sin haber dejado la expectativa de poder dar alcance a quien lo provoca.

En eso consiste, precisamente, el tinte erótico, en generar la **expectativa de lo posible**. Cuando seducimos, lo relevante es que al elegido/a le llegue una doble información: yo soy valioso y tú me interesas. Pero esta información tiene que darse de modo muy peculiar. No nos olvidemos, jugamos con las palabras y con los gestos; jugamos a «explorarnos». Todo debe ir cargado de matices sensuales y eróticos.

Si una mujer estuviera en un café, se acercara a un hombre que le resultara atractivo y le dijera: «Hola, mira yo valgo mucho y resulta que tú me interesas bastante.» ¿Creen que sería un buen inicio? En general, no. Mejor con sutileza: «¿Qué libro estás leyendo? ¡Ah!, me parece muy interesante. A mí también me gusta mucho leer» (con gesto suave, voz cálida, mirada intensa).

Lo característico de esta habilidad es la **ambigüedad**. Tenemos que dar una información, pero siempre con puntos suspensivos. Todo lo que decimos con palabras, con gestos, debe ser sólo una «apariencia». Que parezca que es y no lo sea; o al revés, que lo sea y parezca no serlo. Nunca se debe tener la absoluta certeza.

Una entrevistada nos comentó: «En la seducción la duda es lo importante, nunca estás segura, y eso es lo fascinante, lo que te **engancha** a esta historia» (M. T., 30 años).

Éste debe ser el «engaño» del que posiblemente nos hablaba el Diccionario; el mundo de las apariencias no es el mundo de las realidades, aparentar no es ser directo, franco, sincero; es ocultar algo, y el arte de la seducción está lleno de intrigas. Queremos transmitir «parece que no te he visto» y, al mismo tiempo, «pero te tengo presente». Es un juego de incógnitas. Y éstas son las que nos mantienen en el juego. Entre seductor y seducido existe un intercambio, si no, el juego se acaba. Todo consiste, sencillamente (¿sencillamente?), en jugar el mismo juego, en jugar en la misma dimensión, con las mismas reglas o parecidas; reglas implícitas, por supuesto.

De hecho, lo que uno hace es «mostrar» las propias reglas, y si la otra persona emite en la misma onda, empieza el intercambio... El seducido se convierte en seductor, y viceversa. Se alternan los papeles constantemente; de hecho, el seducido **lo es** cuando empieza, también, a sentirse seductor. Efectivamente, comprobar que seducimos tiene un claro efecto: nos seduce.

Algunos entrevistados nos comentaron que solamente se proponen seducir cuando previamente perciben las señales de ser atractivos para alguien. Son los que seducen dejándose llevar, se convierten en seductores cuando responden a los intentos de seducción de otros.

Pero... ¿Cómo iniciar el primer contacto? ¿Cómo empezar a coquetear? Lo primero es conseguir que la atención del otro se dirija en una dirección determinada: la nuestra. Es preciso que se detenga unos segundos más —segundos valiosísimos—; es preciso que, de todo el contexto que rodea la escena, mi persona sea la única con relieve, la que tenga más luz..., que yo sea lo único **relevante**. Ahí es donde comienza el juego.

Todo es posible, vamos probando, ensayando... Y si seguimos adelante, se va provocando un mayor acercamiento mutuo, en el que cumplirán un papel muy relevante la conversación y el contacto físico. Cada vez utilizamos más medios para nuestra «conquista»: el gesto, la palabra, la voz, el tacto...

Se va produciendo una secuencia en cadena, marcada por la propia interacción de los actores. Ambos son esenciales. Si en este intercambio, que tiene un carácter individual y exclusivo, uno cualquiera interpreta mal una señal, la secuencia se rompe. Para que continúe, ambos deben reaccionar **adecuada y sincrónicamente**. Lo relevante es que ninguno de los dos se comprometa del todo o, al menos, finja no hacerlo.

Con una simple mirada, con una simple palabra... ¡se expresa tanto! Pero al mismo tiempo, y ahí está la paradoja seductora, podemos estar negándolo. Es un ir y venir hacia el otro; es un «sí pero no», es un probar sin compromiso, que nos permite seguir o abandonar, en cualquier momento, sin pagar un alto precio.

Unos ojos en los nuestros que parecen decirnos «me gustas» y, al mismo tiempo, una voz diciendo «tengo que irme», mostrando, supuestamente, un «no me importas»... es precisamente lo que se busca: confundir. Porque en este juego todo es nebuloso; no se muestran de manera evidente y rotunda los deseos, las intenciones...

En estos contactos seductores creamos *un ambiente positivo*, incluso las torpezas (soy un manazas...) se disculpan (no importa... yo también soy un desastre). Efectivamente, pretendemos deslumbrar, ofreciendo lo mejor de nosotros mismos, y no sólo eso, sino también mostrando al otro lo mejor de sí mismo. De esta manera le ayudaremos a crear un concepto de sí, único, el *nuestro*, que no sólo es diferente, sino **mejor**. Como nos dijo un entrevistado, «si quieres seducir, tienes que crear al otro la necesidad de ti». Desde luego, si hacemos esto, si lo conseguimos, la seducción está garantizada.

4. SEDUCIR... ¿PARA QUÉ?

¿Para qué seducimos? ¿Cuáles suelen ser, si existen, las intenciones? La seducción puede ser un medio para conseguir algo, o un fin en sí misma.

Podemos seducir por múltiples motivos. Existen infinitos «para qué». Materiales, espirituales, concretos, generales, específicos, inespecíficos. Todo va a depender del «quién», de las posibilidades que se entrevean y de la situación.

Es típico **seducir para enamorar**, para que el otro se convierta en la mujer o el hombre de nuestra vida. Decimos que es típico porque, en nuestro contexto cultural y social, suele ocurrir que alguien nos atraiga, nos seduzca, y aparezca el amor. Como en el título de este libro: la atracción, la seducción y el amor, conjugados... una buena secuencia.

Pero no siempre ocurre de este modo. Es habitual y muy recomendable utilizar la seducción dentro de la pareja, **como intercambio previo para hacer el amor** y también como **parte integrante de lo cotidiano, para mantener vivo el deseo por el otro**. El amor es más apasionante si, a pesar del paso del tiempo, la relación con la pareja sigue teniendo dosis de misterio, si la relación sigue siendo un camino lleno de sorpresas.

Otro de los típicos motivos es **seducir para tener relaciones sexuales**. Utilizamos el juego para atraer al otro/a, para conquistarlo y para conseguir lo que deseamos. Suele creerse que éste es el único motivo de la seducción, y es un grave error. Es sólo uno de tantos.

Lo que ocurre es que, como decíamos al principio, lo erótico está presente en todos los intercambios seductores, y es esto lo que confunde. Pero en aquellas ocasiones, cuando la finalidad no es sexual, ninguno de los dos suele ir más allá del roce casual de la piel. Lo que fascina es: «si quisiéramos, podría ser...», pero puede ocurrir que ninguno de los dos quiera...

Éstos suelen ser los dos motivos claramente diferenciados cuando se pone en marcha la seducción: amor y sexo; pero hay muchos más...

«Necesito hablar con el director general para que me cambie de puesto de trabajo.»

«Espero que la grúa no se lleve mi coche.»

«Es importante que me concedan ese crédito.»

«¿Me atenderán en la gestoría a pesar de la hora?»

Podemos seducir para que nos hagan un favor, nos asciendan, nos presten dinero, para caer bien y que nos admiren, para que nos presten atención. Hay tantos motivos como intenciones.

Y, por supuesto, podemos seducir por seducir, por el simple placer que nos aporta; por disfrutar de un instante compartido, sin perseguir ninguna otra meta.

Unas miradas furtivas en el metro, una sonrisa, y a los pocos minutos... se acabó.

En la playa, la oficina, la consulta de un médico... un intercambio de gestos, de palabras... y nada más.

Aquí, el placer de tener al otro, aunque sea fugazmente, bajo nuestra influencia es lo que importa. ¿Es esto poco? ¿Acaso comprobar que podemos seducir y sentirnos seducidos es un pobre motivo? A nosotros no nos lo parece.

A veces ocurre que las intenciones de los dos no coinciden. Uno seduce para enamorar y el otro sólo quería jugar.

Uno quiere sexo únicamente y el otro se enamora. Recordemos la película *Atracción fatal*. No siempre todo es maravilloso.

Hay que tener en cuenta que, efectivamente, puede existir asincronía, desajuste; puede no haber una perfecta coincidencia (ocurre muchas veces, cotidianamente). En cualquier caso, se debe siempre recordar que uno no está obligado a continuar por un camino que no desee. **Puede decir que no.** Y, por supuesto, tiene que contar con otra posibilidad: **El otro también puede decirlo.**

5. SEDUCIR... ¿UNA NECESIDAD?

Llegados a este punto, nos surge una pregunta: ¿Realmente todo esto es necesario? ¿Seducir es una necesidad? ¿Podemos prescindir de este intercambio?

Seducir no es una necesidad biológica, imprescindible, como comer, dormir. Lo que necesitamos es mantener relaciones: sexuales, sociales, lúdicas, laborales.

Y la seducción, ¿no es acaso un «puente» hacia los otros? Un puente móvil, huidizo, breve o eterno, pero que nos vincula, nos acerca. Porque la seducción es dual, siempre necesita, al menos, a dos. Es una de las cosas que la distingue del amor. El amor puede prescindir del otro; podemos amar en soledad, sin ser correspondidos. Pero seducir sin intercambio, sin seducido, carece de sentido. La seducción siempre necesita al otro.

La relación seductora tiene otra característica, y es la capacidad de transformarse, de «poder llegar a ser» cualquier otro tipo de posible relación. Cuando dos inician una relación seductora pueden acabar siendo amantes, amigos, conocidos e incluso «no siendo».

Aun así, ¿podríamos prescindir de la seducción? Posiblemente, sí. De hecho, muchas de nuestras relaciones no tienen ese matiz. Es un juego prescindible. Pero sería beneficioso, incluso recomendable terapéuticamente, que mantuviéramos ciertas dosis seductoras en nuestra vida cotidiana, en la pareja y fuera de ella. Si con ello despertamos y mantenemos algunos de nuestros deseos, ¿por qué renunciar? ¿No es, acaso, el deseo, como han dicho multitud de filósofos y escritores, uno de los motores que alientan nuestra vida, uno de los elementos que le dan sentido?

Cuando seducimos, no sólo descubrimos al otro, sino a nosotros mismos; nos transformamos en la relación con el otro, que nos devuelve nuestra imagen «filtrada». Esa imagen que, tal vez, no reconocemos, nos enseña algo más de nosotros mismos, aquello que en otras situaciones, que con otras personas, permanecía oculto y ahora se hace presente. Evidentemente, la seducción ayuda a construirnos.

Un entrevistado nos dijo: «Para mí, seducir es reafirmarme, es una inyección de autoestima.»

La seducción colorea la vida, la vuelve más fascinante, más completa.

«No deberíamos perder nunca la capacidad de seducir» (J. F., 52 años).

Estarán pensando ustedes que todo se presenta demasiado positivo. ¡Como si no existieran dificultades! Claro que las hay.

Con este juego «inofensivo», que puede ser gratificante, incluso halagador, también pueden aparecer emociones no deseadas (celos, desconcierto, miedo). Como en todo juego, uno puede ganar algo, pero también perder...

Además, seducir no es fácil, como en más de una ocasión habrán comprobado:

— Si el otro no responde a mis señales.
— Si responde, pero yo no traduzco bien lo que quiere decirme y lo interpreto mal.
— Si hay desconexión en los intercambios: «Yo creía...» «Tú creías...»
— Si no tengo paciencia suficiente y a la primera de cambio abandono.
— Si no me considero tan importante como para poder convencerle que lo soy.
— Si me siento incapaz de insinuarme.

— Si no puedo acercarme hasta él/ella, hablarle, y mucho menos tocarle, ¡qué horror!
— Si cuando, ¡por fin!, me atrevo, ya es demasiado tarde.
— Si me parece imposible.
— Si creo que jamás lo conseguiré.

En fin, este listado podría ser interminable. Pero tranquilícense, todo tiene solución, aunque les asalten muchas dudas y, a veces, tengan una sensación de desesperanza.

Desesperanza, sobre todo, cuando salimos a la calle y nos encontramos a esas personas que son tan seductoras. Aquellas que, de manera natural, van impregnando casi todas sus relaciones con un aire fresco de coqueteo, con su sello personal embaucador, tan seguras. Parecen ir diciendo «seduzco, luego existo», y casi sin darse cuenta.

Pero ya sabemos que no nacieron así. No significa que ellas no encuentren obstáculos en el camino; simplemente, pudieron aprender en sus ambientes originales (familia, escuela, amigos). Esto ha favorecido el dominio de la conducta. La aprendieron y, por supuesto, la practican; y cuanto más la practican, más habilidad adquieren. Parecen hábiles y realmente lo son, porque se atreven a tener experiencias, se arriesgan.

Otras personas, sin embargo, tienen que pensarse mucho el «cómo» y el «cuándo»; no les resulta tan fácil seducir. Su ambiente natural no facilitó el aprendizaje de estas «artes», tienen más miedo, lo intentan menos veces, se arriesgan menos. Así, adquieren menos experiencias y tienen menos posibilidades de tener éxito: un círculo vicioso.

De cualquier modo, desde aquí pretendemos ser útiles para cualquiera, los que saben y los que no. A los unos les ayudaremos a ser «conscientes» de lo que ya hacen de manera casi automática. A los otros, a saber qué pueden hacer.

En las páginas siguientes queremos explicar lo que posiblemente les resultará más interesante, cómo seducir, cómo afrontar todos estos obstáculos. Esperamos dar respuesta a la mayoría de sus incógnitas. Para que les sea útil, no deben quedarse en la lectura de estas páginas, sino, por supuesto, atreverse a practicar.

6. APRENDIENDO A SEDUCIR

Podríamos empezar este punto con un sugerente título: ¡CÓMO SER SEDUCTOR Y NO FALLAR EN EL INTENTO! Lea este capítulo y será todo un Casanova. Así de simple, así de fácil. Pero, desgraciadamente, mentiríamos porque, como ya hemos visto, no existe la fórmula infalible para casi nada, y mucho menos para la seducción.

A estas alturas todos sabemos que el éxito depende de una complicada combinación de elementos, donde lo complejo no está en los ingredientes sino en cómo combinarlos.

Sí, aunque parezca un tanto metafórico, para aclarar aún más este concepto, podríamos comparar la seducción con un vals. En él, no sólo necesitamos saber los «pasos» del baile; también es importante que esos pasos se acompasen con un ritmo. Sin música, los pasos no dicen nada; sin «pasos» ya no sería un vals.

Esto mismo podríamos decir de la seducción. Es como un vals donde el seducido y el seductor tienen que seguir un mismo compás.

El «baile de la seducción» tiene un primer paso básico. Aquel sin el cual no podríamos seguir adelante; aquello que, al margen del resultado, hace posible que nos atrevamos, que nos arriesguemos a seducir. Estamos hablando de la **autoestima**.

* QUIÉRASE, ¡POR FAVOR!

Sí, lo han leído bien, nos estamos refiriendo a «la autoestima». Esta palabra, tan de moda en nuestros días, no es otra cosa, como decíamos en el capítulo segundo, que lo conocido popularmente como «seguridad» y «confianza en uno mismo».

En realidad, el rótulo que le pongamos no es lo importante, pues casi todos, lo llamemos de una manera u otra, sabemos lo que significa. Viene a ser algo así como «querernos», «valorarnos positivamente». Sin embargo, lo que no está tan claro es cómo conseguirlo, cómo hacer para comportarnos de una manera segura en las distintas situaciones que, por ser novedosas o complejas, generan en nosotros cierto temor o confusión; y seducir es una de ellas.

Por fortuna, la autoestima, lejos de ser genética, es algo que se va conformando poco a poco a lo largo de nuestra vida. ¿De qué depende, entonces, que construyamos una buena imagen de nosotros mismos?, ¿una alta autoestima?

Podríamos decir que la autoestima es un resultado que depende fundamentalmente de: A) la valoración que hacemos de nuestras experiencias, de las situaciones que vamos viviendo y, a su vez, B) de la valoración que hacen los demás de nuestra propia conducta.

Si a lo largo de nuestra vida, tanto unos como otros, van siendo **más críticos que buenos valoradores** con lo que hacemos o con lo que somos, terminaremos con una pobre autoestima. Para comprender mejor esta idea, vamos a ver un ejemplo. Imaginemos dos personas que se enfrentan por primera vez a la tarea de escribir a máquina. Las dos personas, llamémoslas Carlos y Jorge, pasan largo rato frente a la máquina. Los dos han cometido un número considerable de errores, como es lógico cuando no se conoce la tarea; pero al terminar la jornada de prueba, ambos hacen la siguiente valoración de resultados:

Carlos piensa:

«No esta mal para ser el primer día. Es normal que me sienta torpe, nunca antes había hecho esto. Si sigo practicando, lo conseguiré, sólo tengo que observar los errores que he cometido para intentar corregirlos el próximo día. Es una cuestión de práctica.»

Sin embargo, la valoración de Jorge va a ser un tanto distinta:

«¡Qué horror, lo he hecho todo mal! ¡Con lo fácil que era! De hecho, cualquiera sabe escribir a máquina menos yo. ¡Hasta un niño sabría hacerlo! No sé si voy a ser capaz de conseguirlo. Soy un desastre.»

Si analizamos bien este ejemplo, nos daremos cuenta rápidamente de algunas cosas:

a) El estado de ánimo de Carlos y Jorge, al concluir la sesión de práctica, va a ser bien distinto.

b) El próximo día, cuando Carlos y Jorge vuelvan a enfrentarse de nuevo con la máquina, la actitud de ambos será diferente. Mientras Carlos posiblemente lo haga de buen grado, a Jorge no le apetecerá tanto; incluso puede que no asista a clase el próximo día, y, si lo hace, no es de extrañar que cometa más errores que en la sesión anterior.

c) Y por último, aquí va la pregunta clave: ¿cuál de los dos está construyendo una mejor autoestima? Creemos que ustedes, en este momento, tienen clara la respuesta. La autoestima de Jorge está por los suelos.

Así pues, podríamos concluir lo siguiente:

1.º) Si cuando nos enfrentamos a una tarea o cuando observamos el resultado de nuestras acciones, lo hacemos con un «estilo de valoración negativo», como el de uno de los protagonistas de nuestra historia, es fácil que acabemos teniendo un pésimo concepto de nosotros mismos.

2.º) Estos estilos negativos de valoración, estas formas de hablarnos, terminan por desmotivarnos, y, en el peor de los casos, nos conducen a **evitar**; con lo cual podemos entrar en un peligroso círculo vicioso. Recordemos que, cuando evitamos, perdemos la oportunidad de aprender, de perfeccionar aquello en lo que no nos sentimos aún competentes; con lo cual nuestra eficacia y autoestima no mejorarían.

3.º) Las valoraciones negativas hacen que nos sintamos torpes, y esto nos lleva a cometer más errores.

Pero ¿qué tiene que ver todo esto con la seducción? Volvamos, por un momento, a nuestra historia. Recordemos, de nuevo, a Jorge, sólo que ahora lo que tiene delante no es la máquina de escribir, sino una mujer que está sentada a pocos metros en la barra de un bar, una mujer que le encanta. Pero recordemos, además, que Jorge no tiene muy buen concepto de sí mismo; es más, cuando comete errores o algo le sale mal, casi siempre termina diciéndose «soy un desastre».

¿Ya se lo han imaginado? Pues ahora háganse la siguiente pregunta: ¿Realmente ven a Jorge mirando a esa mujer, sonriéndole mientras se acerca con una copa en la mano, para decirle, con una franca sonrisa: «¡Hola, ¿te apetece tomar algo?, te invito!»

Es cierto, Jorge podría sorprendernos a todos y llevar a cabo esta escena con la perfección de un maestro, de hecho puede tener un pésimo concepto de sí mismo como aprendiz de mecanógrafo y, sin embargo, sentirse muy seguro como seductor. Pero nos extrañaría, porque alguien que no suele valorar lo positivo de aquello a lo que se enfrenta, alguien que, ante el primer error, se dice «soy un desastre», no suele arriesgarse a una situación como ésta.

De hecho, imaginando incluso que lo hiciera, si la chica de la barra, ante su ofrecimiento, le contestara «no, gracias, prefiero estar sola», tengamos por seguro que no volvería a intentarlo.

Por último, recordemos a Carlos. Seguramente no se pensaría dos veces acercarse a la chica; probablemente lo haría de manera desenfadada; y si la chica le respondiera lo mismo: «no, gracias», Carlos podría pensar cosas como: «No tengo por qué conseguirlo a la primera»; «¿habré hecho algo mal?»; «tal vez la chica esté esperando a alguien»; «tal vez yo no le guste, no tengo por qué gustar a todo el mundo»; «tal vez éste no sea un buen momento»; «no pasa nada, ya tendré otra ocasión».

Pero nunca concluiría «soy un desastre».

Así pues, la moraleja de esta historia está bastante clara: si intentamos seducir a alguien, debemos eliminar de nuestra mente pensamientos como: «No voy a conseguirlo», «¿por qué se iba a fijar en mí?», «seguro que no le gustan los tipos como yo», «total para qué», «estas historias siempre acaban mal»...

Así podríamos seguir enumerando un sinfín de pensamientos inadecuados que, además de echar por tierra nuestra autoestima, ¡**nos inmovilizan!**, nos impiden actuar.

Lo que debemos hacer es sustituir estos pensamientos por otros más adecuados: «Puedo intentarlo» «no me juego la vida»; «no voy a perder nada»; «es cierto, puede salir mal pero no es mi única y última oportunidad»; «si no pruebo, jamás sabré si le gusto o no»; «a veces, para vivir algo realmente interesante, hay que intentarlo muchas veces»; «es posible que al conocerle/a sea ella/él quien no me guste a mí».

Desde luego esto no nos asegura el éxito, pero, por lo menos, sí facilita enormemente la primera tarea: **el acercamiento inicial**.

A veces, estos pensamientos negativos no ocurren en nuestros primeros intentos de seducción, sino tras una enorme lista de intentos fallidos. Entonces nos invaden pensamientos terribles, como al protagonista de nuestra historia: «¿Por qué a mí?», «esto no le ocurre a nadie», «no gusto a los demás», «no soy atractivo/a», «no permitiré que suceda nunca más», «no lo volveré a intentar»...

Este tipo de autodiálogos, además de **deprimirnos**, no nos ayudan en absoluto a averiguar qué es lo que nos está pasando, no nos dan información de cómo continuar, de qué hacer. Al contrario, empezamos a vivir estas situaciones con **tensión**, a ser torpes en nuestras acciones y, en el peor de los casos, a evitarlas, a renunciar para siempre. Entonces, ¿qué podemos hacer?

Tras una situación en la que se haya valorado negativamente, pregúntese si todo lo que ha pensado es cierto; puede que haya dejado fuera cuestiones como las siguientes:

* ¿Realmente, **nunca** he gustado a **nadie**?
* Tal vez **yo también haya rechazado**, en algún momento, a personas que no me han atraído.
* Si cualquiera fuera válido para mí, seducir sería más fácil; pero yo también elijo, **yo también selecciono** y esto reduce considerablemente mis posibilidades.
* No es cierto que esto sólo me ocurra a mí, también le pasa a los demás. Seguro que **a los demás también les ha tocado alguna vez no ser correspondidos**.

* Las personas que me he propuesto conquistar, ¿**realmente eran accesibles para mí?**
* **No tengo por qué gustarle a todo el mundo**; de hecho, no todo el mundo me gusta a mí.
* **¿Qué he podido hacer mal?** Tal vez tenga que revisar mis estrategias, tal vez no esté haciendo un buen uso de ellas, o tal vez me queden cosas por aprender.

Pero para gozar de una buena autoestima hay que hacer algo más que cambiar pensamientos erróneos. Es necesario practicar algo que no se nos suele dar muy bien.

Somos expertos en la autocrítica, en fijarnos especialmente en todo aquello que hacemos mal, o en lo que no hemos conseguido; pero se nos olvida a menudo «premiarnos» por lo que sí hemos hecho bien. Es más, a veces, cuando algo no sale como nos gustaría, nuestra lectura es: «Qué mal lo he hecho, algo falla en mí.» Sin embargo, cuando el resultado es favorable, tendemos a decirnos cosas como «qué suerte he tenido».

Tendemos a atribuir nuestros fallos o errores a cuestiones personales, mientras que nuestros logros acaban siendo una cuestión de suerte o del destino. Así, es fácil que ante una próxima situación nos encontremos absolutamente desarmados, al no saber qué es lo que **sí hemos hecho bien** para conseguir nuestros objetivos.

Entonces, para **querernos un poco más y mejor**, es necesario:

— Cuando algo no nos sale como desearíamos, tolerar pequeños grados de frustración inicial. Esto es:
— PERMITIRNOS ERRORES Y RECONOCER NUESTRO DERECHO A EQUIVOCARNOS.
— VALORAR POSITIVAMENTE aquellas cosas que sí hemos hecho bien, aunque aún no hayamos alcanzado la meta deseada.
— NO ATRIBUIR A CAUSAS EXTERNAS COMO EL AZAR O LA SUERTE NUESTROS LOGROS. Recordar **que** algo de lo que habíamos puesto en marcha nos ha ayudado a alcanzar el resultado real positivo.

— RECORDAR QUÉ COSAS NOS GUSTAN DE NOSOTROS MISMOS.

— Cuando algo no nos gusta, o creemos que no es adecuado, debemos plantearnos: ¿QUÉ PUEDO HACER PARA CAMBIARLO?

Pero, ¡no nos hagamos falsas ilusiones! Tener una buena autoestima no nos garantiza por completo la consecución de nuestros objetivos. El éxito va a depender siempre de una combinatoria de elementos, nunca de un solo factor. Así pues, por muy seguros que estemos de «cautivar» a alguien, podemos afirmar que **si el otro no está por la labor, si sus objetivos son diferentes a los nuestros, o si el momento no es el adecuado,** es muy fácil que nuestros deseos sean sólo un espejismo.

Es cierto, **no se arregla todo con autoestima, pero sin ella nada se consigue.**

Hasta aquí hemos hablado extensamente de uno de los requisitos más básicos del comportamiento humano, ingrediente sin el cual la seducción puede convertirse en algo temido. Por eso, antes de continuar no podemos dejar de hacer una petición a los lectores. Por favor, antes de pasar la página, piensen por un momento lo siguiente: ¿Qué concepto tienen ustedes de sí mismos? ¿Cuál es la medida de su autoestima en materia de seducción?

* FEELINGS...

Ahora que ya hemos superado la prueba de la autoestima, ahora que, por lo menos, hemos intentado querernos un poco más y mejor, vamos a hablar de otro requisito: **¡LAS EMOCIONES!** Como dice la canción *Feelings... my love, feelings...!* Concretamente, las que a todos nos «invaden» cuando queremos seducir o cuando nos seducen. Aquellas tan deseadas cuando son agradables, excitantes y maravillosas, pero a la vez tan temidas cuando lo que sentimos es temor, ansiedad o ¡terror!

Solemos afirmar que emocionarse es bueno, que es necesario, que el que no se emociona no sabe disfrutar de la vida.

Pero... ¿qué ocurre cuando estas emociones no son tan agradables y satisfactorias?

Todos hemos experimentado cómo, ante una situación nueva, especial o esperada con anhelo, las emociones nos juegan una «mala pasada». Estamos sentados en un parque, en un bar o en la cola de un cine, tan tranquilos, y de repente aparece la persona de nuestros sueños. Nos mira, se acerca,... ¡ya está a nuestro lado! Y el corazón se desboca, empieza a latir tan fuerte que incluso tememos que el otro se dé cuenta. Nos invade una mezcla de excitación y temor que nos hace balbucear, temblar o paralizarnos, y es aquí donde nuestras emociones pueden comenzar a darnos problemas.

Es importante aclarar que determinadas situaciones (nuevas, complejas, importantes...) despiertan en todos los seres humanos cierto desasosiego, cierta ansiedad, y estas sensaciones lejos de ser inadecuadas nos ayudan a actuar eficazmente.

Cuando un coche frena bruscamente a nuestro lado, necesitamos un cierto nivel de activación para reaccionar con la suficiente rapidez y evitar que nos atropelle. El problema surge cuando a ese grado de tensión inicial le añadimos, por nuestro temor al fracaso, a no conseguirlo o a hacerlo mal, una preocupación excesiva. Entonces la ansiedad se dispara más allá de los límites manejables y empieza a interferir en nuestro comportamiento de forma indeseable:

1. Paralizándonos, nos «quedamos en blanco».
2. Llevándonos a cometer un mayor número de errores.
3. Precipitando nuestras acciones.
4. Restando eficacia a nuestro comportamiento.

Es entonces cuando la activación pasa de ser algo adecuado, que nos facilita la actuación, a ser algo desagradable y molesto.

Por tanto, si esto nos llegara a ocurrir, debemos parar y recordar que:

- LAS EMOCIONES NO SON BUENAS O MALAS. Depende de la intensidad y duración con que las experimentemos.
- NO DEBEMOS INTENTAR REDUCIRLAS A CERO. No debemos intentar «no sentir». Debemos mantenerlas dentro de unos límites manejables.
- ANTES DE EXPONERNOS A LA SITUACIÓN, DEBEMOS INTENTAR TRANQUILIZARNOS. Recordar que «no nos va la vida en ello».
- NO DEBEMOS AÑADIR MÁS TEMOR, anticipando continuamente aspectos y resultados negativos. Recordemos que esto nos «carga» y añade más ansiedad a la situación inicial.
- HAY QUE CONVIVIR CON LA EMOCIÓN. Recordemos que es normal sentir cierto grado de intranquilidad, que el pulso se acelere, que nos dé un vuelco el estómago, que sintamos taquicardia... No debemos asustarnos, para impedir que los nervios nos bloqueen.
- ES UNA CUESTIÓN DE PRÁCTICA. Es lógico que las situaciones desconocidas nos alteren porque no tenemos experiencia; es fácil que con la práctica la ansiedad disminuya.
- ALIVIE LA TENSIÓN: respire profundamente..., adopte una postura que le permita estar cómodo, y afloje sus músculos (brazos, piernas...), en lugar de contraer la mandíbula, mover los pies, contraer el estómago...
- Por último, SI AUN LLEVANDO ESTO A LA PRÁCTICA NO CONSEGUIMOS MANEJAR ADECUADAMENTE NUESTRAS EMOCIONES y continúan interfiriendo en nuestros objetivos, podemos recurrir a psicólogos que nos ayuden a lograrlo con un menor coste personal y emocional.

Una vez que nuestra autoestima nos permite arriesgarnos a seducir y sabemos cómo hacer para no «perder los nervios», vamos a entrar de lleno en las estrategias, trucos y recursos del «buen seducir».

* EN EL PUNTO DE MIRA

Tanto la **escucha** como la **observación** nos dan la clave de hacia dónde tenemos que dirigir nuestros pasos.

Como dijimos, es frecuente que ante ciertas situaciones que nos generan ansiedad —acercarnos a una persona que nos atrae puede ser una de ellas—, los nervios nos traicionen. Estamos tan pendientes de lo que queremos o vamos a decir, de nuestros gestos... que ¡se nos olvida observar! Comenzamos a hablar tan precipitadamente y sin parar, que **no escuchamos**.

Mientras nosotros pensamos en cómo dar nuestro próximo «golpe de efecto», el otro puede estar dándonos una valiosa información que ¡se nos está pasando por alto!

Imaginemos la siguiente escena: dos personas se acaban de conocer y mantienen una animada charla en un bar:

A) (Mientras se acerca suavemente al otro) «Me gusta mucho este sitio; de hecho, siempre que puedo, en mis ratos libres, suelo venir aquí...»

B) «... Como te decía..., esté verano he hecho un maravilloso viaje a Egipto y he conocido gente encantadora.»

Este ejemplo puede parecernos un tanto exagerado, y, sin embargo, si nos detenemos a pensar por un momento, todos nosotros, en situaciones de tensión, hemos hecho cosas de este estilo, dando a nuestro interlocutor una pésima sensación de «no escuchar». Es después, cuando regresamos a nuestra casa, cuando empezamos a repasar todo aquello que debíamos haber dicho «al hilo» de la conversación.

Nos parece importante aclarar este punto, porque existe la creencia extendida de que es el seductor el que debe marcar la pauta, el que actúa primero, rompiendo el hielo y tomando las riendas de la situación, mientras que el seducido se deja llevar, va «por detrás», representando un papel más pasivo.

Esto no es, en absoluto, cierto. En realidad, si el seductor quiere jugar bien su papel, antes de dar el primer paso tiene que ser un buen observador para, de esta manera, poder adecuar sus estrategias a la información que va obteniendo y elaborar paulatinamente conductas a «la medida».

Como vemos, el seducido, lejos de tener un papel pasivo, debe ser el verdadero protagonista, el que nos da la pauta de hacia dónde tenemos que dirigir nuestros pasos, y esto sólo es posible si dedicamos una buena parte de nuestro comportamiento a la interesante tarea de escuchar y observar.

Volvamos a revisar la escena anterior, pero ahora con ligeras variaciones:

A) (Mientras se acerca suavemente al otro) «... Me gusta mucho este sitio; de hecho, siempre que puedo, en mis ratos libres, suelo venir aquí.»

B) (Acercándose, también suavemente) «... A mí también me gusta, me parece muy acogedor. Como tú vienes con frecuencia, podríamos quedar un día para tomar algo y seguir charlando.»

¿Qué es lo que ha ocurrido en esta nueva situación? El seductor *(b)*, que ha estado con los cinco sentidos puestos en *(a)*, ha adecuado perfectamente su respuesta al otro, indicándole varias cosas:

— Te he escuchado, me interesa lo que dices.
— Tenemos puntos de vista parecidos (a los dos nos gusta este sitio).
— Me gustaría seguir viéndote.

Pero la tarea de observar no debe estar dirigida sólo hacia nuestro interlocutor, también debemos ser buenos observadores de nuestra propia conducta, para ir modificándola en función del «impacto» que provoca en el otro.

Si nuestro interlocutor nos acaba de decir que no tiene especial interés por la astrología, no deberíamos darle una conferencia sobre esta materia, aunque seamos expertos en ella.

Así pues, para llevar a cabo esta importante tarea, recordaremos:

- * Antes de dar un paso, **debemos dedicarnos a observar y escuchar atentamente** lo que el otro dice y/o hace.
- * **No pensemos o elaboremos nuestro próximo paso mientras el otro nos habla**, ¡se nos puede escapar información relevante!
- * **Demos señales al otro** de que le hemos estado escuchando, haciendo comentarios al hilo de lo que dice.
- * Por último, debemos llevar a cabo esta tarea, no sólo al principio, sino **durante toda la interacción**. Recordemos que es el otro, el seducido, el que debe marcar la pauta.

Una vez que hemos intercambiado los primeros compases del «baile», vamos a intentar profundizar un poco más en la conversación.

* COMUNIQUÉMONOS AMOR...

Sí, comuniquémonos, pero hagámoslo bien. Hablemos..., pero recordemos que hablar nos acerca y también nos puede alejar... Vamos a intentar solo acercarnos, y para ello usemos como herramienta la conversación, con sus distintos niveles.

Si nuestro interlocutor es **desconocido**, no podemos iniciar la conversación diciendo: «¡Hola!, ¿qué hiciste ayer?», porque seguro que nos miraría con un gesto de extrañeza y añadiría: «Perdona... ¿te conozco?» No sería adecuado que a un desconocido le hiciéramos una pregunta tan personal. Si queremos acercarnos a alguien que no conocemos, tenemos que empezar hablando de **algo intrascendente** sobre cualquier aspecto de la situación presente, pues **no compartimos con él otra cosa**. Recordemos esa famosa película *Armas de mujer,* donde la protagonista se acerca a un desconocido con el objetivo de llamar su atención, diciéndole: «No me digas que no te acuerdas de mí o me partirás el corazón.» No cabe la menor duda de que ésta es una original manera de acercarse a un desconocido, que incluso puede hacernos sonreír, pero ¡cuidado! si escogemos esta manera de romper el hielo, debemos utilizar un tono desenfadado y coloquial. Si, por el contrario, usted no quiere arriesgarse a utilizar una fórmula tan poco convencional, puede elegir otras formas «más seguras».

Si el otro nos responde en sintonía, la conversación continúa. Empezamos a «descubrirnos»... Primero hablamos de **temas poco comprometidos**: dónde residimos, a qué nos dedicamos... pero una vez intercambiadas las primeras palabras tenemos que dar un paso más. Nos vamos adentrando en la conversación, si lo que queremos es saber más de ella/él.

Y para eso tenemos que seguir avanzando. Continuaremos charlando, pero ahora en otro nivel. Nuestra conversación girará ahora sobre **aspectos que están entre lo superficial y lo personal**: qué tipo de música le gusta, cuáles son sus aficiones favoritas, qué países le gustaría visitar, qué opina sobre..., pues el objetivo ahora es doble: por un lado, *facilitar que la interacción continúe*, que sigamos charlando. Y por otro, «*detectar*» *las señales del otro*, para poder ajustar a su medida nuestros comentarios. Por ello, es fundamental que este intercambio sea mutuo, que vayamos intercalando información propia.

Puede ocurrir que en este proceso el otro cambie de tema; es posible que a nuestro candidato a seducido también le apetezca seducir y en un momento dado cambien los papeles, y eso ¡no nos lo esperábamos! En este caso lo que debemos hacer es «dejarnos», seguirle... No tenemos que llevar siempre las riendas. También es apasionante sentir que nos seducen.

Continuamos con la conversación..., ya llevamos parte del camino recorrido; es el momento de pasar a otro terreno..., nos referimos al **terreno de lo personal, de lo íntimo**: «Si ha tenido otras relaciones sentimentales, cuánto tiempo duraron, por qué se han terminado, qué características valora en un hombre/mujer, qué opina sobre política, sobre el aborto, cuál es su sueño preferido, qué hace cuando alguien le atrae, o qué es lo que nunca contaría...» Como vemos, este tipo de preguntas no podemos hacerlas al principio de la conversación, pues lejos de seducir a nuestro interlocutor, le intimidaríamos. Sin embargo, nos aportan una información sobre el otro muy rica, por ello debemos hacerlas en el momento oportuno. Ese momento será cuando el otro nos dé permiso; primero tantearemos el terreno: bien al hilo de otra pregunta suya o porque la conversación gira entorno a ese tema. Una vez más, si hacemos una pregunta muy personal, debemos siempre aportar información propia para que el diálogo sea un verdadero intercambio.

Hemos hecho un recorrido por los distintos niveles que puede tener la conversación: SUPERFICIAL, MEDIO Y PROFUNDO, pero la forma en que lo hemos explicado es sólo una manera de expresar que en la conversación *pueden estar presentes* todos estos niveles; ahora bien, esto no significa que siempre que mantengamos un diálogo con alguien tengamos obligatoriamente que pasar por todas estas fases. Muchas veces lo adecuado es que nos movamos en los primeros niveles y no pasemos de ahí, sólo si tenemos una próxima oportunidad continuaremos más allá... Tampoco tiene por qué ser ése el orden a seguir; en realidad, la conversación debe ser algo fluido y cambiante, donde saltamos alternativamente de lo más superficial a lo más íntimo. En general, cuando conocemos a alguien, empezamos siempre por los temas más intrascendentes, pero, dependiendo del ritmo, unas veces podremos hacer ese recorrido por todos los niveles en una única conversación, y otras necesitaremos más de un encuentro para poder pasar a «otros asuntos», y eso es lo adecuado, ir seleccionando lo que decimos en función de nuestros objetivos y del otro.

Pero lo importante es que *aprendamos a hacerlo*, y queremos subrayar esto porque, a veces, nuestra propia historia, nuestros miedos o reparos, no nos permiten dar el primer paso. Creemos que cuando hablamos quedamos al descubierto. Creemos que vamos a delatarnos y quizá temamos defraudarle o mostrarnos incompetentes ante sus ojos. Esto ocurre con frecuencia, incluso cuando se trata de nuestra propia pareja. Apuntamos un dato que puede orientar al lector acerca de lo que comentamos: un 99 por 100 de las parejas que acuden a nuestra consulta tienen problemas de comunicación, y de este porcentaje, un 80 por 100 tienen dificultades para hablar de lo personal.

Un matiz a tener en cuenta es que la conversación puede girar sobre *diferentes temas*, y no es que tengamos que ser expertos en todo, ni que nos propongamos impresionarle, pero si lo que queremos es mantener y prolongar la interacción, *debemos estar informados sobre temas de actualidad*: cine, música, arte, noticias, pues al ser temas neutrales pueden ser un buen comienzo.

Si nuestro interlocutor habla de algo que no conocemos, no tenemos por qué temer, ni fingir que sí sabemos de lo que habla, simplemente nos dedicaremos a *escucharle con atención*. Ya sabemos que la escucha tiene un significativo efecto sobre nuestro comportamiento: *nos acerca*. Incluso podemos ir haciendo algún comentario al hilo, o añadir: «Ese tema no es mi fuerte, pero me parece interesante.» Siempre podemos cambiar de tema y proponer otro tan interesante como el suyo.

Así pues, recordemos:

* Existen **distintos niveles en la comunicación** que conviene conocer y manejar.
* Cuando nuestro interlocutor es **desconocido**, conviene que empecemos la conversación con **temas intrascendentes** que giren sobre cuestiones de actualidad, de conocimiento común.
* Es conveniente que continuemos con **temas poco comprometidos pero que nos aportan una primera información** sobre gustos, opiniones... del otro.
* Paulatinamente, nuestra conversación girará sobre **aspectos un poco más personales, sin llegar a ser íntimos**: gustos, aficiones, opiniones...
* Cuando la **situación nos lo permita,** podemos pasar al nivel de **lo íntimo**, cuidando siempre que nuestras preguntas vayan al hilo de la conversación y dando a su vez información propia.
* Si **no conocemos** el tema del que habla el otro, debemos **escucharlo atentamente**, hacer algún comentario al hilo y posteriormente cambiar de tema.

* **Si** en algún momento **cambian los papeles** y es el otro el que nos seduce, **debemos dejarnos llevar**, esto lo hará aún mas interesante.
* Es de gran ayuda conocer y **mantenerse informado sobre temas de actualidad**. Esto nos facilitará mantener y prolongar la conversación.

* ESE (DES)CONOCIDO

Nos referimos en este apartado a la tarea de recoger información del otro, de conocerlo mejor: saber lo que le gusta, cómo piensa, cuál es su plato favorito o qué es lo que detesta. No olvidemos que cuanta más información tengamos, más fácil nos resultará «**acertar**».

Pero ¡cuidado!, no le sometamos a un tercer grado, porque puede huir despavorido. No tenemos que rellenar un formulario, ni hacer un examen minucioso de su personalidad, basta con saber por dónde va el otro, simplemente devolviéndole su pregunta, o al hilo de lo que se está diciendo en ese momento.

Ejemplo 1: Si en un pub está sonando una canción de Sting. A): «¿Eso que suena es Sting?... Me gusta, ¿y a ti?»

Ejemplo 2: Nos han invitado a casa de alguien que nos atrae y vemos que tiene varios libros de fotografía. A): «Veo que tienes... ¿Te gusta la fotografía?»

Como vemos, esta tarea de recoger información tiene ciertos matices que no debemos pasar por alto:

* Cuando hacemos preguntas, **conviene que lo hagamos al hilo** de la conversación o de otra pregunta, nunca en el «vacío».
* Es importante que intercalemos entre ellas **información propia**: «**Me gusta el cine**... ¿y a ti?» Si no, podemos correr el riesgo de que el otro crea que le estamos poniendo a prueba, o que está en una consulta de psicología.
* **No hacer muchas preguntas a la vez**, ya decíamos que no debe parecer un tercer grado.

* **Descartar**, sobre todo en los primeros encuentros, **preguntas muy personales**, ya que éstas pueden intimidar a nuestro interlocutor. De este modo, no sería muy adecuado que le preguntáramos a qué partido político votó en las últimas elecciones.
* **Si aún no tenemos información suficiente** para formular nuestra pregunta, debemos **esperar y recoger más datos**.

Por último, nos queda subrayar la importancia de esta habilidad, porque, independientemente de cuál sea nuestro objetivo final, cuando hacemos preguntas, además de reconducir de manera más acertada nuestros pasos, estamos dando al otro una información valiosa: «**tú puedes interesarme.**»

* ME IMPORTAS TÚ...

Al seducir tenemos que mostrar nuestro interés por el otro, y, además, tenemos que ser «reforzantes» con él, es decir, valorar positivamente aquello que hace o dice.

Pensemos, por un momento, cómo nos sentimos cuando hacemos o decimos algo y nuestros interlocutores nos responden con frases como: ¡qué interesante!, ¡qué divertido! o ¡qué bien lo haces! Probablemente a casi todos, además de halagarnos, nos eleva un par de puntos la autoestima, porque para el ser humano es esencial —ya lo vimos cuando hablamos de este tema— sentirse valorado por los demás.

Pues bien, esto es lo que hacemos cuando valoramos positivamente la conducta de los demás: convertirnos en alguien muy gratificante para el otro y, con ello, crear un clima favorable entre seductor y seducido.

Pero hay que tener cuidado; si se hace en exceso, pareceremos simples aduladores «con oscuras intenciones». De hecho, si cada tres palabras de nuestro discurso van seguidas de «¡qué estupendo!», «¡me encanta!» o «eres maravillosa», probablemente estas frases perderán su poder gratificante y no conseguiremos el efecto deseado.

Es interesante recordar que en este tipo de situaciones, cuando queremos elogiar a alguien, a veces echamos mano de las tan socorridas frases hechas que, lejos de ser un halago, se acaban convirtiendo en la etiqueta identificativa del típico ligón de turno, dando al traste con nuestros objetivos. Por ejemplo, ¿«qué hace una chica como tú en un sitio como éste»?

Luego, debemos tener en cuenta:

* **Enviar mensajes positivos** acerca de lo que el otro hace o dice.
* No hacerlo en el vacío, **siempre al hilo** de los comentarios de nuestro interlocutor.
* **No hacerlo de manera indiscriminada o excesiva**, sino de forma intermitente. Se trata sólo de poner en voz alta lo que pensamos, no de «dar jabón».
* **No utilizar frases hechas**, vacías de contenido: «¿Estudias o trabajas?»

* LO MEJOR DE SÍ MISMO

Algo que suele valorarse negativamente y no está bien visto es hablar bien de uno mismo, porque «los halagos son algo que nos deben decir los demás». Por ello, somos mucho más expertos en reconocer nuestros fallos que nuestras virtudes. De hecho, si ahora les pidiéramos que pensaran cinco aspectos positivos y cinco negativos acerca de sí mismos, seguro que completarían antes la lista de lo que «no me gusta».

Incluso, cuando alguien nos expresa un halago, con frecuencia solemos «quitárnoslo de encima» con frases como «¿este vestido?... pues tiene muchos años...». Ya lo decíamos cuando hablábamos de la autoestima: **es importante reconocer nuestras virtudes**, pero ahora no sólo se trata de reconocerlas sino también de **expresarlas**.

No consiste en llegar al lado de alguien que no conocemos y, con un tono de voz tremendamente serio y formal, decirle: «Hola, me llamo... soy encantador/a, tengo mucho dinero, y si me dices que no, no sabrás lo que te pierdes.» Esto probablemente nos llevaría al desastre, o tal vez no, pues los tonos de voz matizan lo que decimos, y esta misma frase dicha con humor podría hasta hacer sonreír. Pero si lo hacemos seriamente, como en el ejemplo, pareceríamos presuntuosos. Es mejor no arriesgarnos y hacerlo de manera más adecuada.

Veamos otro ejemplo: dos personas están cenando en un restaurante y una de ellas comenta lo exquisita que está la comida. Aprovechando este comentario, el otro responde: «Es cierto, está estupenda, a mí también me gusta cocinar, de hecho se me da bien, así que si quieres la próxima cena la preparo yo.»

Como vemos aquí, la información positiva se da de manera directa, pero no presuntuosa («soy un experto en cocina»), se da a entender («sé hacerlo»). Si analizamos detenidamente la situación, nos daremos cuenta del efecto que se produce cuando damos información positiva acerca de nosotros mismos. **Cuando mostramos lo mejor de nosotros, estamos dando al otro una imagen de seguridad y buena autoestima.** Ahora bien, para llevar a cabo esta habilidad tenemos que tener en cuenta una serie de matices:

* **No se trata de sacar un listado de nuestras maravillosas virtudes** y leérselo a nuestro interlocutor de manera descontextualizada.
* Por ello, siempre que se practique esta habilidad, es conveniente **hacerlo al hilo de la conversación o de un comentario del otro**. Ejemplo: A) «Me gustaría conocer la ciudad...» B) «Te llevo, creo que puedo ser un buen guía.»
* **No cometer excesos**. Recordemos que los excesos suelen resultar pedantes o presuntuosos.
* No utilizar nunca tonos de voz formales y/o serios. Es mejor **hacerlo de manera desenfadada y coloquial**.
* Debemos tener cuidado con este tipo de información en el primer encuentro. Recordemos que es importante ser buenos observadores, y que cualquiera de **los**

comentarios que hagamos podemos ir transformándolos en función del impacto que produzcan en el otro. Si vemos que el comentario que hemos hecho no tiene aceptación o incluso nuestro interlocutor nos da señales de que no le ha sentado bien, siempre podemos decir «no quería decir eso», o «me he explicado mal».

* INFORMACIÓN SUFICIENTE Y ¡NI UNA PALABRA MÁS!

Es importante crear expectativas en el otro, es decir, despertar su interés o hacer que éste aumente.

Ésta es una de las estrategias más complejas, pero que mejor define la seducción. Se trata de crear cierto «misterio», dando sólo una parte de aquella información que nos interesa que el otro conozca, **nunca toda la información**. Nuestro objetivo es transmitir al otro «lo interesante que puedo ser».

Veámoslo con un ejemplo. Imaginemos que dos personas se están despidiendo y deciden quedar para otro día, entablando el siguiente diálogo:

A) «¿Quedamos el miércoles?»
B) «El miércoles no puedo... prefiero otro día... pero mejor te llamo y te lo confirmo.»

Como vemos, B) sólo ha dicho «no puedo», pero no ha explicado por qué.
Imaginemos el diálogo de otra manera:

A) «¿Quedamos el miércoles?»
B) «El miércoles no puedo, tengo que trabajar, y luego tengo cita con el dentista... mejor, el viernes.»

¡Y todo el misterio se habrá esfumado!
No se trata de que nos inventemos cosas, de que mintamos para hacernos interesantes o misteriosos, sólo se trata de no desvelar toda la información, de despertar en el otro la curiosidad por conocernos, por saber más de nosotros.

J. P., 25 años «la curiosidad por saber que pasará después es lo que mantiene la relación».

En realidad, si nuestro objetivo es seducir a alguien, no hay nada más seductor en este mundo que **no tener toda la información** sobre aquello que nos atrae. Lo primero que hacemos cuando nos falta esa información es BUSCARLA. Por tanto, además de despertar interés en el otro, facilita los encuentros futuros.

Pero el personaje de nuestra historia ha hecho, para despertar interés en el otro, algo más que ocultar parte de la información, ¿lo recuerdan? Ha dicho NO a una petición; eso sí, la ha sustituido por otra alternativa («quedamos otro día»). Con esto ha querido decir: «NO ESTOY DISPONIBLE SIEMPRE, pero quiero verte, luego... TÚ ME INTERESAS.»

Tal vez el lector se pregunte por qué lo adecuado es hacer esto y no otra cosa. Si nos paramos a pensar por un momento, nos daremos cuenta de que aquellas cosas que nos resultan fáciles o accesibles no suelen despertar nuestro interés; pero tampoco las muy difíciles o inaccesibles.

Existen estudios que explican que cuando llegamos a dominar sin esfuerzo una tarea disminuye nuestra motivación hacia ella, y cuando ésta es demasiado compleja y no poseemos recursos para afrontarla, es fácil que también abandonemos la batalla.

La seducción, como cualquier otro comportamiento, se rige por estas mismas reglas; por eso, el personaje de nuestra historia ha sido muy hábil. No lo ha puesto fácil (ha dicho NO a una petición), pero tampoco tremendamente difícil (ha dado una alternativa).

Incluso ha ido aún más lejos, ha tomado las riendas de la situación, dejando al otro en espera («yo te llamaré»). Nos parece importante comentar este último aspecto, por que supone dos matices relevantes:

- El seductor toma el control de la situación. Es él quien decidirá en qué momento llamar, lo cual le aporta mayor seguridad y tranquilidad.
- Deja en espera al seducido. Todos sabemos que las

situaciones de espera, cuando alguien nos interesa, nos llevan a generar multitud de pensamientos dirigidos al otro. En ellos barajamos distintas posibilidades: «¿Llamará hoy...?», «tal vez se haya olvidado ya...». Pensamientos que no hacen más que aumentar nuestras expectativas y, con ello, despertar en nosotros un mayor interés.

Hemos relatado toda una serie de elementos que, si bien son necesarios en materia de seducción, podrían caracterizar, también, otras relaciones sociales. Se pueden perfectamente practicar con un amigo, compañero de trabajo. Pero precisamente esta habilidad tiene algo especial. Es la que marca la diferencia cuando nos proponemos seducir o cuando sólo estamos intentando ser amables. Quedaría un tanto extraño que queramos despertar el interés de un amigo utilizando esta estrategia. Sin embargo, los adictos a la seducción la usan de manera indiscriminada.

Como siempre, debemos recordar:

* **Dar sólo una parte de la información**, sólo aquella que nos interesa que el otro conozca.
* Pero... **no debemos ser tan «misteriosos»** como para que el otro empiece a pensar mal de nosotros. Es decir, no debemos caer en esas ridículas situaciones en las que, cada vez que se nos pregunte algo, contestemos siempre: «No sé..., quizá..., tal vez...»
* **No debemos parecer tan inaccesibles** que el otro abandone. Podemos decir NO ante una cita o petición, pero sería recomendable no abusar de ello y dar siempre otras alternativas, si el otro nos interesa.
* **Dejar al otro en espera**, pero, ¡cuidado!, no vaya a cansarse de esperar.

* SÓLO PARA SUS OJOS...

El otro tiene que tener una información muy clara: «Me interesas tú, exclusivamente, no los demás.»
A veces, cuando alguien nos atrae y no le conocemos suficientemente, no nos atrevemos a mostrarlo a las claras, e

invitarle a cenar, a un concierto o a nuestra casa. En estas situaciones lo que solemos hacer es buscar un sinfín de pretextos y quedar con multitud de amigos para sentirnos más arropados, más cómodos. Parece como si los demás nos fueran a proteger de nuestros miedos y ansiedades, sin darnos cuenta de que así generamos cierta confusión en nuestro «invitado de honor», que rápidamente deja de sentirse como tal.

Nos dedicamos a hablar con unos y otros, a dispersar nuestra atención ante todo aquello que nos rodea para así calmar los nervios y, de paso, que no se nos note mucho que nos gusta esa persona. Nuestro comportamiento acaba convirtiéndose en algo tan **homogéneo y poco selectivo** que el otro tendrá dificultades para saber «a qué atenerse».

Esto no significa, en absoluto, que tengamos que estar siempre a solas con aquel que nos atrae. Por el contrario, en los primeros encuentros es adecuado que haya más gente, esto nos permitirá que la situación con el seducido sea menos comprometida. Será la propia situación la que limite los pasos que debemos dar, pero aquellos que sí podamos dar (miradas, gestos, atenciones,...) conviene que sean únicos, que sean «SÓLO PARA SUS OJOS».

Debemos recordar:

* **Enviar mensajes especialmente dirigidos al seducido.** No comportarnos de manera homogénea con todos. Nuestros mensajes deben ser **exclusivos**.
* **El grupo puede ayudar en los primero contactos**, favoreciendo que la situación sea menos forzada y comprometida, **pero sin cometer excesos.** Si siempre que quedamos con la persona a la que queremos seducir, están otras, podemos confundirla e impedir que llegue nuestro mensaje: «Me gustas sólo tú.»

* QUE SERÁ, SERÁ...

Esta estrategia, junto con la de DAR INFORMACIÓN Y NI UNA PALABRA MÁS, nos dan la clave de la seducción.

De hecho, comparten algunos elementos comunes, pero existen algunos matices diferenciales entre ambas.

Antes se trataba de crear cierto misterio, de generar expectativas con respecto al **seductor**. Ahora, la información que vamos a dar va a estar más dirigida al **seducido**. Antes consistía en no dar toda la información de la que disponíamos, ahora se trata de no poner en palabras el grado de atracción hacia el otro.

Pero no es que tengamos que confundir a nuestro interlocutor y tenerlo con el «alma en vilo», simplemente consiste en decirle: «Me gustas pero... aún no te diré hasta qué punto.»

La dificultad de esta estrategia no reside en entenderla, seguro que ustedes han captado perfectamente el mensaje. Lo realmente complicado es cómo llevarla a cabo.

Veamos un ejemplo:

Juan ha invitado a cenar a María, y, en el momento de la despedida, le comenta: «Lo he pasado muy bien», y, sin más, se marcha.

Juan da una información positiva a María, y, sin embargo, se marcha sin concretar la próxima cita, con lo cual el seducido tiene en ese momento una doble información: «Le gusta estar conmigo pero no sé si en realidad desea volver a verme o no.»

Debemos recordar:

* **Dar información ambigua NO ES dar mensajes contradictorios** o, como popularmente se suele decir, «una de cal y otra de arena» y confundir a nuestro interlocutor.
* Se trata de dar información positiva al otro, pero **sin decirle abiertamente cuánto o hasta qué punto nos interesa**. Para ello, omitiremos parte de la información pero sin «cerrar» los mensajes.

* NADIE ES PERFECTO...

No se trata de parecer un ser perfecto ante los ojos del otro. Además de que se pierde credibilidad, la gente que «va de lista» no suele seducir demasiado. Es mucho más atractivo y creíble alguien más cercano a nosotros, que tenga virtudes y defectos.

Aunque, ¡cuidado!, si hablamos de nuestros defectos, debemos, sobre todo en los primeros encuentros, evitar algunos, e incluso suavizarlos, o bromear sobre ellos. Si alguien nos dice: «Me gusta tu pelo», no debemos contestar cosas del estilo de: «Gracias, pero últimamente se me está cayendo.» Es mejor hablar de aspectos concretos que no estén valorados socialmente de manera negativa («soy un desastre con el orden, la puntualidad no es mi fuerte», etc.).

Debemos recordar:

* **Reconocer defectos** también nos **ayuda a acercarnos** al otro.
* **No hacerlo de manera excesiva**, convirtiéndolo en el tema central de la conversación.
* **Evitar hablar sobre defectos**, sobre todo en los primeros encuentros. Se puede crear un efecto contrario al deseado. Si surgen, **suavizarlos, o bromear sobre ellos**. Siempre que lo hagamos, **debemos referirnos a aquellos «fallos» que no estén valorados socialmente de forma negativa**.
* Hacerlo siempre con un **tono de voz desenfadado y coloquial**.

7. LO QUE NO DICEN LAS PALABRAS...

El arte de la seducción, como hemos visto, consiste, sobre todo, en «expresar»: nuestra mejor imagen, la del otro, nuestro interés por él, nuestro propio valor... Y para expresar y expresarnos, todos sabemos que no sólo utilizamos las palabras.

Nuestros gestos, movimientos, expresiones faciales y corporales, siempre están presentes, intervienen en el proceso de seducción.

Ocurre, sin embargo, que en la mayoría de las ocasiones no tenemos conciencia de lo que hacemos, de cuáles son estos movimientos, no atendemos a ellos, simplemente suceden, nos acompañan. Ya lo dijo Marilyn Monroe: «La gente me dice que cuando ando me contoneo y me cimbreo de forma seductora, pero para mí sólo es andar.»

Este lenguaje corporal no es, en absoluto, invisible, sino todo lo contrario, es lo más tangible, lo que se ve y se oye, lo que se percibe, lo que más información aporta.

El mundo de lo no verbal «acaba» de dar sentido al lenguaje: aclara nuestras intenciones, apoya lo que decimos e incluso, a veces, justamente lo contrario, desdice lo dicho. Sucede con frecuencia, un «te quiero» mientras se lee el periódico, sin ni siquiera una mirada...

Pero ¿cómo se expresa nuestro cuerpo para seducir? ¿Qué hace para establecer ese intento sutil de aproximación? ¿Cómo genera esa complicidad? Vamos a contestar estas preguntas separando «artificialmente» los elementos que facilitan la seducción, con el objetivo de analizarlos mejor, porque en la vida cotidiana todos estos factores se conjugan de forma indivisible y natural.

Antes de iniciar nuestra explicación, queremos subrayar una clave muy relevante, ya comentada: el matiz erótico. Éste es el que confiere un carácter especial a la seducción, es el que dota a este juego de aproximación mutua de un sutil encanto. La mirada, la sonrisa, el tono de voz, la postura, el movimiento, la caricia... Todos estos elementos se ven envueltos por lo sensual, y sólo así puede producirse la mágica complicidad de la seducción. Como dice Pascal Bruckner (1992):

> Una complicidad hecha de miradas, sonrisas, alusiones que destilan una especie de turbadora tensión.

Todas las estrategias, las comentadas y las que vamos a comentar, intervienen en muchas de nuestras interacciones cotidianas. Sin embargo, cuando queremos seducir, tienen esa característica peculiar, la de *potenciar la dimensión erótico-sexual*. Las señales, los mensajes que se envían, tienen esa «intencionalidad» en cada gesto, cada movimiento, cada palabra.

Un comentario banal sobre el tiempo, el tráfico, puede transformarse en una insinuación seductora si los gestos acompañan. Si la seducción es como un vals, lo corporal, lo gestual, lo erótico-sexual, le pone el ritmo y la armonía.

Ya comentamos que hay muchas formas de seducir, casi tantas como individuos; pero hay factores, más o menos generales, que, al menos en nuestra sociedad, compartimos, y éstos son los que a continuación comentaremos.

* PARA EMPEZAR, LA VISTA

Ya lo dijimos, nuestra imagen corporal es nuestra carta de presentación. En la relación con los otros, realmente lo primero que los demás ven, lo primero que mostramos, antes de hablar, «antes del antes», es nuestra presencia física.

Pero ¿cuál es la imagen que debemos dar para seducir?

Depende de muchos factores: a quién queremos seducir, dónde nos encontramos... Tanto si queremos seducir a una «punky» como a un «yuppie», la imagen que deberíamos mostrar sería la que en ese entorno gusta o es aceptada, y la que sospechamos que puede atraer más al elegido o elegida, pero es importante que siempre nos sintamos a gusto con nosotros mismos.

Por lo tanto, hay que considerar el aspecto externo. El que suscita emociones agradables suele ser aquel que, sobre todo, aparece cuidado y transmite limpieza. Luego una de las primeras cosas que hay que tener en cuenta a la hora de seducir es precisamente el aseo y arreglo personal: en ropa, cuerpo, cara, pelo, uñas... Sólo así podremos conseguir que el otro «se fije» y sienta el deseo de acercarse.

Ante un aspecto descuidado y desaliñado, la mayoría de nosotros tendemos a alejarnos. Es, por tanto, relevante la apariencia externa que mostramos. No deja de ser significativo que ya entre los años 1 y 2 después de Cristo el poeta Ovidio publicara, en su libro *Ars Amatoria* (arte de amar), lo siguiente:

Que vuestros cuerpos agraden por su limpieza; haced que se pongan morenos en el campo de Marte (lugar para ejercicios deportivos); procurad que os siente bien la toga y que no lleve manchas; véanse libres de sarro tus dientes y que el pie no te nade de un lado a otro en la sandalia desatada, y que un mal corte de pelo no te deforme la cabellera y te la deje erizada: hazte cortar el pelo y afeitar la barba por una mano experta; no te dejes crecer las uñas y llévalas limpias, y que no haya ningún pelo en los orificios de tu nariz, ni sea hediondo el aliento de tu maloliente boca... (Ovidio, *El arte de amar*).

Y... ¿Cómo vestirnos? ¿Qué ropa elegir? No hay fórmulas universales. Pero **siempre** es necesario que nos sintamos seguros y cómodos dentro de nuestra piel. Si nunca nos ponemos escotes o nunca utilizamos corbata, y lo hacemos para seducir, puede que nos sintamos incómodos, tensos, nerviosos, raros; puede causarnos un claro malestar. Y esto es precisamente lo que debemos evitar.

Tenemos que mostrarnos cómodos, relajados y, fundamentalmente, **seguros de nosotros mismos**. Elegiremos, por tanto, aquella ropa que nos haga sentir bien, y, sobre todo, que nos favorezca. Podemos resaltar aquellos rasgos y cualidades que ya poseemos, jugar con ellos, favorecerlos y potenciarlos.

Sabemos que en la mujer lo característico al seducir es insinuar sin exhibir, mostrar sin enseñar. Se trata de desvelar tímidamente «lo oculto», sin llegar a mostrarlo; y esto lo consigue la ropa que permite entrever, que favorece la imaginación: una abertura en la falda, un escote generoso, unos hombros al descubierto, unos pantalones que marcan la silueta, una camisa semitransparente... Tanto la ropa exageradamente extravagante y llamativa, excesivamente ceñida y estrecha, como la absolutamente anodina y excesivamente amplia, no son buenos aliados de la seducción. Lo que la seducción requiere es insinuación, sugerencia, crear ese misterio, despertar la curiosidad de lo que se oculta bajo lo que se ve. Si lo que se muestra suscita emociones... el resto también lo hará.

La mujer ha sido la que históricamente se ha preocupado de cuidar su imagen, era la que tenía que atraer. El hombre cuidaba menos su aspecto, porque esto incluso era valorado como un signo de femineidad, excepto los ligones, presumidos o «Casanovas». Sin embargo, actualmente los hombres también se preocupan por su imagen. Ya nadie se sorprende si un hombre se mira en el espejo, se arregla, perfuma o se pone crema en la cara. De hecho, los gimnasios están llenos de hombres que pretenden mejorar su aspecto, y todo con un doble objetivo, como en la mujer: sentirse más seguros dentro de su cuerpo, y gustar, atraer, en general, a las mujeres o, en particular, a una determinada.

Los hombres muy convencionales, que suelen vestir de manera clásica: traje, corbata, zapatos... en realidad no dejan ver sus cuerpos, pero su aspecto suele ser muy cuidado, pulcro: en pelo, uñas, afeitado, ropa. Y esa manera de vestir, además, tiene un valor social. Es señal de poder, prestigio, posición. Esto también seduce a ciertas mujeres.

Los hombres menos convencionales, que se visten de manera informal, deportiva: vaqueros, camisetas, camisas con las mangas vueltas, zapatillas o zapatos menos clásicos... suelen resultar atractivos y seductores, sobre todo, porque utilizan una ropa que permite mostrar o marcar su cuerpo, que resalta sus características masculinas. La sugerencia del tono y fuerza muscular se asocia con valores masculinos.

Un aspecto importante en la ropa es el tipo de tejido. Las fibras naturales, como algodón, lana, seda, suelen ser más adecuadas que las fibras sintéticas, porque éstas no dejan transpirar y pueden provocar un olor desagradable, que produce el rechazo.

Está claro que cuando las mujeres y los hombres quieren gustar, suelen prestar más atención y esmero al cuidado y arreglo personal. Pero no se debe caer en el exceso: un maquillaje de tres capas, una cara muy pintada, un perfume que marea... suelen percibirse como desagradables. Atrae más aquello que casi no se nota.

Antes de una cita, la atención se dirige, incluso en el último momento, a revisar los mínimos detalles: arreglar el maquillaje, la ropa, ajustar la chaqueta, la corbata. Si existe la posibilidad —y suele buscarse—, nos miramos en el espejo para el último retoque y para comprobar que todo está en orden.

Aunque cuidar la imagen corporal, como estamos viendo, es necesario, queremos insistir en que, para entrar en la dimensión de la seducción hay, sobre todo, que sentirse a gusto y seguro dentro del propio cuerpo y de la ropa.

No debemos «disfrazarnos». Sólo así podremos resultar más atractivos, sintiéndonos más tranquilos, cómodos, sin la tensión que, a veces, puede provocar una apariencia extraña para uno mismo.

Hay personas que «captan la atención» de los demás más fácilmente, porque su imagen resulta atractiva para la mayoría de las personas, por tener unas características o peculiaridades físicas que responden a cánones de belleza establecidos: cuerpo esbelto, medidas proporcionadas, cara y pelo bonitos.

Pero la seducción no consiste sólo en captar la atención, éste es sólo un primer paso. Tienen que producirse muchos más, y que se den o no depende de muchos otros factores: cómo nos vestimos, cómo nos movemos, cómo caminamos, cómo nos expresamos, cómo miramos, si tenemos sentido del humor...

* Y DESPUÉS... EL CRUCE DE MIRADAS

La mirada nos hace avanzar un paso más. Cuando los ojos se encuentran, empieza la complicidad. Y ¿cómo conseguir esa mirada especial y diferente a cualquier otra?

Cuando miramos a alguien que nos gusta, que queremos seducir, lo hacemos de una manera muy peculiar. Nos detenemos más en esos ojos que en otros, miramos con más intensidad. Diversos estudios demuestran que la pupila se dilata cuando se mira con mucho interés, y esto aporta un brillo especial a la mirada, aumentando su expresividad. Ya en la Edad Media, las mujeres se ponían en los ojos gotas de belladona, para conseguir una dilatación pupilar y así resultar más atractivas.

Como ya dijimos, la mirada seductora debe ser intermitente. Es un ir y venir deliberado. Los ojos se encuentran, se detienen, para después desviarse, y al rato volver a encontrarse. Este interés y desinterés tiene que establecerse de manera repetida. Si lo hacemos una única vez, puede parecer sólo casual y no alcanzaremos la complicidad.

Los ojos tienen que expresar un mensaje: «Me atraes.» Se consigue cuando el cruce de miradas es profundo, intenso, como una exploración hacia dentro. Y al mismo tiempo tienen que crear la incógnita de lo posible, pero no seguro. Esto se consigue cuando, de repente, los ojos se apartan, la mirada se desvía y desaparece, creando un interrogante. Esta manera discontinua de mirar pero intensa irá generando expectativas. Al menos una: el deseo de volver a encontrarnos con «esos» ojos.

Si al principio uno no se atreve a mirar a los ojos, por timidez o vergüenza, se puede fijar la mirada en cualquier otro punto de la cara: la nariz, la frente, la boca, las orejas, los pómulos... porque, a una distancia corta, esto no es perceptible, y el efecto buscado, aunque no sea tan intenso, también se produce. Hay que intentar, aunque sea de manera gradual, vencer el miedo, y sólo así iremos avanzando hasta llegar a los ojos.

El juego de miradas es muy significativo, pero no es lo único.

La sonrisa suele acompañar a los ojos y representar un papel muy importante. Expresa alegría, complicidad, disponibilidad, y, como en el caso de la mirada, el otro u otra pueden responder con una abierta y recíproca sonrisa o no. Esto es lo que informará sobre el rechazo o aceptación del intercambio.

No se debe sonreír de forma automática, como un tic, de la misma manera con todo el mundo, sin distinciones. La sonrisa seductora debe ser deliberada, expresiva y personalizada. En la seducción se sonríe para expresar algo concreto a una persona concreta y en una situación concreta. Y si eso no resulta claramente diferente, el otro no se sentirá el elegido, ni, por supuesto, el único. El mensaje debe ser, precisamente: «Te elijo sólo a ti.»

En realidad, mirar y sonreír es una combinación poderosa y significativa. Es la invitación, el permiso para que se produzca un mayor acercamiento. Como dijo Ovidio:

Muchas veces un rostro silencioso tiene voz y palabras.

Cuando la relación ya está iniciada, la mirada y la sonrisa siguen siendo un buen índice de si la relación avanza y es positiva, o todo lo contrario. De hecho, las parejas ya establecidas que se ríen y sonríen más suelen ser las que mantienen una buena relación; y las que lo hacen mucho menos, suelen encontrarse en una fase de rutina y, posiblemente, de desamor o crisis.

La risa abierta también es un signo de complicidad. Se comparte un momento positivo, se alivia la tensión que pudiera existir en los momentos iniciales o en los posteriores. No es casual que uno de los recursos verbales que suele utilizarse para seducir sea el sentido del humor, la broma. Lo que se busca es, precisamente, provocar la risa para suscitar emociones gratificantes que movilicen el deseo de un nuevo encuentro.

Está claro que los gestos, por tanto, expresan nuestras emociones básicas de atracción, deseo, alegría, tristeza, temor, sorpresa... Pero sólo si somos conscientes de ellos podremos utilizarlos para expresar mejor nuestras intenciones, y para observar e interpretar correctamente los mensajes que el otro nos envía, y así adecuar de manera más ajustada nuestra propia conducta.

* PARA CONTINUAR... EL OÍDO

La voz es un elemento intangible pero presente en todo intercambio. Hay voces que nos gustan y otras que no soportamos. ¿Recuerda aquella memorable película centrada en el, para algunos, traumático paso del cine mudo al sonoro, y que se llamó *Cantando bajo la lluvia*? ¿Recuerda el momento en que la rutilante estrella del cine mudo comienza a hablar, y lo hace con un insufrible timbre de voz y una estúpida cantinela, destrozando por completo su encanto y atractivo?

Sí, la voz de alguien puede suponer una llamada inmediata a la emoción y excitación sexual, o puede ser, en otros casos, un «toque de retirada y escape». Las voces agudas, suelen producir emociones como irritación y nerviosismo.

¿Cómo son las voces atractivas y seductoras? Parece ser que aquellas que, al oírlas, se denominan como cálidas, susurrantes, sensuales, expresivas, intensas. Estos adjetivos tienen que ver con:

— Los tonos graves, que suelen asociarse con la ternura y el amor.
— Un ritmo lento, ya que la voz pausada produce un efecto relajante.
— Un volumen más bien bajo —aunque no inaudible—, porque esto facilita la intimidad, la complicidad.
— Y unas pausas e inflexiones que subrayen y expresen las emociones, intenciones y deseos. La voz monocorde termina por «no decirnos nada».

Está claro que la voz cambia en los diálogos seductores, en las charlas de enamorados, en los momentos de excitación y contacto sexual. Se enronquece, se dulcifica, recoge las emociones. Si se altera la respiración, si existe taquicardia... el ritmo se modifica y el otro lo percibe. Esto puede, a su vez, emocionarlo y excitarlo, incrementando así la reciprocidad del intercambio.

Si la voz se combina adecuadamente con la mirada, la sonrisa, la risa... puede movilizar de manera directa e intensa nuestros sentimientos, sensaciones y deseos más profundos.

* SEGUIMOS... EL OLFATO

El olfato es un sentido prioritario, uno de los más primitivos, que, aunque no «parezca» tener mucha importancia, es de especial relevancia en los contactos seductores.

Sabemos que en el reino animal este sentido es uno de los más desarrollados. Los animales, a través de él, delimitan su territorio, perciben al enemigo, se excitan ante el otro sexo. Se ha estudiado la existencia de feromonas o sustancias olorosas que se segregan con el objetivo de atraer sexualmente. De hecho, el olor actúa como una señal ante la cual los animales desencadenan de manera casi automática su conducta sexual.

En el hombre, ya vimos que el comportamiento no está programado y las señales no desencadenan siempre reacciones automáticas, porque la conducta humana no está tan determinada biológicamente. Pero las investigaciones muestran que también el hombre produce feromonas, que también segrega sustancias olorosas que pueden acercar al otro o despertar su deseo sexual.

El campo de la cosmética no ha pasado por alto este detalle y ha incorporado a algunos de sus productos estas sustancias. En nuestra cultura, el olor natural ha sido prácticamente reemplazado por los olores elaborados: perfumes, lociones, cremas... No deja de resultar significativo que precisamente estos artificios intenten, actualmente, simular las sustancias naturales.

No es sorprendente, por tanto, que en numerosas culturas el sentido del olfato ocupe un lugar destacado:

> En Bali, cuando los amantes se saludan, respiran profundamente en una especie de olfateo amistoso. (Flora Davis, 1995.)
>
> Los intermediarios que concertan un casamiento árabe, normalmente toman grandes precauciones para lograr una buena pareja. Algunas veces piden oler a la candidata, y la rechazan si «no huele bien», no tanto sobre la base de la estética, sino porque hallan en ella un olor residual de enojo o descontento. (Edward Hall en Flora Davis, 1995.)

Todos tenemos un olor propio, un olor corporal, que en mayor o menor medida perciben los demás y «atrae» a alguno de ellos. Es famosa la anécdota de Napoleón, que envió una carta a Josefina en la que le decía: «Llegaré a París mañana por la noche. No te laves.»

Si queremos seducir, es indudable que tenemos que oler bien. Y para ello solemos hacer uso de todo tipo de productos. Pero debemos hacer un buen uso, en su justa medida. No hay que caer en el defecto o el exceso, ya que el resultado podría ser el contrario al buscado.

La cantidad de perfume no debiera ser ni tan escasa que pase desapercibida, ni tan exagerada que produzca mareo. El perfume tampoco debiera anular del todo nuestro propio olor corporal, porque, como ya hemos visto, éste puede favorecer la atracción.

El olor provoca reacciones tanto físicas como psicológicas; más que cualquier otra cosa, se graba en la memoria, hace recordar. Se pueden recordar situaciones, personas; se puede revivir el pasado, y todo, por un aroma. Esto es lo que precisamente cobra especial relevancia al seducir. El seducido tiene que guardar en su memoria el olor del seductor, para recordarlo. De este modo puede estar a su lado, incluso... cuando no está presente.

* SIEMPRE... EL TACTO

Hay que encontrar una distancia interpersonal desde la que pueda existir la interacción, el intercambio. Lo primero que se necesita para que se produzca el contacto físico es que exista una suficiente proximidad. Y si no existe, hay que procurarla.

El contacto físico en la seducción es un elemento clave y marca una diferencia con el resto de las relaciones. Aunque en cualquiera de ellas suelen producirse contactos —unos no tocan casi nunca y otros casi todo el tiempo, según su estilo personal—; entre seductor y seducido existe siempre un contacto «especial», que trata de provocar al otro, de suscitar y crear emociones:

— Elegir la silla que está al lado de la de ella o él en el restaurante.
— Acercarnos intencionadamente para decir algo al oído de alguien.
— Rozar de manera ¿casual? una mano a la hora de pasar un vaso.

— Apoyar la cabeza durante unos segundos en el hombro del otro.
— Tocar su rodilla despreocupadamente mientras reímos o narramos algo.
— Quitar una hoja que ha caído en el pelo.
— Arreglar el cuello mal doblado de su camisa o chaqueta.
— Bromear, haciéndole cosquillas o quitándole un pendiente...

Este tipo de contactos que, sobre todo, en los primeros encuentros, suelen ser suaves, lentos, firmes, seguros y con apariencia de casuales, utilizados en el contexto y situación adecuados hablan de emociones e intenciones, y, en definitiva, expresan el deseo. Informan sobre una posibilidad de iniciar una interacción afectivo-sexual.

La caricia en la seducción es un experimento arriesgado, es el diálogo del tacto, y, según el otro responda, se irá avanzando o retrocediendo. Es una señal definitiva, porque, según el impacto que vaya provocando, el ritmo se enlentecerá, acelerará o simplemente se detendrá.

Por lo general, tocar demasiado puede producir una sensación de acoso. Si se traspasan los límites del otro, rápidamente y sin previo aviso, se pueden generar sensaciones de incomodidad, y esto puede provocar que el otro se sienta invadido y se retire.

El espacio personal representa nuestros límites de seguridad, determinados, como siempre, por factores culturales; por ejemplo, los norteamericanos suelen ser menos próximos que los sudamericanos y mucho menos que los árabes.

* POR SUPUESTO, EL MOVIMIENTO

Nuestra manera de caminar, de estar, de movernos, nos caracteriza. El movimiento es especialmente relevante a lo largo de todo el proceso de seducción porque informa sobre nosotros. Fijamos nuestra atención inicial en alguna persona que nos resulta más o menos atractiva o sugerente, dependiendo, entre otros muchos factores, de cómo se mueve.

El cuerpo se comunica con el movimiento. No nos movemos igual ni adoptamos la misma postura en todas las situaciones, ni bajo los distintos estados de ánimo. Podemos mostrarnos nerviosos, rápidos, flexibles, bruscos, relajados, tranquilos.

¿Y cuando seducimos? El cuerpo se pone alerta, los músculos se tensan, la posición se endereza, disminuyen las posturas desgarbadas, el vientre se reduce, la silueta se agiliza; y todo esto sucede para captar la atención del otro y mostrarnos más atractivos.

Hay movimientos y posturas que todo el mundo reconoce como seductoras: Ese caminar con tacones que hace balancear las caderas... Quién no recuerda a Marilyn Monroe en la película *Niágara,* alejándose de espaldas, o a Rita Hayworth en *Gilda,* quitándose sensualmente los guantes. Pero no queremos caer en los tópicos.

Lo cierto es que en la seducción se convierten en elementos principales algunos movimientos que en otras ocasiones son secundarios. Su aparición añade al encuentro un matiz erótico-sexual: ladear la cabeza, echarse el pelo hacia atrás, inclinarse hacia el otro, alisarse la ropa, cruzar las piernas, colocar la corbata, bajar la cabeza, taparse la boca...

Todos, hombres y mujeres, utilizan estos recursos, aunque existen algunas diferencias. La mujer suele moverse de manera más suave y ondulante, mientras que el hombre lo hace de modo más firme. Pero ninguno de los dos debe comunicar arrogancia ni tampoco absoluta indiferencia.

El movimiento y la postura comunican, marcan un territorio. Si damos la espalda continuamente, encogemos el cuerpo o bajamos la cabeza, nunca podrá producirse ninguna interacción. Para facilitar el contacto, se adopta una postura abierta y orientada hacia el otro. El cuerpo erguido y la cabeza alta permiten que exista un contacto ocular y favorecen la proximidad. Se trata de expresarle «quiero acercarme y quiero que tú te acerques», y el cuerpo transmite o no esa información. Recuerden, pueden alzar una barrera infranqueable o todo lo contrario, según sus deseos.

* Y, PARA TERMINAR, LA ARMONÍA

Estamos viendo cómo respondemos continuamente, cómo nos comportamos al seducir. Entre seductor y seducido, cuando se produce este intercambio, sucede algo revelador y enigmático: una sincronía de movimientos que provoca un sentimiento intenso de gran armonía. Este efecto, estudiado con profundidad, se ha llamado «sincronía interaccional».

El ritmo corporal se asemeja, existe simetría, como si las dos personas se movieran al compás, de manera ajustada: se inclinan uno hacia el otro, se detienen, se levantan y avanzan a la vez, incluso los gestos se asemejan. El ritmo es perfectamente sincrónico, es la imagen del equilibrio. Si, como dijimos, comparamos la seducción con un vals, cuando se baila al compás del otro y se produce ese movimiento rítmico, aparece la magia.

Probablemente, el papel de este «ritmo entre dos» sirva como estimulante o como base de intercambio de emociones profundas. Este ritmo favorece el intercambio sensual y a menudo se expresa simbólicamente en las danzas y rituales de multitud de culturas. No cabe duda, la música ayuda a crear un contexto ideal para la seducción, y cuando la música no suena, nuestros cuerpos se encargan de llevar el ritmo a través de esa «sincronía interaccional».

RECUERDE lo que no dicen las palabras:

1. Cuide la apariencia externa, pero siempre eligiendo aquella que nos hace sentirnos seguros dentro de nuestra piel.
2. Mire de forma intermitente pero intensa, expresando: «Me gustas pero...»
3. Sonría expresiva y deliberadamente: «Sólo para ti».
4. Mirar + Sonreír = Acércate.
5. Conserve y muestre su buen humor.
6. La voz, suave, cálida, susurrante.
7. Consiga que «siga» la huella de su aroma (ni poco, ni mucho, en su justa medida).

8. El contacto para llegar al otro, sin invadirle y «por casualidad».
9. Adopte la postura que exprese: «Quiero acercarme y que tú te acerques.»
10. Muévase al ritmo del otro.
11. Ladear la cabeza, caminar, estar, en definitiva, movernos, es tener «más palabras» para seducir.

De este modo podemos afirmar que el gesto y la palabra se combinan, se transforman, y el resultado es increíblemente armónico y unitario.

Cada uno de ustedes debe examinar los elementos explicados, elegir aquellos que considere necesarios para alcanzar su propia meta y combinarlos en la medida deseada. La elección dependerá del análisis que cada uno haga de la persona que es objeto de sus deseos y de lo que, en su entorno, funcione mejor. Debe, por supuesto, estudiarse a sí mismo: qué recursos posee, qué cualidades tiene (para potenciarlas y mejorarlas) y cuáles no tiene (para aprenderlas).

Se trata de crear su propia fórmula, única y exclusiva, para ofrecérsela al otro. Eso es, precisamente, lo que le seducirá.

UNAS PALABRAS FINALES PARA SEDUCIR A LA MEDIDA...
... DEL SEDUCIDO

Como dijimos, la seducción es un proceso dialéctico y dual. Según responda el seducido, irán cambiando las acciones, emociones y objetivos del seductor, y el resultado de su juego común. No olviden que el seducido irá guiando sus pasos.

Si queremos seducir a alguien que adora la música y aborrece el fútbol, mejor será que le invitemos a un concierto. Si el seducido estudia arte, por qué no acompañarle a una exposición. Si le gusta viajar... Si es un deportista... Si le encanta el baile... Hay infinitas posibilidades. De todas ellas, queremos resaltar las más cotidianas.

Si es un conocido...

Supongan que es una persona con la que suelen tener un contacto habitual. Conocen sus gustos, aficiones, e incluso sus manías y defectos. En este caso, ya no tendrán que «romper el hielo» inicial, ni utilizar todas las estrategias que comentamos sobre recoger información, iniciar una conversación, etc. Todos esos pasos estarán, de antemano, superados. ¿Cómo, entonces, iniciar la relación seductora? La respuesta depende del tipo de relación establecida previamente entre ambos.

A) **Si es un amigo**:

Lo importante, en estos casos, es el factor sorpresa y la novedad. Si le gusta el cine, puede sorprenderle con dos entradas de su película preferida, o llevarle a un concierto inolvidable si le gusta la música. En cualquier caso, deben **hacer algo que no habían hecho nunca**. Conocerle implica que la probabilidad de acierto para sorprenderle sea mayor, y puede elegir entre variadas alternativas.

Es necesario innovar: escucharle más que de costumbre, dejar que hable de sí mismo, de sus logros y dificultades si antes no lo hacía, incluso sorprenderle con un cambio de imagen acertado. Hay que empezar a mirarle de manera seductora, tocarle de forma sugerente y diferente. Esto tiene una especial dificultad en el caso de los amigos, porque el contacto físico ya estaba presente: el beso en la mejilla que le damos al vernos, cogerle del brazo al caminar y tocarle el pelo o la mejilla con cariño. Pero ahora pretendemos comunicar otro mensaje: Me gustas...

Todo esto puede cambiar de significado si se hace en lugares y momentos diferentes a los habituales, con otra intensidad, y unidos a otros de los recursos seductores ya comentados: mirada prolongada, sonrisa o palabras insinuantes.

Se trata de atender a esos detalles que antes pasaban desapercibidos. Se tiene que actuar de manera diferente, para crear ese cierto aire de misterio y ambigüedad que es necesario en todo proceso seductor.

El otro debe sentir que la relación está cambiando, y que ahora no conoce del todo las nuevas reglas del juego.

B) **Si es un compañero de trabajo**:

Si se trata de alguien que todavía no está en el círculo de amigos, es muy importante favorecer encuentros, dentro y fuera del ambiente laboral.

En el trabajo se deben compartir todo tipo de actividades que impliquen estar próximos y aumentar la posibilidad de conocerse mutuamente. Se le puede prestar ayuda si la necesita, compartir un trabajo determinado o coincidir a la hora del café, una veces «por casualidad», otras generando incertidumbre (si puedo me pasaré...) y otras acordándolo previamente (mañana quedamos...).

Pero si nuestras pretensiones, y las suyas, van más allá, los encuentros deberán trasladarse al horario extralaboral. En un principio, nos podemos ayudar con excusas: la celebración de un aprobado, un cumpleaños o cualquier fiesta. Luego, nuestra única excusa será: «Quiero estar contigo.»

En cualquiera de estos dos casos, si el seducido es un amigo o compañero, debemos ser especialmente cuidadosos y recoger sabiamente las señales del otro. No sólo se quiere hacer un intento de seducción, también se pretende no dar al traste con una buena amistad o poner en peligro las complicadas relaciones laborales, e incluso nuestro puesto de trabajo.

Si es un desconocido...

Si la persona que queremos seducir es un desconocido, ¿qué podemos hacer?

A veces la propia situación compartida nos provee de gran cantidad de recursos. Si estamos en una fiesta entre amigos, y acaba de entrar un atractivo/a desconocido, podemos pedirle a un amigo que nos cuente algo de él, que nos lo presente, o podemos acercarnos directamente y preguntarle quién es. Todo esto lo facilitará el entorno que nos rodea. Si ya tenemos información sobre él, podemos dejar pasar la ocasión porque **sabemos que habrá otras**.

Sin embargo, si las personas que nos rodean son también desconocidas, entonces es más difícil, deberemos arriesgar más. No sabemos si esa ocasión será la única, no partimos de información previa, no podemos perder tiempo porque se puede marchar sin previo aviso y quizá no le veamos más. En estas situaciones debemos actuar con rapidez y con la única carta que nos queda en la mano: la palabra. Sólo ésta, si hay alguna posibilidad, nos garantizará un posterior encuentro.

... DEL ESCENARIO

El entorno que elegimos para seducir determina en gran medida la dinámica de la seducción. Muchas veces no elegimos ni el momento ni el lugar para seducir, simplemente sucede. Si, por el contrario, nos lo proponemos como objetivo, lo primero que deberíamos hacer es saber hacia dónde queremos dirigir nuestros pasos.

Por ejemplo, si queremos cautivar a alguien que le gusta mucho el deporte, porque para nosotros ésa es una característica importante, deberíamos apuntarnos a un curso de natación, esto aumentaría nuestras posibilidades de acertar. De hecho, es frecuente que las personas que comparten actividades gratificantes comunes acaben sintiéndose atraídas entre sí, y es que los escenarios influyen en los «diálogos» y «guiones» de los actores.

La situación, por tanto, va a marcar la pauta sobre distintos aspectos:

A) El tema de conversación. Si compartimos tanto un entorno como una actividad común, el tema de conversación está asegurado. Al principio, y como decíamos en el apartado de las estrategias verbales, empezaremos hablando de un tema intrascendente, que podría ser la propia actividad. Retomando el ejemplo anterior: «¿Has hecho alguna vez natación?», o si lo común es el escenario, y estamos en una fiesta: «¿Conoces a mucha gente aquí?»

Pero compartir una misma situación no siempre facilita el tema de conversación y nuestros objetivos; a veces puede limitarlo o dificultarlo.

Imaginemos una pequeña reunión de amigos en un espacio reducido, sentados alrededor de una mesa... Nuestro objetivo en ese momento es intimar con la persona que nos atrae. Seguramente, nos va a resultar muy difícil que se dé el grado de intimidad necesario para conseguir nuestras pretensiones; es más, es posible que nuestros susurros fueran «un secreto a voces».

Como vemos, las características de la situación nos influyen en gran medida, y crean muchas veces esa sensación de tener al otro «tan cerca y, a la vez, tan lejos».

B) **Las características físicas y espaciales** del entorno en el que estemos inmersos a la hora de seducir son otro factor a tener en cuenta.

Sabemos que un sitio ruidoso como una discoteca o un bar donde hay mucha gente nos facilita «acortar distancias» y acercarnos mucho más al otro para hablarle en el oído. Porque una conversación a voces no nos ayuda a intercambiar información relevante, sobre emociones o sobre nuestra vida.

Sin embargo, los ambientes más tranquilos nos ofrecen la posibilidad de recoger más información, de conocer más al más otro, de saber «por dónde camina»; pero nos limitan mucho más a la hora de acercarnos, ya que en estas situaciones no tenemos la excusa del «perdona... (y acercándose a su cara), no he oído lo que has dicho».

C) **El tiempo disponible.** Hay algo que va a marcar «el ritmo de la seducción», y es el tiempo del que disponemos. A veces, la seducción se produce en un instante, otras dura toda la vida.

Imaginemos que estamos en el autobús y notamos unos ojos clavados en los nuestros, nos miran, nos sonríen, pero estamos llegando a nuestro destino. Se nos acaba el tiempo. Tenemos sólo un par de minutos para acercarnos, para decir algo. Sabemos que para conseguir nuestro objetivo tenemos, sin remedio, que acelerar nuestros pasos y pensamos ¡cuántas cosas le diría si tuviéramos más tiempo! Pero ahora sólo podemos decir una, tenemos que «jugarlo todo a una sola carta», el tiempo es aquí nuestro mayor enemigo.

En general, este tipo de situaciones en las que disponemos de muy poco tiempo para seducir no nos facilitan la consecución de nuestros deseos, porque tenemos que ser más directos, más claros, «se nos ve venir», y se puede romper la magia del momento.

Esto no significa que no podamos seducir en el metro, en el autobús o en la cola de un cine. A veces, para seducir no hacen falta las palabras, basta con un juego de miradas en el que nos enviamos un sinfín de mensajes sólo con los ojos. Y simplemente eso es lo que pretendíamos, jugar.

Pero si nuestros deseos son otros, si nuestra intención es ir más allá... podemos afirmar que la prisa no es buena aliada de la seducción.

Aquellas situaciones en las que disponemos de más tiempo, donde es fácil que, en cualquier momento, nos encontremos con el otro, nos dan la opción de iniciar un acercamiento gradual, incluso de planificar con esmero nuestras estrategias, nuestros próximos pasos, saboreando cada minuto del juego «hoy me acerco... mañana no».

Un día le invitamos a un café; otro le hacemos un elogio sobre su ropa; otro bromeamos acerca del jefe, le quitamos algo que ha caído en su pelo o le arreglamos, acercándonos suavemente la corbata. Vamos creando paulatinamente un clima de complicidad y encanto que nos prepara el terreno para cautivarle, para conquistarle, cada día, un poquito más.

En resumen, sabemos que, si lo deseamos, podemos seducir en cualquier situación. Una veces con palabras, otras sin ellas, a veces en un segundo, otras con mucha calma; pero también sabemos que si nuestra intención va más allá de «entretenernos» debemos hacer posible:

1) Que la interacción dure el tiempo suficiente como para poner en marcha todas las estrategias posibles e ir observando cómo nos responde el otro.

2) Próximos encuentros. Debemos intentar que haya nuevas ocasiones, pues, en este caso, la seducción debe marcar un ritmo lento.

RESUMEN

Los animales también seducen, pero... en el hombre **la seducción se aprende**... cada persona adquiere formas diferentes de conquistar... la diferencia estriba en: LA PALABRA, LA VARIABILIDAD INDIVIDUAL, LA HERENCIA CULTURAL.

En otros tiempos la seducción tenía otro lenguaje: peinados, abanicos, pañuelos, otros protagonistas: CORTEJOS, CASANOVAS y DONJUANES... Hoy las reglas han cambiado... No nos queda tiempo para seducir... La seducción requiere ritmo, cadencia, espacio y tiempo... Empezamos a darnos cuenta de ello y a intentar recuperarlos.

Porque la seducción es **insinuación, deseo, ambigüedad, juego, exploración, complicidad, poder, sincronía y magia**... Y es placer porque nos lleva a alcanzar **el amor, el sexo, la amistad y «otros favores»**.

Por eso merece la pena aprender a seducir, y para ello: QUIÉRASE, POR FAVOR...; ATRÉVASE A SENTIR...; ABRA LOS OJOS...; ESCÚCHELE...; HÁBLELE... y SÓLO A ÉL...; MUÉSTRE LO MEJOR DE SÍ MISMO pero NO DÉ NUNCA TODA LA INFORMACIÓN, NO PRETENDA PARECER PERFECTO.... y sírvase de la VISTA, EL OÍDO, EL OLFATO, EL TACTO; por supuesto, MUÉVASE... y trate de estar en SINCRONÍA CON EL OTRO.

Capítulo 5

Enamorarse

Y ahora, póngase cómodo y piense en aquellos instantes de su vida en los que se sintió **más vivo, único, diferente y perfecto**... Cierre los ojos y busque aquellos momentos.

Si usted ha recordado algo como lo sugerido, es muy probable que algunos de los momentos, si no todos, estén relacionados con experiencias de amor profundo o enamoramiento.

Es probable, también, que le haya resultado fácil pensar en «aquellos momentos de amor», entre tantos de su vida, porque pocas experiencias dejan tanta huella. Fueron momentos intensos, de alegría desbocada y de dolor. Pero, posiblemente, usted no desee borrarlos de su memoria.

Si está usted enamorado ahora, y además es correspondido, casi seguro que lo más importante es su relación con la persona amada. Todo lo demás es un mero instrumento, un apoyo, una vía para la relación.

Si no está enamorado y hace ya tiempo que se descubre valorando que «aparentemente todo está en su sitio», pero dicha constatación le deprime, es bastante posible que usted necesite amar de nuevo y, quizá sin saberlo, se encuentre preparado para ello.

En los capítulos anteriores hemos tratado de exponer algunas cuestiones básicas que permitan entender mejor la atracción y la seducción entre las personas. Hemos visto que sentirse atraído por alguien y sentir deseos de seducir no tienen por qué ir necesariamente unidos a sentimientos de amor.

A veces puede resultar difícil para algunas personas identificar los sentimientos que les ligan a otros. Es frecuente oír «no sé si estoy enamorado», «creo que nunca me he enamorado», «sé que le quiero, aunque no sé si es el hombre de mi vida». Estas dudas proceden de la relación con numerosos aspectos:

1) Lo que sabemos de los otros a través de lo que nos cuentan u observamos.

2) Lo que creemos sentir en cada momento, que depende de nuestra capacidad para explorar, nombrar y expresar tales sentimientos.

3) Nuestro pasado.

Los otros y sus experiencias constituyen un modelo de lo que debe ser el amor: «El amor es una experiencia extraordinaria, que te modifica la vida esencialmente, que te obsesiona, que no puedes controlar y que te llena de plenitud», «el amor te permite darlo todo por el otro, te obliga a creer en proyectos y compromisos de pareja...», etcétera.

Peculiaridades que, la mayoría de las personas, utilizan para describir lo que es el amor y diferenciarlo de otro tipo de atracciones, y que se convierten en criterios de valoración de la propia experiencia.

De esta manera, si uno desea apasionadamente a su amante pero no tiene ninguna ilusión por compartir una casa, unos hijos o un proyecto de vida, quizá dude acerca de la naturaleza de su pasión. La duda y el deseo pueden acompañarlo a lo largo de su relación, hasta el punto de «sujetarlo» en los momentos compartidos, impidiéndole expresar lo que siente cuando se miran, cuando se tocan, cuando se besan.

Es que amar no es un simple estado emocional, sino un **proceso**. Un proceso de relaciones complejas con el amado, con uno mismo y con el mundo. Un proceso que se pone en palabras y que cuando se nombra se crea. Nombrar el sentimiento y todo lo que implica es la primera responsabilidad del ser humano en esta empresa. Identificar lo que uno siente, cuando se supone que debería sentir... es un reto y un riesgo.

Comparar nuestra propia experiencia con la de otros sólo puede ser posible si somos capaces de «leer» qué nos está pasando. Puede que estemos ciegos porque un pasado tormentoso nos prohíba exponernos a nuevos posibles dolores. Así, en el paisaje que dibuja nuestra relación, vemos sólo algunos árboles conocidos y escasos caminos seguros. No nos atrevemos a explorar lo que hay más allá.

Influidos de esta forma por nuestro pasado, con los recursos actuales, atados por las emociones del momento y con lo que se dice y se espera, llamamos a nuestro deseo «amor», «locura de verano», «calentura», «cariño», «sexo». Hacemos un ajuste de palabras que nos permita perder lo menos posible del futuro, y que nos asegure ganar lo que tanto ansiamos del presente: esa relación tan especial con el otro.

Podemos nombrarlo como queramos y expresarlo de maneras muy diferentes: «te quiero», «te amo», «te deseo», «me gustas mucho», «estoy loco por ti». Podemos explorarlo de diversos modos y comprenderlo desde muchos y variados puntos de vista (poético, científico, social, psicológico...). Pero, no cabe duda, amar es una experiencia humana, universal y trascendente.

A lo largo de este capítulo pretendemos ayudarle a «nombrar» sus relaciones, a comprenderlas y a experimentarlas de la manera más positiva posible. Para ello, es necesario conocer primero aquello que, pese a nuestras grandes diferencias personales, todos nosotros compartimos, y que nos caracteriza cuando nos enamoramos.

1. ENAMORARSE: UNA EXPERIENCIA FUERA DE LO COMÚN

Nuestras entrevistas a personas entre los 14 y 85 años confirman lo que otros estudios sobre el amor reflejan:

— La mayoría reconocen haberse enamorado una o varias veces en su vida.
— Esta experiencia se identifica entre «las más importantes» o «especiales» de la vida.

Cuando tratamos de justificar lo «importante» y «especial» de esas experiencias, casi todos nosotros resaltamos la **diferencia** con otros momentos vitales o relaciones. Diferencia que radica en tres aspectos, fundamentalmente:

1. **La intensidad y complejidad emocional** con la que vivimos casi todos los aspectos de la vida y, de forma especial, entre todos ellos, la relación con el amado. La atracción «incontrolable» que sentimos hacia otro no se produce de forma tan intensa en ningún otro momento como cuando nos enamoramos.
2. **El centrarse en el otro.** En ese otro que es percibido como **único**, **especial**, **maravilloso**, y que acaba convirtiéndose en meta fundamental de nuestras vidas. Una gran parte de nuestras actuaciones y pensamientos van dirigidos hacia la persona que amamos.

El **pensamiento** es un protagonista esencial durante el enamoramiento. El pensar en el otro alcanza un nivel diferente al pensar habitual. Es un pensamiento que algunos llaman «obsesión», cuando se fijan en la altísima frecuencia de «relación mental» que mantenemos con quienes amamos.

3. **La huella que produce.** Tanto **durante** el proceso, que va provocando en nosotros pequeñas y grandes transformaciones (en nuestro estilo de actuación, en nuestros valores), como **después**, cuando nos convertimos en otros, porque el amor deja en nosotros profundas señales.

Tanto es así que, a medida que transcurra el tiempo, distinguiremos, entre todas nuestras relaciones, ésas tan especiales. Y las añoraremos siempre que necesitemos volver a sentir aquella pasión tan estimulante.

* LA «TORMENTA EMOCIONAL»

Enamorarse es un acontecimiento que, en general, es entendido como positivo, bueno para las personas, aunque también conlleva problemas y momentos negativos. Y no sólo se considera positivo estar enamorado, sino que se suele atribuir al amor gran parte de la «culpa» de que seamos felices y de que nos mostremos optimistas y seguros ante las dificultades. De entre todas las posibles experiencias humanas, en ésta nuestras emociones alcanzan un total protagonismo.

Cuando nos enamoramos experimentamos un estado de máxima felicidad en los momentos en los que nos encontramos en compañía del amado y percibimos correspondencia afectiva. En general, durante el proceso del enamoramiento mantenemos un nivel de excitación, buen humor y motivación casi constante.

Este estado de felicidad es comparable, según indican nuestros entrevistados, a otros momentos en los que se han vivido, puntualmente, emociones muy intensas (tener un hijo, obtener un éxito profesional, ser galardonado por una actuación, ganar un partido, lograr el puesto número uno, etcétera).

Estas experiencias están relacionadas con la obtención de una meta importante y con la valoración positiva de otros. Ese estado de fuerte excitación y alteración emocional que experimentamos al enamorarnos fue rotundamente confirmado por la psicóloga Dorothy Tennov (1979) tras entrevistar a más de 800 estadounidenses enamorados. Todos ellos compartían un constante pensamiento u obsesión por el objeto amoroso, sentido como algo involuntario o difícil de controlar.

Sobre esa base de emocionalidad intensa de difícil control, dos sentimientos dominaban las experiencias amatorias de los entrevistados: la *esperanza* y la *inseguridad*.

Puesto que la meta principal de quien está enamorado es obtener la reciprocidad a su amor, ante cualquier suceso, gesto, palabra que pueda interpretar como señal positiva, el enamorado pasa a un estado de felicidad inmediata. Si sucede lo contrario, es decir, si quien ama se supone rechazado, cae en un estado de desesperación y angustia.

Esta dicotomía emocional, este paso de la esperanza a la inseguridad (a veces en un breve periodo de tiempo), ocurre con demasiada frecuencia durante el enamoramiento y constituye una de las características más interesantes de dicho proceso.

Realmente, la vida para el enamorado se ha polarizado. En un polo se encuentra la vida en común con el amado y, por tanto, la felicidad, y en el otro la soledad y el fracaso. Los sentimientos y deseos que experimentamos nos permiten pocas posibilidades: todo o nada, vivir o morir (para algunos), «revivir» o «sobrevivir» (para otros).

Esta dicotomía vital se expresa perfectamente en el dramático deshojar de la margarita por parte de quien ama: «Me quiere, no me quiere; me quiere, no me quiere...» Cada pétalo simboliza la esperanza del sí y la frustración del no.

Todos los demás aspectos de la vida se hacen relativos, y no son lo suficientemente poderosos como para amortiguar esta intensa alteración emocional. Que «otra persona» alcance esa importancia en nuestra vida, que de sus respuestas dependa nuestra felicidad, hace del enamoramiento una relación muy, muy especial, y que todos podemos diferenciar de una intensa amistad o del amor filial.

Esa relación especial no sólo moviliza las reacciones más positivas del ser humano, sino que conlleva profundas transformaciones en nuestro comportamiento general. Por esta misma razón, enamorarse es tan conflictivo para aquellos que se han acostumbrado a una «felicidad sin riesgos», a mínimas y controladas novedades.

Cuando nos enamoramos, se producen muchos **cambios involuntarios** a distintos niveles en nuestras vidas. Cambios observados, a veces, más por los demás que por uno mismo (¡estamos demasiado ocupados!) y que señalan que «algo importante nos está pasando».

La falta de concentración durante las tareas habituales o en la comunicación con otros, la euforia no contenida y desajustada en algunas situaciones, el «embellecimiento», el inicio de acciones «poco usuales» (hacerse vegetariano, comprar libros de plantas, apuntarse a un gimnasio...) son sólo algunos ejemplos de lo «raritos» que nos volvemos cuando nos enamoramos.

La transformación de uno mismo y de nuestra «relación con el mundo» se puede producir en un corto periodo de tiempo y es espectacular, incontrolable y extraña. Estas características hacen que, desde luego, la experiencia del amor sea **inolvidable** y **diferente** de cualquier otra.

Los estudios antropológicos demuestran que la pasión amorosa es una experiencia común en la humanidad, aunque se ve influida por las diferencias culturales y se «expresa» de mil modos peculiares.

A partir de emociones comunes, los modos con los que nos relacionamos (con el amado, con la sociedad, con nuestros propios sentimientos, etc.) varían, facilitando el ajuste y mantenimiento de los distintos signos culturales.

En una encuesta realizada en 168 culturas, los antropólogos William Jankoviak y Edward Fischer descubrieron pruebas directas de la existencia del amor romántico en el 87 por 100 de los pueblos. Incluso en aquellos pueblos que no reconocen la condición de «enamorado» se observan comportamientos que prueban lo contrario: actuaciones amorosas que se juzgan o nombran de otra manera, como es el caso de los Tiv de África, que llaman a esta pasión «locura» (Fisher, 1995).

Que enamorarse sea una experiencia común a lo largo de la historia de la humanidad, como prueban los legados escritos y artísticos, ha hecho pensar que nuestro organismo tiene que estar preparado para asegurar que la pasión pueda aparecer.

El punto de partida para investigar las bases biológicas del amor ha sido, tradicionalmente, el estudio de los cambios fisiológicos que se producen cuando nos enamoramos: el corazón late más deprisa, respiramos con mayor rapidez, tenemos «mariposas» en el estómago, temblamos (algunos pueden incluso marearse), nos ruborizamos, sentimos calor, estremecimiento, no nos «sale» la voz...

Este «despertar fisiológico», según Walster y Walster (1978), puede ser producido por cualquier causa distinta al amor; pero si las personas experimentan estos síntomas en una situación potencialmente romántica, pueden atribuir ese «despertar» al amor.

Así, por ejemplo, si uno está activado fisiológicamente —por estar atemorizado o porque acaba de hacer una carrera—, puede sentir más atracción (que otro que se encuentre relajado), por alguien interesante que pase cerca en ese momento (White; Fishbein y Rutstein, 1981; en Moscovici, 1985).

Pero una cosa es sentirse atraído y otra enamorarse, ¿no?

Efectivamente, como ya comentamos en otros capítulos, nuestro estado emocional (ansiedad, miedo, alegría, etc.) actúa como un condicionante a la hora de facilitar o no la atracción hacia las personas o hacia cualquier objeto. Cuanto más intensas son las emociones que sentimos, más pueden potenciarse las relaciones afectivas con las personas.

Pero seguimos sin saber la razón por la que nos enamoramos en unos casos y no en otros, aun sintiéndonos intensamente «alterados fisiológicamente».

Recientemente se ha descubierto una sustancia, la feniletilamina, o Fea (localizada en el sistema límbico, la parte más antigua de nuestro cerebro y que gobierna nuestras emociones básicas), que provoca sensaciones de exaltación, alegría y euforia.

El psiquiatra M. Liebowitz ha relacionado la presencia de esta sustancia en el cerebro con la aparición del enamoramiento, a partir de sus investigaciones con «personas enfermas de amor» (Liebowitz, 1983).

La Fea es una amina excitante, una de esas sustancias que actúa como anfetamina natural y que, por tanto, es producida por el propio organismo. Según Liebowitz, nos enamoramos cuando las neuronas del sistema límbico se saturan o son sensibilizadas por la Fea y otras sustancias químicas cerebrales, estimulando al cerebro.

La Fea dinamiza el cerebro y eso favorece la exaltación emocional, la falta de sueño, de apetito, la energía con la que actuamos, el buen humor, la vulnerabilidad... Pero la Fea sólo proporciona una descarga de energía y de entusiasmo, una exaltación que también se produce en otras experiencias, tal y como venimos comentando.

Nuestros entrevistados describieron esa exaltación emocional como «poco duradera». Raúl, un joven de 28 años, declaraba: «Una vez que ya tienes a tu pareja segura, que la ves continuamente, te vas tranquilizando... Sigues queriéndola, pero no sé, ya no sientes esa pasión..., aunque desde luego la necesitas y el cariño que te une a ella es muy fuerte» (Raúl mantiene una relación de pareja desde hace tres años y medio).

Algunas personas a las que consultamos sobre este aspecto coincidían en que la duración del enamoramiento dependía de la posibilidad de mantener o no contacto con el amado, de ser correspondido o no en el deseo y de establecer una relación estable de pareja.

Así, si la persona de la que uno se enamora no da muestras de interés, la «pasión» puede durar escasos meses, y si el contacto, además, se rompe, la duración puede ser todavía menor. Si hay discontinuas muestras de interés, la pasión puede mantenerse durante varios años.

Si se establece una relación amorosa estable, la mayoría de los entrevistados coinciden en que «el nerviosismo» se mantiene los primeros meses, luego se vive de forma «más tranquila» y «apasionadamente atraído» durante unos dos años para, hacia el tercer año, tener sentimientos de amor más puntuales. El amor, en ese momento, se caracteriza por sentimientos de cariño y de apego familiar.

Estas experiencias coinciden con el promedio observado en los estudios sobre la duración del enamoramiento: de dos a tres años.

Liebowitz sostiene que el final del enamoramiento tiene también un fundamento fisiológico. Puesto que el cerebro no puede sostenerse en un estado de exaltación constante, la secreción de la Fea se reducirá. Según Liebowitz, para sostener tal excitación tendremos que recurrir a estimulantes externos.

A medida que el enamoramiento decrece, un nuevo sistema químico entra en acción: los opiáceos de la mente, las endorfinas. Estas sustancias se encargan de serenar la mente, de eliminar el dolor y de reducir la ansiedad. Esto se traduce en la aparición de un sentimiento más sereno hacia nuestras parejas: el apego y la seguridad en el amor de la pareja.

Que nuestro cerebro disponga de mecanismos que aseguren la aparición del amor tiene implicaciones fundamentales. Para Fisher (1995), el enamoramiento podría ser fruto de la evolución de la atracción animal que surgió para estimular el proceso de apareamiento.

Que existan hechos biológicos asociados al amor no significa que éstos sean su causa. No significa que el amor sea el producto, el resultado de la presencia de sustancias o reacciones químicas.

Esta química del amor no tiene por qué indicar solamente una función estrictamente biológica y adaptativa para la especie. En este capítulo vamos a considerar la importante función psicológica que cumple el enamoramiento para las personas. El enamoramiento es un fenómeno fundamentalmente psicológico.

* PENSAR Y SENTIR: UNA NUEVA DIMENSIÓN

«El amor no ve con los ojos, sino con la mente.
Por eso pintan ciego al alado Cupido» (W. Shakespeare).

Las emociones nos «empujan» a pensar o a actuar, son los motores de nuestro comportamiento. Ellas determinan «dónde ponemos los ojos», a qué aspectos de la realidad vamos a atender y a cuáles no, qué información nos interesa y de cuál podemos prescindir.

Por tanto, si sentimos miedo y ansiedad, nuestra atención se dirigirá con mayor probabilidad hacia aquellos aspectos de la realidad que puedan constituir una amenaza, lo cual facilitará evitarlos, enfrentarlos con precauciones o escapar. Por el contrario, si lo que sentimos es alegría o euforia, tenderemos a prestar atención a aquellos aspectos nuevos y positivos.

El amor, generador de emociones tan intensas, nos va a permitir observar y relacionarnos con cosas nuevas y diferentes a las que son habituales para nosotros. Potenciará todos nuestros sentidos. Por lo tanto, no crea eso de que «el amor es ciego».

Tanta emoción y de tal intensidad que nos hace ver el mundo con otros ojos, no debe su aparición a una concentración elevada de determinadas sustancias químicas en nuestro cerebro. Es decir, no nos enamoramos gracias a que nuestro cerebro se excita ni dejamos de estarlo porque su «carburante» se agote, tal y como algunos han concluido tras los últimos descubrimientos.

Más bien, nuestro cerebro se excita porque nos enamoramos. Para que esto pueda entenderse con claridad, es necesario aclarar que lo biológico no es la causa de las conductas, sino un medio desde el cual, y gracias a él, pueden llevarse a cabo las mismas.

Así, ante la visión y presencia de él o ella, y a partir de las distintas relaciones que establecemos (observaciones, diálogos, pensamiento...) en una circunstancia muy determinada de nuestra vida, comenzamos a sentir una fuerte atracción.

Esta atracción se convertirá en lo que venimos llamando «enamoramiento», debido a las características especiales que notamos y que lo diferencian de otros momentos de atracción experimentados.

Nuestras emociones, por tanto, son **el resultado de las complejas relaciones** que vamos estableciendo **con él o ella**. A la vez, son la base que nos dispone a seguir buscando, manteniendo y potenciando dicha relación. **Enamorarse es relacionarse de un modo especial con otra persona.**

Cuando nos enamoramos, es frecuente, como señala Alberoni, que atribuyamos todo lo especial que estamos experimentando a las virtudes de la persona amada:

> En cambio, la persona amada no es diferente de las demás. Es el tipo de relación establecido entre nosotros y los que amamos, el tipo de experiencia extraordinaria que estamos viviendo, lo que hace diferente y extraordinaria a la persona amada y, más profundamente, lo que hace diferentes a ambos. (Alberoni, 1979.)

¿En qué consiste esa **relación especial**? Consiste en un modo de comportarnos; es decir, de tomar contacto con los objetos y las personas en un plano o dimensión ideal.

Nuestro comportamiento, en las relaciones con el mundo, puede ser muy variado y establecerse en distintos niveles: desde un nivel concreto, directo, presente y físico a un nivel más abstracto, indirecto, no presente, formal y simbólico.

De este modo podemos relacionarnos con las cosas y las personas de manera «directa» (tocando, oliendo, hablando, etcétera) y de manera «indirecta», «sustituyendo» la realidad a nuestro antojo (imaginando, planeando, componiendo, diseñando, escribiendo, etc.).

Es éste, el plano «indirecto», el «imaginado», el simbólico, el plano de relación fundamental para el amor.

Decíamos que todo comenzaba con una atracción... Y esa atracción se va transformando en un sentimiento más profundo, derivado de un constante contacto placentero con él o ella.

Al principio puede que esa atracción apenas la hayamos considerado o, si lo hemos hecho, no hemos predicho la trascendencia que tendría.

Pero pronto nos sorprenderá el alcance y la involuntariedad con la que tendemos a volver a contactar con el objeto de nuestro amor. Cuando estamos a solas, cuando él o ella no está, ni tan siquiera cerca, nuestro pensamiento se encargará de hacerlo «presente».

De esta forma, al poco tiempo de haberle visto estamos recordando, de nuevo, lo sucedido: cómo entró en la habitación, su sonrisa, sus comentarios... Relacionaremos esto con cómo se comportó en otros momentos en los que ya le habíamos visto...:

— «Le gusta llamar la atención...»; «es muy natural»; etcétera.

Comenzaremos a construir una teoría acerca de él o de ella. De nuevo, «rebobinaremos» y «reproduciremos» su cara, la voz, ese hoyuelo en la mejilla... Y, de repente, nos «despertamos»:

— «¡Vaya, he tirado el café! Lo que me faltaba, ¡con lo tarde que llego!»

Al ir andando por la calle, cuando menos lo esperábamos, ha vuelto a aparecer:

— «¡Qué sorpresa! ¿Qué haces tú por aquí?»

Por alguna tonta razón, no nos sentimos con soltura. Al despedirnos hemos dudado mucho acerca de si debíamos besarle o no... Es probable que pensemos:

— «¡Es guapísimo/a!» «¡Me he comportado como un/a imbécil»; «no sé qué me pasa últimamente...!»

En esta ocasión, las sensaciones que se habían empezado a producir en los primeros encuentros se han incrementado a solas. Parece como si hubiésemos tomado doble dosis de café (la química natural empieza a funcionar). Durante el día, en nuestro pensamiento, se repiten sucesivamente ese encuentro y otros futuros imaginados, en los que nuestra forma de actuar es ya diferente.

Imaginamos encuentros y diálogos, preguntas y respuestas:

— «¿Qué efecto le habré causado? ¿Qué pensará de mí? ¿Qué sabrá de mí? ¿Estará con alguien?»

A los dos días volvemos a encontrarnos con él o con ella... y esta vez la reacción es intensa: nos palpita el corazón, nos ponemos a hablar con otros para disimular y recuperar el control... Cuando nos volvemos hacia quien nos interesa..., ¡no está! Por alguna extraña razón ha desaparecido. La frustración es enorme. Hacía tiempo que no sentíamos tanta decepción. Nos culpamos por no haber intentado hablar, por no habernos sentado a su lado...

Ha pasado una semana sin noticias suyas; pero «vive» con nosotros. Su olor ha quedado atrapado en nuestra nariz y buscamos con curiosidad, en una tienda, cuál es su perfume. Hemos entrado a comprar el disco que sonaba en el bar la última vez... Escuchamos varias veces la misma música y le imaginamos bailando, moviéndose, acurrucándose en nuestro regazo. Las conversaciones con nuestro amante imaginario cada vez son más largas. El sueño de su desnudez se va haciendo más completo. Le hacemos el amor durante un rato... Hasta que alguien, al hablarnos, nos devuelve a la otra realidad.

— «Pero, ¿de qué te ríes, ahora? Resulta que te llamo para contarte mi problema y llevas toda la tarde sin hacerme caso, con esa sonrisa y mirando al más allá. ¡Ten amigos para esto!»
— «¡Perdona, perdona... sí que te escucho, hombre! ¡Venga, sigue...!»

Estamos desconcentrados, inquietos, obsesionados con la idea de volver a verle. Al mismo tiempo observamos cómo nos estamos sintiendo y nos preguntamos por qué. Nos justificamos con dificultad...

— «¡Va, hace mucho que no sales con nadie y estás un poco...!»

... Le quitamos importancia, lo desvaloramos:
— «¡Qué tonterías piensas últimamente!»

Nos cuesta aceptar esta atención tan exclusiva hacia el otro. Nos comienza a asustar.

Hemos empezado a sentir la amargura de la separación prolongada, del desconocimiento, de los hechos. Amargura que sólo compensamos pensando en él o en ella de forma caprichosa.

Comenzamos a sustituir su presencia por distintos elementos que la simbolizan (el perfume, los discos, la ropa, las «claves» en forma de palabras, etc.). Nos hacemos rodear de esos objetos y reproducimos conductas parecidas a las del otro, en un intento de «hacer presente» aquello que más deseamos.

En esos intentos, sin darnos cuenta, estamos provocando transformaciones. Puesto que el encuentro con el otro se ha convertido en una meta central, tratamos de propiciarlo y de encontrarnos en la mejor disposición para él. Podemos pensar en la ropa que llevaremos o en algunos temas que nos permitan entablar conversación. Empezaremos a prestar atención a nuestro aspecto e intentaremos algunos cambios (cortarnos o teñirnos el pelo, ponernos a dieta, maquillarnos...). Frecuentaremos aquellos lugares o a aquellas personas que puedan decirnos algo «suyo». En este sentido, iniciaremos lecturas o actividades que puedan hacernos sentir próximos y comprender aquello que el otro hace o le gusta.

Cuando un encuentro con él o ella se repite y hablamos, se cruzan las miradas, nos sonreímos y parece agradarle lo que nosotros decimos, y, en un momento, nos hemos rozado levemente y nos parece que ambos nos estremecemos... la sensación de plenitud, de paz, es máxima: **estamos enamorados**.

Esta emoción intensa y agradable que sentimos parece rozar su nivel álgido cuando anticipamos mínimamente ser correspondidos y evocamos, ya a solas, los momentos mágicos con el otro.

Estamos excitados, entusiasmados y, a su vez, «tranquilos» porque sentimos **esperanza**. En esos momentos el miedo no existe, estamos preparados para emprender empresas arriesgadas (iniciar nuevos proyectos de vida o renunciar a otros ya en marcha).

De este modo, sin miedos, estimulados naturalmente y llenos de esperanza y optimismo, nos encontramos en una buena disposición para la expansión, para el cambio, para la transformación.

En este momento de apertura a lo nuevo, a lo diferente, descubrimos nuevas relaciones con los objetos y las personas. Reforzados por una continua interacción con el amado sin su presencia, es decir, a través de nuestra imaginación vamos desarrollando y entrenando nuestra fantasía. Nos hacemos más creativos, más «inventores», nos convertimos, por momentos, en pequeños genios.

Esta genialidad transitoria la observamos por nuestra capacidad mayor para comprender el sentido de nuestra vida o la de los demás. De repente, hemos encontrado un orden, una trayectoria. Nuestra sensibilidad hacia lo bello, lo humano, lo natural y lo artístico se ve aumentada como nunca.

Todos nuestros sentidos son ventanas abiertas a la exploración del mundo, y nuestro cerebro está preparado para sacarle partido a tal avalancha de información.

Probablemente, existen pocos momentos en la vida donde nuestra sensibilidad e inteligencia hayan ido de la mano y se hayan visto potenciadas.

Ésta es una característica del amor que afecta a todos. A todos afecta esa necesidad de trascender lo inmediato y lo concreto, y lo haremos a través del uso de palabras bellas, de la construcción literaria o poética, de la composición musical, del diseño artístico, de cientos de símbolos, como bien expresaba Juan Ruiz, Arcipreste de Hita, en su *Libro de Buen Amor* (siglo XIV):

> Hace el amor sutil al hombre que era rudo, hácele hablar hermoso al que antes era mudo, al hombre que es cobarde le convierte en sañudo, al perezoso hace ser muy presto y agudo.

Efectivamente, la función es la misma para el hombre del campo que para el artista. En ambos existirá la tendencia a un uso del lenguaje sublime y a la abstracción. El amor potencia nuestras cualidades y nos hace más inteligentes.

En este sentido existen grandes diferencias entre las personas a la hora de experimentar el amor. La capacidad que cada uno tenga para emocionarse y para expresárselo al mundo, a sí mismo y, muy especialmente a la persona amada, facilitarán que vivamos la experiencia luminosa del amor con más o menos colores.

Quizá por esto se ha tendido a pensar que el enamoramiento es un «invento» o algo que aparece en la Edad Media de mano de trovadores, caballeros, poetas y románticos de entonces. Un invento de la literatura o de la época.

No nos cabe la menor duda que las pasiones románticas han debido estar presentes desde el comienzo de la humanidad; pero también es cierto que, en la medida en que los seres humanos hemos progresado en inteligencia y conocimientos, nos hemos enamorado más y más. La evolución ha permitido sublimar la emoción. No se enamora el que «siente» sino el que «sabe que siente», y lo expresa de mil maneras diferentes, transformando su propia realidad.

2. AMOR Y SEXO

La sexualidad puede ser considerada como una de las fuentes más importantes de placer y constituye uno de los principales mecanismos de vinculación entre los seres humanos. La sexualidad es un medio fundamental de expresión e intercambio de las emociones más profundas. Por ello, sin duda, la sexualidad debería ocupar un puesto muy importante en el amor.

Ante tal afirmación muchos se revelarán, justificando que algo que caracteriza al amor es la «espiritualidad» y no la «carnalidad». El sexo, para muchos, no es lo relevante* cuando se está enamorado.

Entonces, ¿qué es lo más importante? Un entrevistado nos respondió:

«Lo más importante es todo, es estar cerca, conseguir ser correspondido, el sexo, las palabras, los regalos... ¡todo!»*.

Algunos incluso recuerdan haber sentido más «placer sexual» con parejas de las que no estaban enamorados que con aquellas por las que sentían una pasión «descontrolada». Por el contrario, otros recuerdan su máximo placer sexual en

---

* En la investigación realizada por Tennov, la mayoría de los encuestados rechazaron el ítem «La sexualidad es lo más importante en el amor».

compañía de aquellos a quienes amaron y consideran, además, que la sexualidad es la vía prioritaria para el amor. Ante las distintas vivencias y opiniones, podríamos preguntarnos: ¿Tiene la sexualidad algo que ver con el hecho de enamorarse? Si el amor introduce cambios en nuestro comportamiento, ¿también produce cambios en el hacer y sentir sexual?

Si revisamos las distintas experiencias personales y las relacionamos con algunas características ya anotadas, quizá podamos aclarar alguna de estas cuestiones.

Existe algo sorprendentemente común entre las personas con las que hemos hablado, **todos preferimos tener relaciones sexuales con personas de las que estamos enamorados**. Todos cambiaríamos, con los ojos cerrados, cien noches de amor con amantes expertos por una noche de contacto sexual con nuestro amado.

Es muy corriente que midamos nuestra satisfacción sexual basándonos en criterios tales como la frecuencia de relaciones, los orgasmos, el grado de excitación, el control de la eyaculación, la variedad de modos y posturas, etc. Sin duda criterios muy razonables.

También es habitual encontrar en nuestras propias experiencias algunos recuerdos, momentos de desnudez frente al amado, presos de nuestra propia sorpresa al no poder «consumar el acto». A veces, la emoción nos impide acariciar con la habilidad de otros momentos; a veces, la erección se debilita o no conseguimos el orgasmo. Un entrevistado enamorado sugirió:

«Es tan frecuente que no pueda hacer el amor con ella que empiezo a pensar que este fuerte deseo sexual que siento es sólo una idea que está en mi cabeza, y que la cabeza la tengo desconectada del cuerpo.»

Para que se produzcan respuestas sexuales facilitadoras en el hombre y en la mujer (erección del pene y vasocongestión y dilatación vaginal) y se alcance el orgasmo, es necesario que se preste atención a las sensaciones eróticas.

Cuando nuestra atención está puesta alternativamente en el placer del otro, en el futuro conjunto, en la piel, en la valoración que puede hacer de mí, en las consecuencias de ese momento, en sus labios... nuestro cerebro recibe mensajes contradictorios («me excito» - «no me excito» - «me excito» - «no me excito»...).

Es posible, incluso, que la observación continuada de nuestra propia actuación o cualquier pensamiento negativo acerca de lo que está sucediendo pueda producir estados de ansiedad que inhiban por completo la respuesta sexual.

«Hacer el amor» con aquellos a quienes amamos puede resultar tanto un «éxtasis continuo» como una «dulce ola de dificultades», y ambos fenómenos son completamente normales y naturales.

El modo de experimentar la sexualidad varía enormemente entre las personas. Para aquellos que los sentidos y los placeres sensuales han ocupado un papel importante en sus vidas, la sexualidad se convertirá en un área central de expresión amorosa, y su práctica se verá facilitada.

Pero, tanto si la experiencia sexual es facilitada como si es dificultada, cuando amamos, la valoramos de un modo extraordinario. El intercambio sexual alcanza una dimensión diferente y preferente respecto a otros momentos de sexo en nuestras vidas.

El sociólogo F. Alberoni, en su libro *Enamoramiento y Amor*, habla de dos tipos de sexualidad en la vida de las personas: una «sexualidad ordinaria», que nos acompaña cuando nuestra vida sigue su curso homogéneo, y una «sexualidad extraordinaria», que aparece en los momentos en que el impulso vital traza nuevos y diferentes caminos. Esta sexualidad se caracteriza por una intensidad erótica muy superior a la de una relación sexual común.

Quizá sea esa intensidad erótica lo que hace preferible el sexo con el amado. Los criterios con los que valoramos el sexo han cambiado; nos encontramos también ante una nueva dimensión.

Ya no valoramos igual el orgasmo o una excitación puntual porque todos esos aspectos se encuentran ahora dentro de un todo más extenso. Aparece una sexualidad que se amplía a todos los instantes de relación con el amado: a sus

miradas, al pequeño roce, a la sonrisa, a su modo de coger el café, de moverse...
El deseo es inmenso, la atracción es inevitable. Nos encontramos en la cuna del erotismo. **Enamorarse es erotizarse.** Ese erotismo que nos invade lo expresamos en el tipo de relaciones que establecemos con el mundo: tendemos a relacionarnos sensual y placenteramente con todos y con todo.
Experimentar el erotismo no es exactamente «estar caliente». Se trata, más bien, de tener **una disposición que favorece cualquier sensación**, la apertura a lo nuevo y la expansión, por tanto, del conocimiento.

3. COMUNICACIÓN, COMPRENSIÓN Y TRANSFORMACIÓN

La comunicación es siempre intercambio de información, de mensajes. Se trata de un fenómeno complejo que se puede ver facilitado u obstaculizado por numerosos factores, entre ellos las emociones. Las emociones de cólera o ira, por ejemplo, pueden hacernos interpretar una amenaza en el mensaje de otro, para descubrir más tarde que su intención no era ésta.

Los prejuicios, las emociones, los estados carenciales (cansancio, sueño...), la diferencia de códigos, etc., pueden hacer extraordinariamente difícil una de las bases principales para que la comunicación entre las personas se desarrolle con éxito: la empatía.

Empatizar significa «ponerse en el lugar del otro», entenderlo y expresar ese entendimiento a través del diálogo con él. La empatía, por tanto, tiene mucho que ver con las emociones, con lo que los otros sienten.

Para empatizar se requiere la **observación** de las respuestas de nuestro interlocutor, la **detección** de estados emocionales importantes y la **atribución** o establecimiento de relaciones causales, que nos permitan entender aquello que está afectando al otro.

A su vez, a medida que vamos **comprendiendo**, vamos ofreciéndole **señales** al interlocutor, lo cual provoca un efecto de motivación o refuerzo de la comunicación.

A menudo la comunicación no es eficaz («dejamos de hablar porque no nos entendemos»), se crean tensiones o malentendidos entre las personas por la falta de esta habilidad. Empatizar no implica estar de acuerdo con el otro, sino comprenderlo.

Cuando empatizamos estamos, por tanto, en mejor disposición para recibir críticas, incluso para hacerlas y, en general, para resolver problemas a través del diálogo, sin tensiones y sin sentimientos de desvalor recíproco. Cuanto más empatizamos con el otro, más posibilidades tenemos de intercambiar mensajes íntimos y personales.

Pues bien, cuando nos enamoramos, a todos nos habrá sorprendido (y servido como una de las justificaciones de nuestro amor) la perfecta comunicación que existe con nuestro amado. Podemos pasar horas y horas charlando, conociéndonos y manteniendo, con todo interés, cada minuto y cada palabra.

Nos sorprende y nos deleita encontrar tantos puntos en común y, sobre todo, cualquier cosa que el amado nos cuenta, por muy extraño que sea para nosotros, la comprendemos, la justificamos, porque forma parte de su peculiaridad.

Esto sólo podemos conseguirlo cuando hacemos un ejercicio intenso de empatía. Nunca se alcanza un grado mayor de empatía como cuando estamos enamorados. Esta comprensión mutua favorece que la comunicación se vea «libre» de obstáculos y goce del uso de recursos más amplios a los habituales. Así, sutiles gestos, miradas y movimientos se constituyen en un código privado, y, a través de esa complicidad, la **intimidad** entre los amantes se va configurando.

Es frecuente que se diga de los enamorados que no se ven los «defectos» o, incluso, que se bromee haciendo referencia a ese lunar de la pareja, que empieza siendo una adorable señal, para acabar, cuando ya no se ama, siendo una verruga.

Pero, tal como todos los estudios confirman, los enamorados sí son capaces de observar y tener en cuenta los «defectos» de los que quieren. La diferencia estriba en la valoración que se hace de los mismos. Cualquier debilidad del otro forma parte de su universo particular, de su unicidad y exclusividad, y por eso la comprendemos. La aceptación incondicional, esa vía de comprensión, facilita enormemente el intercambio de mensajes. Uno muestra al otro todo aquello que no se atreve a mostrar a los demás. No se trata de dar más cantidad de información, sino de ofrecer aquella que mejor nos expresa. Mostramos lo más genuino, lo que mejor nos representa, porque necesitamos que el otro nos conozca, nos reconozca y nos comprenda.

El amor nos fuerza a establecer relaciones distintas con nosotros mismos. El amor nos hace cuestionarnos, a menudo, nuestros valores, nuestras conductas, nuestros sentimientos hacia los demás. Nos hace establecer una relación más constructiva porque, a partir de lo que somos, lo que más nos gusta lo potenciamos, y recogemos lo que nos disgusta para transformarlo. Esa transformación la logramos gracias a la interacción con el amado, gracias al intercambio que nos aporta los elementos necesarios para la reconstrucción de un «nuevo yo».

Ese «nuevo yo» también se moldea en la relación con los demás. Nuestra mayor capacidad para empatizar nos permite tener una comunicación más abierta y eficaz con los otros. Podemos observar cambios como: hablar más con quien antes apenas cruzábamos una palabra, comprender las manías de los otros sin que nos afecten, escuchar más, mostrar más interés durante las conversaciones, etcétera.

Disponemos de un estado donde las amenazas, miedos y dificultades se han visto reducidas, ante la contemplación de la perspectiva de ser correspondidos en el amor. Puesto que nuestra meta se puede ver alcanzada, ya disponemos de la paz suficiente, de la confianza para mantener una comunicación abierta a los demás y ofrecer **lo mejor** de nosotros mismos.

4. LOS OBSTÁCULOS: ¿UN ESTÍMULO PARA EL AMOR?

A menudo se relaciona el hecho de enamorarse con el grado de dificultad que encontramos para llegar al amado. Parece ser que no nos enamoramos de aquellos que se rinden incondicionalmente a nuestros pies, sino de aquellos que se resisten a nuestros encantos.

Ya hablábamos de ello en capítulos anteriores, y conviene recordar: a las personas nos atrae lo **moderadamente difícil** o complejo. Entendemos aquí **moderado** como algo relativo, que depende del nivel de competencias del individuo.

Algo fácil no nos atrae, algo extremadamente difícil e inmanejable nos repele. Es absolutamente adaptativo, puesto que tiene mucho que ver con el desarrollo de conocimientos y competencias, y con nuestro ajuste al medio.

Recordando el capítulo anterior, para quien resulte fácil acceder a muchos o muchas, puede constituir una empresa de lo más excitante enamorar a una monja virgen o a una casada de moral puritana.

La «resistencia» de la que vamos a hablar ahora no es un mero obstáculo que hay que vencer, sino que tiene que ver con **lo que somos y lo que podemos llegar a ser**.

Algunos estudios psicológicos han puesto de manifiesto que existe relación entre la desaprobación familiar («obstáculo») y el grado de enamoramiento. Cuanto más interferían los padres, más apasionadamente enamoradas estaban las parejas (Discoll, Davis y Lipetz, 1972). A esto se le denomina «Efecto Romeo y Julieta», por la similitud que guarda con la oposición de las familias en la ficción literaria.

Pero Romeo y Julieta no se amaban porque sus padres fueran enemigos y se opusieran a su amor; más bien, todo ello constituyó una tragedia para la pareja. ¿Se hubiesen amado de no haber encontrado oposición? ¿Acaso no nos amamos cuando no existe oposición familiar o social? Sí o no, depende.

Dependerá de la motivación que implique vencer resistencias para obtener algo a cambio. Debemos tener en cuenta eso que obtenemos, porque en la relación coste-beneficio radica el que se desarrolle amor o no. El beneficio está en **lo nuevo** que nos aporta la relación y el coste, en la ruptura o quebrantamiento con el estado anterior. Para que se produzca enamoramiento tiene que existir un equilibrio «moderado» entre los costes y los beneficios. Esta proporción facilita psicológicamente el paso de un estado a otro. **Enamorarse es transformarse** siempre, es un tránsito. Alberoni da en la clave, desde nuestro punto de vista, cuando define el enamoramiento como «el estado naciente de un movimiento»: movimiento que implica construir algo nuevo a partir de dos estructuras separadas. Para que se produzca ese movimiento tiene que existir una «diferencia» entre sistemas, de cuya unión surge **un nuevo sistema**.

Para el autor, **el obstáculo radica en la diferencia**. Desde este punto de vista, «movernos» poco implica reorganizar poco nuestra vida y, por tanto, apasionarnos poco. A menudo, el tipo de relaciones que establecemos conlleva esto. Como mucho, nos entusiasmamos en la relación con alguien, pero no llegamos a enamorarnos. El enamoramiento puede que no surja porque no exista una relación adecuada para la persona entre la innovación y la ruptura.

Alguien excesivamente diferente a nosotros (estilo de vida, valores, religión, imagen, etc.) puede despertar nuestra curiosidad, pero difícilmente nuestro amor. Como dijimos, tendemos a enamorarnos de personas parecidas a nosotros mismos, pero que suponen una verdadera aportación o novedad respecto a la situación actual que vivimos. Lógicamente, esto facilita el «tránsito». Ser parecido a nosotros favorece la empatía, la apertura, el ajuste. Y aportar algo de «nuevo», la motivación por la interacción.

En nuestras entrevistas nos interesamos por este aspecto y preguntamos a personas de distintas edades sobre las características que poseían las personas que les solían atraer y de las que se enamoraban. Mayoritariamente, las respuestas reflejaban tres puntos interesantes:

1. Las personas que más nos atraen son parecidas a nosotros.

2. El modelo de personas que atrae varía, dependiendo del momento que estamos viviendo (edad y condiciones) y de lo que necesitamos.

3. Nos enamoramos cuando encontramos a alguien que admiramos realmente, que posee **aquello que nos falta**, que constituye nuestro «yo ideal» y, por último, de alguien que es accesible para nosotros.

Estas experiencias recuerdan, sin duda, a la idea popular de «la media naranja» y a la de que todos tenemos la mitad que nos falta en alguna parte.

En *El Banquete,* de Platón, Aristófanes pone de relieve que el amor obedece a un íntimo anhelo de restitución de una plenitud perdida (el mito del andrógino, el ser descomunal partido en dos por Zeus), de reencuentro con uno mismo en el ser amado:

> ... lo que se llama amor, por consiguiente, es el deseo y la persecución de ese todo. Anteriormente, como digo, constituíamos un solo ser, pero ahora, por nuestra injusticia fuimos disgregados por la divinidad como los arcadios lo han sido por los lacedemonios...
>
> (*El Banquete,* 189 A-193 D)

Más adelante, Sócrates definirá al amor como **deseo de lo que no se posee** y, en ese sentido, el amor contribuye a la perfección de nuestras almas: puesto que no poseemos lo bueno o lo bello, tendemos a enamorarnos de aquellos que lo poseen en mayor grado que nosotros.

La necesidad de cambio parece ser algo clave en la combinatoria de factores que explican el amor entre las personas. Uno no se enamora cuando está satisfecho de sí mismo, sino que con la relación afectiva pretende un cierto «complemento» o mejora.

Nos enamoramos cuando existe un grado de insatisfacción, una disposición a construir una nueva vida y, por tanto, una necesidad de reconstruirnos. Y la persona de la que nos enamoramos, además de tener elementos comunes con nosotros, representa y posee aquello que, fundamentalmente, necesitamos en ese momento para acceder a un estado de «equilibrio», para mejorar, crecer o avanzar.

Enamorarse es un proceso activo, constructivo, más largo o más corto, más superficial o profundo, dependiendo de las épocas y de otros factores personales.

El momento vital que estamos pasando y algunas características psicológicas de cada uno de nosotros van a mediar en la posibilidad de enamorarnos más, menos o nunca, ya que afectarán, por una parte, a la necesidad de cambiar y, por otra, a nuestro modo de manejarnos durante ese cambio.

5. ¿CUÁNDO NOS ENAMORAMOS?

Hablando de la necesidad de cambios, llama la atención la poca repercusión que ha tenido en la psicología un dato con el que uno se topa con cierta frecuencia, cuando revisa los estudios sobre el amor. Nos referimos al hecho constatado de que, entre las personas que se enamoran, parece existir una cierta **predisposición** a hacerlo.

En la investigación que realizó la psicóloga Tennov observó que los enamoramientos se producían cuando las personas eran «susceptibles». Encontró que esto solía ocurrir cuando las personas querían abandonar el hogar de sus padres, se sentían solas, decepcionadas con su ritmo o estilo de vida, desarraigadas en un país extranjero, psicológica y financieramente preparadas para convivir o tener hijos o cuando se planteaban una nueva forma de vida.

Como habrán observado, existe algo en común en todos estos momentos: la necesidad de introducir cambios profundos. Cuando nos encontramos en alguna de estas situaciones, somos susceptibles a enamorarnos. Curiosamente, nosotros observamos que las personas no suelen relacionar sus necesidades de transformación vital con la aparición de la pasión (sólo una minoría).

Pero cuando describen cómo eran sus vidas «antes y después» de haberse enamorado, se observan diferencias significativas (las personas han podido cambiar su lugar de residencia, su imagen, pueden haber roto con anteriores relaciones...). Todos ellos argumentan, también, que dichos cambios fueron necesarios, importantes, o les ayudaron en su trayectoria vital.

Si contemplamos el desarrollo de un ser humano y nos fijamos en las transformaciones que sufre, sin duda habrá algunos momentos que nos llamen especialmente la atención por la complejidad de los cambios, tanto físicos como psicológicos, que se producen.

Uno de esos momentos transcurre durante los dos primeros años de vida de las personas. Es impresionante observar cómo un bebé puede construirse como persona en tan poco tiempo. Su cerebro se caracteriza por su plasticidad, lo que le permite ir finalizando su desarrollo, asegurando un perfecto ajuste al ambiente físico y social en el que se desarrolla.

Después de estos primeros años, las cosas van más despacio, y después de los veinte, mucho más.

Una vez que nuestro cuerpo ya se ha configurado y nuestro cerebro ya está perfectamente estructurado funcionalmente, seguimos creciendo a otros niveles, aunque los cambios que se observen no resulten tan sorprendentes.

Ya no somos bebés... ¡pero nos enamoramos!

Y comenzamos a hacerlo en una época de la vida en la que se necesita, realmente, una ración extra de energía, de motivación, de apertura y seguridad en uno mismo: en la **adolescencia**.

La adolescencia es una de las épocas más interesantes de la vida, aunque, a menudo, no se le presta la atención adecuada, o incluso se critica a quienes la protagonizan (sin duda, por un déficit de empatía y conocimientos sobre los adolescentes).

El adolescente necesita del continuo «movimiento», porque se encuentra en una época de transición, de cambios, algunos impuestos y otros deseados. El niño pasa a ser adulto y lo hace en un corto periodo de tiempo.

En primer lugar, la escolaridad, que hasta entonces había marcado un ritmo y una organización a la vida, de repente exige tener ideas propias, nuevas formas de estudio y tomar decisiones respecto al futuro. La familia, a menudo, pasa —sin apenas puentes— de una orilla de la sobreprotección a la de la exigencia de actos independientes y responsables.

Quienes tienen en la adolescencia el final de los estudios, deberán enfrentarse al mundo del trabajo (o del paro) por primera vez. Quizá también sea la primera vez que deban separarse por breve o largo tiempo del hogar, lo que favorece que las amistades «fuera» de la casa adquieran un peso importantísimo.

Y por primera vez, también, la sexualidad se expresa como nunca a través de todas las relaciones. Los cuerpos se han transformado, el aspecto es ya casi el de un adulto joven, lo que supone expectativas confirmadas o frustradas.

La familia se relaciona de forma ambigua con el adolescente: por una parte, desea que se desarrolle y se lo exige, y, por otra, teme su independencia o, mejor, su proceso de *individuación*: dejar de ser el hijo o el hermano, para ser uno mismo y diferente.

El adolescente, a su vez, se siente inseguro, porque teme defraudar los valores paternos, y se revela actuando de forma opuesta, construyendo nuevas normas y valores que no suelen desviarse demasiado de las modas que impone la sociedad a los de su misma edad.

En este panorama, uno necesita saber quién es y qué quiere, pero todavía no ha alcanzado los recursos para ello. La ruptura con valores, normas y conductas infantiles es una condición necesaria para la evolución. Conseguirlo implica un esfuerzo de reconstrucción individual impresionante, y enamorarse es un vehículo perfecto para conseguirlo.

Durante la adolescencia, de hecho, podemos enamorarnos en sucesivas ocasiones a lo largo de un año. Durante los apasionamientos, el adolescente «desatiende» otros aspectos angustiosos de su vida y, a la vez, se revaloriza, organiza y da sentido a su vida temporalmente, dinamizando las relaciones con lo externo y lo nuevo, lo cual determina la ruptura y transgresión de los ambientes infantiles.

Se sustituyen y complementan las fuentes de afecto tradicionales por otras, y se empieza a contar con nuevos modelos: aquellos que lo aman y lo valoran a uno por lo que es, y no por lo que debe ser; aquellos que refuerzan esos aspectos que lo distinguen a uno como un ser único, algo muy necesario para enfrentarse a la sociedad adulta.

El adolescente consume y «necesita» esa droga natural que conlleva el amor. Enamorándose juega a ser adulto en el escenario más atractivo posible. Al principio juega sin miedo, sin barreras, ciegamente, varias veces, deleitándose con el erotismo presente que lo baña todo. Se enamora «sin controles» porque todavía no tiene historia de fracasos, de decepciones, de rechazos. Por eso no se olvida el primer amor, porque nunca más volveremos a amar con tanta ingenuidad y confianza, sin ningún temor.

Los adolescentes pueden enamorarse intensamente con mucha frecuencia, y desenamorarse con la misma facilidad. Es probable que usted, como adulto, cuando lea estas líneas, reflexione: «Sí, pero eso no es verdadero amor. El verdadero amor duele más porque afecta y compromete a más áreas personales.» Bien, vamos a intentar llegar a un acuerdo.

Si recordamos cómo nos sentíamos con alguno de nuestros amores adolescentes, seguro que admitiremos que hubiéramos luchado contra todos para defender aquella pasión que experimentábamos. Sí, realmente, estábamos enamorados, era un verdadero amor.

Pero también es cierto que esa pasión era sentida con más dependencia de las situaciones o contextos en los que se desarrollaba la relación. Además, afectaba a menos áreas de nuestra realidad, comprometía menos nuestra vida, producía menos cambios esenciales. El amor adolescente casi nunca implica el abandono de un hogar, ni tener hijos, ni convivir, aunque sí conlleva, por tratarse de amor, algunos cambios en los estilos de actuación.

En este sentido, el amor adolescente es más superficial, entendiendo por superficial no algo banal, sino algo que produce transformaciones de la superficie, de la apariencia.

El adolescente está seducido por la imagen, explora la sexualidad y busca seducir. Necesita entrenarse. El pensamiento no está tan dirigido a un futuro de proyectos comunes, sino, más bien, se centra en las propias emociones experimentadas, el placer y la camaradería o amistad íntima.

Después del primer amor adolescente seguimos enamorándonos, aunque se van introduciendo algunas peculiaridades que merece la pena comentar.

En primer lugar, a medida que avanzan los años, nos enamoramos con menos frecuencia, aunque con más intensidad o más influencia en nuestras vidas. Tendemos a establecer relaciones más duraderas, y éstas ayudan a dar sentido a nuestra trayectoria.

Durante la juventud, o al final de la misma, solemos elegir a aquellos que van a estar presentes de manera significativa en nuestra vida. Con ellos buscamos compartir el sexo, la amistad, el hogar, el dinero, las actividades, y hasta podemos construir una familia o un sinfín de proyectos.

En la medida que esos proyectos se vean frustrados o ya se hayan alcanzado, disfrutamos menos de la realidad cotidiana y podemos volver a enamorarnos de alguien especial que se cruce en nuestro camino. Pero el enamoramiento ahora conlleva más problemas y mayores obstáculos, tanto sociales como psicológicos. Puesto que enamorarse lleva consigo la imposición del cambio y las transformaciones, no siempre vamos a estar dispuestos a arriesgar los años y recursos invertidos en un proyecto de vida, ya establecido, que se verá cuestionado, negado o renovado con la llegada del nuevo amor.

Por eso es tan tortuoso enamorarse en la edad adulta. Implica siempre una lucha interna, un sufrimiento que puede ser mayor o menor, dependiendo de lo que uno esté dispuesto a «dejarse llevar por la pasión» y romper con lo que tenía.

La realidad vuelve a ser dicotómica: o mantenemos lo conocido y seguimos «apagados», pero con una supuesta seguridad, o elegimos un camino desconocido, en pos de la felicidad (pero una felicidad insegura).

La sociedad, hasta ese momento permisiva con las «locuras de amor» de la juventud, ahora se comporta de otro modo. Quien quiera vivir un nuevo amor, experimentar una nueva pasión, deberá pagar una factura, a veces, costosa.

En algunos segmentos de la sociedad, especialmente conservadores de lo establecido, el enamorado deberá vivir la pasión de manera oculta, bajo la mínima expresión social posible. Eso implica ejercer un gran control emocional, cuando lo necesario y natural en esos momentos sería gritar todo lo que uno siente.

Este autocontrol y la continua duda acerca de qué hacer y cómo hacerlo para no herir a otros, no herirse a uno mismo y sentir el amor, acaba provocando infelicidad.

Algunos consiguen un «encaje de bolillos» y definen su situación como algo meramente sensual, puntual, que aparece en presencia del otro y que acaba con su ausencia. Han logrado ejercer el control a través de muchas «paradas de pensamiento», evitaciones de lugares y personas y de todo aquello que les hacía dependientes de... Y lo han conseguido, y esto es muy importante, a través de una nueva *valoración constructiva de lo que ya se tenía*.

La esposa o el esposo reaparecen como seres necesarios en nuestra vida, sin los cuales no podemos seguir adelante. Los hijos, la familia, en general, se vuelven a considerar. Habían estado ahí siempre, y la habituación a ellos no nos había permitido valorar la función tan importante que cumplen.

Se ha iniciado un nuevo proceso de interacción con todos los que le rodean. El enamoramiento ha conseguido su propósito. A pesar de haberse interrumpido la relación con quien servía de estímulo (el objeto amoroso), la pasión surgida ha motivado una reestructuración de la situación de partida. Se ha conseguido, como siempre que surge el amor, una transformación.

Pero esta transformación ha afectado sólo a algunas áreas, y, al poco tiempo, el protagonista de la crisis amorosa puede volver a estar en predisposición de volver a enamorarse, a no ser que emprenda algún tipo de empresa social que le entusiasme y le «enamore» durante un largo tiempo.

Quienes decidan experimentar y expresar su enamoramiento, rompiendo descaradamente con lo establecido, tampoco se verán libres de las críticas. «Con su edad se ve ridícula», «lo que le pasa es que está encoñado»; «es una vergüenza»; «sólo piensan en ellos», «estará con ella por dinero»... No queremos comprender el amor a determinadas edades. Rechazamos y desvirtuamos algunos tipos de relación porque nos amenazan. Todos formamos parte de los proyectos y de la vida de otros y cuando surge el amor en uno de los miembros del sistema bien organizado, esto nos exige hacer el ejercicio de volver a encontrar un nuevo puesto y una nueva función.

A medida que envejecemos, la sociedad deja menos resquicios para la pasión. El anciano, inmerso en un núcleo familiar limitante, se halla desposeído de su libertad para enamorarse. Los hijos suelen ser en este caso los que evitarán a toda costa que los padres, ya abuelos, lleguen a desarrollar un interés sexual y amoroso por otras personas.

Para los que están solos o abandonados, ya se les ha desprovisto de su motivación y capacidad de elección, puesto que han perdido el principal lazo de vinculación con el mundo: el afecto.

Es triste no proporcionar apoyo y refuerzo a la aventura amorosa en la vejez. Precisamente cuando menos se participa en todo es cuando se vuelve a necesitar más de la energía del amor.

De hecho, los que logran enamorarse a estas edades, según informaron en algunas de nuestras entrevistas, vuelven a encontrarse «en lo mejor de su vida».

6. DIFERENCIAS INDIVIDUALES: CONFIAR O TEMER, ÉSTA ES LA CUESTIÓN

ROMÁNTICOS, APASIONADOS, PRÁCTICOS, DEPENDIENTES...

La variedad de relaciones entre las personas es tan extensa que es muy difícil hacer una tipología amorosa. Nos parece más interesante analizar algunos aprendizajes para comprender por qué algunos disfrutan de todo lo constructivo del amor, mientras que otros siguen un proceso tormentoso o incluso les resulta imposible enamorarse.

A menudo, cuando nos enamoramos, tenemos la impresión de amar por primera vez, de que hemos empezado a querer en un instante en el que él o ella nos mira, mientras nos ofrece una taza de café. Pero eso que sentimos de repente no es sólo fruto de las influencias del presente. Esos sentimientos constituyen, en parte, un reflejo de nuestras relaciones anteriores. Nuestro pasado ha dejado unas marcadas huellas que nos predisponen a amar de una u otra manera.

La PRIMERA HUELLA apareció durante la INFANCIA, en la relación con nuestros padres o nuestros cuidadores.

Que los niños necesiten AMOR y PROTECCIÓN no es un tópico, es la base esencial a partir de la cual se construye eso que entendemos como **seguridad** y **confianza en los demás**.

El afecto está íntimamente relacionado con la exploración de situaciones nuevas. El ser humano necesita desarrollar, desde el momento en el que nace, un vínculo afectivo (Bowlby, 1973). Este vínculo o **apego** debe establecerse con la madre o con cualquier otra persona que, de manera **estable** y **consistente**, ofrezca satisfacción a las distintas necesidades del niño, **protección** y **alivio**, **afecto** y **contacto físico**.

Tal como Bowlby y otros investigadores demostraron, una figura de apego con esas características se convierte para el niño en la base de su seguridad, a partir de la cual se atreverá a explorar y dominar lo diferente a sí mismo.

De pequeños podemos alejarnos, tocar, oler y jugar con otros sin miedo, porque sabemos que estamos protegidos, apoyados y controlados.

La psicóloga Ainsworth (1978) descubrió que la sensibilidad de la madre y su capacidad para responder a las llamadas y necesidades del niño, durante el primer año de vida, son importantes prerrequisitos. Los niños pueden desarrollar distintos tipos de apego o vínculos afectivos con las demás personas, dependiendo del estilo de interacción con sus madres o cuidadores.

Así, por ejemplo, las madres que son lentas o inconsistentes atendiendo al niño y que se entrometen o interfieren en sus actividades, favorecen más el nerviosismo de sus hijos. Estos niños desarrollan un **apego ambivalente o ansioso**, ya que buscan el apoyo de sus madres, pero, a la vez, se enfrentan con ellas y las rechazan. Tienen menos confianza para explorar los ambientes nuevos, incluso en presencia de sus progenitores.

Si, por lo contrario, la madre rechaza o reniega de forma consistente los intentos del niño para establecer contacto físico, el pequeño puede aprender a evitarla. En estos casos se desarrolla un **apego de evitación**.

La pérdida repetida de la figura materna hace que el niño no se vincule emocionalmente a nigún ser humano. Se vuelve egoísta y se interesa principalmente por las cosas materiales. Se muestra sin temor, perfectamente desenvuelto o disponible frente a cualquiera. Pero esta sociabilidad es superficial. El niño no parece desear nada de nadie (Bowlby, 1973).

La confianza en que siempre habrá alguien que nos ayude y que nos quiera es la base a partir de la cual se determinan las relaciones afectivas y sociales. Bowlby plantea que aquellos niños que confían en una figura de apego sentirán, de adultos, menos miedo a establecer relaciones afectivas y sociales.

Esta confianza se construye lentamente durante los años de infancia, niñez y adolescencia, y luego puede prevalecer hasta la edad adulta.

Recientemente se ha confirmado la conexión entre las historias de apego de los individuos y sus estilos amorosos posteriores. (Hazan y Shaver, 1987.)

Basándonos en esto, podemos clasificar a los amantes en tres tipos o grupos: Los **seguros**, los **evitadores** y los **ambivalentes**.

Los adultos **seguros** se caracterizan por la autoconfianza y la capacidad para la amistad y las relaciones positivas. Creen en el amor duradero y se encuentran seguros de gustar y de poder ser queridos.

Para los adultos **evitadores**, el amor se caracteriza por el miedo a la intimidad y por la desconfianza. Dudan de la existencia del amor perdurable y romántico y piensan que ese tipo de relación no es imprescindible para ser felices. Se comportan como si no necesitasen de ese amor y difícilmente muestran su inseguridad. También lo experimentan con muchos altibajos y celos.

Los adultos **ambivalentes** se enamoran con frecuencia y con facilidad, pero son quienes más dudas y sentimientos de inseguridad expresan. Necesitan comprobar de forma constante si se les quiere. Son especialmente vulnerables a la soledad, a diferencia de los evitadores, que intentan defenderse de ella escondiendo su vulnerabilidad, reconociéndola menos. Además, viven el amor de forma obsesiva, con la necesidad constante de ser correspondidos. También presentan altibajos emocionales, celos y una fuerte atracción sexual.

Muchas de las actitudes de las personas ambivalentes recuerdan a las características generales del enamoramiento: apasionamiento, atracción sexual, altibajos, etc. Quizá, la preocupación por el abandono o la falta de reciprocidad afectiva coloque a estas personas en una dimensión particular en las relaciones, siempre en la puerta de entrada (o de salida) del amor, en una constante fase de seducción y preocupación.

Pero esta relación significativa entre la historia de apego y el amor adulto va disolviéndose, reduciéndose a medida que las personas cumplen años.

Por otra parte, un mismo individuo no tiende a comportarse siempre de forma segura o ambivalente por su aprendizaje anterior, sino que sus reacciones también están en función de las características de la otra persona.

Así, por ejemplo, una persona considerada en principio segura, puede comportarse de forma ambivalente si se enamora y establece relación con otra evitadora. Las atracciones entre evitadores y ansiosos son muy comunes y pueden implicar mucho sufrimiento (especialmente para los ambivalentes, que aumentarán sus dudas y se verán con menos recursos para resolverlas).

Lógicamente, no se puede establecer una vía directa entre las experiencias de la infancia y los resultados de nuestras relaciones sentimentales presentes. Entre el ayer y el hoy se suceden numerosas experiencias que pueden aumentar, matizar o anular las huellas de la infancia. Además del cariño y la confianza que podamos desarrollar en la familia, el grado de aceptación y aprecio de otros (compañeros de escuela, amigos y maestros) influirá también de forma muy importante en nuestros afectos futuros.

Ya comentábamos en el capítulo tres, que las historias de «desprecio», «vacío» o «destrucción» determinan que las personas se sientan menos valiosas que los demás y actúen inhibida o agresivamente en las relaciones sociales. La constatación de que lo que hacemos tiene un «valor» social, es decir, que aquellos que nos importan responden a lo que hacemos o decimos, alabándolo o corrigiéndolo, es fundamental en el desarrollo de nuestra autoestima y en la percepción de control sobre los acontecimientos.

Si tenemos la seguridad de que nuestras acciones pueden modificar algo las cosas, estaremos ya en una buena posición para amar.

También podemos aprender a amar confiada o desconfiadamente a través de la observación de las experiencias de otros. Por ejemplo, nos causa una honda huella las experiencias de afecto entre nuestros padres. Con ellos tenemos un modelo cercano de lo que deben o no deben ser las relaciones amorosas. Hemos vivido «en directo» los papeles que se van estableciendo en las parejas y conocemos sus consecuencias. Sin darnos cuenta, a veces imitamos y otras rechazamos visceralmente aquello que nos trae recuerdos negativos.

La SEGUNDA HUELLA: las RELACIONES AMOROSAS del PASADO.

Cuando hablamos de nuestra historia amorosa, la valoramos y nos valoramos. Con frecuencia nos referimos al éxito y al fracaso, a la buena o a la mala suerte que hemos tenido. Cada vez que nos relacionamos con los recuerdos, seleccionamos unos aspectos u otros, construimos teorías sobre lo que ocurrió. Nos culpamos por algunos hechos, nos sentimos orgullosos de otros, etcétera.

Al hacerlo, estamos determinando, sin darnos cuenta, nuestro comportamiento futuro, nuestra apertura y búsqueda de nuevas sensaciones o, por el contrario, nuestras limitaciones. Definimos lo que fue y nos planteamos objetivos respecto a lo que queda por venir: «A mí no me vuelven a engañar»; «no necesito a nadie para ser feliz»; «¡ojalá pueda enamorarme otra vez!...».

Nuestro pasado es determinante, sin duda, pero para que nos influya positivamente, en vez de actuar como una «losa» que nos impide respirar, debemos utilizarlo con sabiduría, como una verdadera fuente de inspiración y aprendizaje. **La mejor escuela para amar y disfrutar del amor está en nuestra historia y en nuestro presente.**

Si usted desea que no haya huellas negativas en su historia y ayudar, así, a que cambie la «suerte», tenga en cuenta estas recomendaciones:

1. Valore constructivamente sus relaciones del pasado.

Debe fijarse exhaustivamente en todo aquello que fue bueno, agradable, educativo, etc., y buscar el papel o la contribución que usted tuvo en aquellos aspectos.

Además, **concrete lo que no le gustó**, lo desagradable, incómodo, perjudicial, etc. Recuerde lo que pasaba, y cómo le hacía sentirse. Intente analizar qué papel tuvo en aquellas situaciones. Si detecta algún «error», no se culpe; actuamos como mejor podemos y sabemos hacerlo. Pero ahora tiene la oportunidad, si vuelve a enamorarse, de tratar de cambiar aquello que le disgustó.

Pregúntese: «... en mis últimas relaciones, ¿qué es lo que más me ha molestado?»; «¿puedo intentar hacer algo para que no se repita?».

Por último, **¡cuidado con las valoraciones enemigas de las relaciones del futuro!** Nos referimos a aquellas valoraciones que se caracterizan por:

* Atender exclusivamente a lo negativo.
* Exagerar y generalizar cualquier resultado negativo.
* Atribuir los resultados de la relación a: uno mismo y la falta de valía personal; la maldad, el engaño o las malas intenciones de otros; la mala suerte o la influencia externa de un sólo factor (sobre el que no hemos ejercido ningún control).

Una ruptura de pareja o la falta de reciprocidad en un momento dado es considerado con frecuencia un fracaso. Solemos decir «mi matrimonio ha fracasado» cuando la relación se rompe al cabo de varios años de convivencia, por ejemplo. Es como si el tiempo de relación no nos hubiera aportado **nada** beneficioso, y el éxito estuviese siempre basado en la duración o en el mantenimiento de «los lazos», en vez de en los sentimientos.

Por supuesto, es un éxito que la relación permanezca mientras existe atracción y beneficios; pero también es bueno que deje de existir cuando ya no nos sentimos a gusto o una de las partes deja de amar. El «fracaso» deberíamos más bien relacionarlo con el mantenimiento a toda costa de algo que es infructuoso, se mire como se mire.

Pero, en la práctica, las cosas no son tan sencillas, porque en muchas ocasiones no nos sentimos con suficiente **derecho a dejar de querer, a cambiar de opinión, a evolucionar**. Al no reconocernos esos «derechos naturales», nos sentimos culpables y furiosos cuando descubrimos que hemos cambiado.

En consecuencia, tampoco estamos preparados para comprender y aceptar amistosamente que el otro también puede cambiar. Dejar de gustar, percibir que no llegamos a provocar la atracción necesaria, puede ser interpretado como un signo de rechazo a nuestra persona, como una desvaloración total. Interpretarlo así produce tanto daño como el hecho en sí mismo y determina que, en el futuro, actuemos con «defensas» e inseguridad respecto a muchos aspectos.

No es sólo la valoración del final de la relación lo que nos marca. Durante la relación estamos aprendiendo a relacionarnos con alguien al que queremos, que nos ama y al que deseamos seguir amando. Vamos diseñando estrategias basadas en aprendizajes anteriores, que nos permiten obtener beneficios en la relación.

Pero podemos correr el riesgo de generalizar excesivamente y de llevar a cabo conductas que nos sirvieron para otras relaciones, pero que no tienen por qué ser útiles en la nueva relación. Efectivamente, **nueva relación**, ya que cada vez que establecemos una, el otro es distinto, yo soy distinto y lo que intercambiamos es distinto.

Conviene que esto lo recordemos continuamente, porque, si no, podemos actuar de forma rígida y no favorecer el aprendizaje de **nuevas habilidades para amar**.

Cada vez que amamos abrimos un «nuevo curso de entrenamiento», con la ventaja de disponer de la base ya adquirida.

Suspender o aprobar en la asignatura del amor no sólo depende del tipo de personas con las que nos encontramos, sino de nuestra **colaboración** con ellas. Que «vaya bien» no depende «todo» de uno mismo ni del otro, ¡afortunadamente!

En cada relación, **siempre podemos mejorar y colaborar** para que sea mejor.

2. Identifique sus miedos.

Aquellos que se enamoran poco, o que cuando lo hacen inician una batalla consigo mismos y con los demás, pueden estar viéndose influidos por la desconfianza aprendida a través de su vida así como por inadecuadas valoraciones de lo que va ocurriendo o ha ocurrido. Pueden estar defendiéndose, sin darse cuenta, de variados miedos:

* Miedo a no ser querido, a ser abandonado. «Si me implico, si manifiesto mis sentimientos... sufriré.»
* Miedo a no poder cumplir con las expectativas del otro sobre mí, miedo a decepcionar, a no gustar... «ahora que parece más interesada por mí, es cuando me resulta más difícil continuar, esto se puede complicar...».

* Miedo al compromiso, a que una vez establecidos los lazos de unión no podamos romperlos. Miedo a decir que no. «María se está enamorando demasiado, ¿y si me arrepiento y luego es demasiado tarde?»
* Miedo a equivocarse, a no conseguir el futuro que uno espera y perder las ventajas del presente. «Me asaltan las dudas desde que conocí a Eduardo, no puedo vivir sin él, pero continuar supone perder la estabilidad...»

En definitiva, tenemos miedo a perder y a sentirnos solos. Cuanto más grande es este temor, mayores son las «defensas» que utilizamos. Y son estas defensas las que nos impiden «jugar» a todo riesgo y, por consiguiente, entrenarnos para conseguir, de verdad, disfrutar del amor. Al hablar de defensas, nos referimos a todas aquellas acciones que llevamos acabo para evitar que se produzca aquello que tememos. La mayoría de las veces nos comportamos así involuntariamente. A veces, ante la mínima señal de que algo puede ir mal (interpretación determinada por esas huellas...), ponemos en marcha las estrategias que nos ayudan a aliviarnos momentáneamente pero que nos mantienen en un estado de involución amorosa. Estas actuaciones pueden ser muy adecuadas si nos libran de verdaderos horrores y están basadas en indicaciones «reales» de perjuicios que ya nos están afectando. Pero otras veces, si están basadas en **anticipaciones** y en inferencias a partir de información muy parcial, evitando podemos perder la oportunidad de experimentar.

Fernando ha dejado de llamarla porque han pasado dos días y ella no ha preguntado por él... (Es una lástima, Fernando está loco por esta chica pero le da miedo demostrar lo que siente.)

Pablo nunca ha dicho «te quiero» a Laura (aunque no puede vivir sin ella, si la perdiese se volvería loco).

Marta no se ha quejado esta mañana cuando su novio le ha dicho que se marchaba un tiempo solo... (le ha animado incluso, aunque lo que siente en realidad es abandono y desamor).

Cuando amamos tememos el futuro. Temer es lo más natural, pero si siempre nos defendemos del futuro, mantendremos nuestros miedos y no aprenderemos. Sigamos el consejo de los clásicos...

... Así será: se han clavado en mi corazón las agudas flechas, y el fiero Amor revuelve mi pecho una vez conquistado. ¿Me resigno a ello o acreciento con mi resistencia este fuego que ha surgido de repente? Resignémonos: el fardo que se sabe llevar resulta menos pesado. Bien sé que las llamas aumentan cuando se mueve la antorcha y que se apagan si nadie las agita. Más aguijonazos sufren los bueyes cuando se resisten al yugo, que les oprime por primera vez, que aquellos que se complacen en llevar el arado. A un caballo indómito se le magulla la boca con el duro freno, pero el que se acostumbra a los combates siente menos el bocado. El Amor trata con más aspereza y mayor ferocidad a aquellos que se resisten que a los que se confiesan esclavos suyos. Así que yo lo reconozco: soy, Cupido, tu reciente presa. Ofrezco mis manos vencidas a tu jurisdicción. No hay necesidad de guerra, te pido la paz y el perdón; no supondrá para ti gloria alguna, desarmado como estoy, el haberme vencido con tus armas.

(Ovidio, *El arte de amar,* 10-20)

¿Qué pasaría si dejásemos de resistirnos? ¿Nos convertiríamos en «adictos» al amor? No necesariamente, pero si ello ocurriese, señalaría la dificultad para mantener una mínima estabilidad o permanencia y puede que los mismos miedos que a otros les hacen huir o interrumpir el desarrollo de sus sentimientos.

Enamorarse es cambiar, y el amado es el motor y la vía del cambio, la señal de lo nuevo, de todo aquello que puede transportarnos a otro futuro, un «futuro perfecto» muy alejado del que viviríamos si no se produjera **el cambio.** Aquellos cuya biografía es una continua sucesión de grandes cambios, de cambios totales que les «re-nuevan» periódicamente, son **adictos** a enamoramientos redentores, a partir de los cuales pueden iniciar una nueva y muy diferente fase vital.

Para estas personas lo normal es la ruptura con lo anterior, lo raro es la permanencia, la coherente continuidad y progresión a partir del propio pasado. Por eso les gusta enamorarse, por eso no sólo no huyen o se asustan de los cambios amorosos, sino que cada cierto tiempo los buscan ansiosos para «mudar la piel». Los atributos de novedad, de sorpresa, son los que puntúan. Por tanto, cuando lo nuevo deja de serlo, cuando lo sorprendente no sorprende y se inicia una nueva fase en la que el compromiso, lo íntimo y lo cotidiano se puede empezar a compartir... Entonces, pronto, de golpe, sin previo aviso, desaparece el amor... y comienza una nueva búsqueda.

Por el contrario, para los que van construyendo su vida sobre la continuidad, la progresión, la coherencia respecto a lo anterior, el cambio amoroso debe afectar sólo a aquellos aspectos de la vida del enamorado que puedan verse mejorados, enriquecidos... pero sin romper el sentido global y la consistencia de la propia trayectoria vital.

El candidato a amado o amada lo es por el reconocimiento en él o ella de rasgos que anuncian una prolongada y progresiva coincidencia de caminos. Si esta sincronía y coincidencia de caminos se logra, la duración e incluso intensificación del amor con el tiempo están garantizados.

Sin embargo, entre las mujeres y hombres de hoy cada vez es menos frecuente esa consistencia y ese crecimiento personal continuado. En una época de consumo rápido de todo tipo de cosas: comida, ropa, objetos, sensaciones, experiencias... las relaciones también se consumen rápidamente. El valor adjudicado a lo antiguo es escaso, mientras que lo que acabamos de descubrir, lo que puede ser nuestra «próxima adquisición», nos atrae irresistiblemente.

Según expresan la mayoría de las personas con las que hemos hablado, parece que ni quemar el pasado en cada etapa, ni seguir con relaciones de «electroencefalograma plano» (por conservar algo que ya se perdió hace tiempo) es satisfactorio.

Siempre la misma dimensión MANTENIMIENTO-RUPTURA, siempre el mismo reto para el ser humano: ¿Qué y cuándo cambiar?, ¿qué mantener?, ¿cómo se verá afectado nuestro futuro?...

Unas palabras finales...

EN la atraccion, la seduccion y el amor no existen fórmulas, ¡afortunadamente!, porque el encanto de lo que se insinúa y el placer de su dominio se perdería.

Deje de buscar fórmulas, consiga más tiempo libre y vaya en busca de personas: sintiendo aprenderá mucho más, anímese...

Bibliografía

AINSWORTH, M. D. S.; BLEHAR, E.; WATERS, E. y WALL, S. (1978): *Patterns of Attachment.* Hillsdale, N. J.: LEA.
ALBERONI, F. (1979): *Enamoramiento y Amor.* Barcelona: Gedisa, 1994.
ARCIPRESTE DE HITA: *Libro del Buen Amor,* Editorial Cátedra, colección «Letras Hispánicas», 1992.
BAUDRILLARD, J. (1989): *De la seducción.* Barcelona: Planeta-De Agostini, S. A., 1993.
BOWLBY, J. (1969): *Attachment and Loss.* Vol. I. Londres, Hogarth Press.
BOWLBY, J. (1973): *La separación afectiva. Tristeza y Depresión.* Buenos Aires, Paidós.
BRÜCKNER, P. y FINKIELKRAUT, A. (1979): *El nuevo desorden amoroso.* Barcelona, Anagrama,1989.
BRÜCKNER, P. (1992): Capítulo 4 en *Nuevos amores, nuevas familias,* de Verdú, V. Editores. Barcelona, Tusquets Editores.
CALVINO, I. (1958): *Los amores difíciles.* Barcelona, Tusquets Editores, S. A., 1989.
CARRANO, P. (1986): *Tómame o déjame.* Barcelona, Ediciones B, S. A. 1988.
CHODERLOS DE LACLOS, P.: *Las relaciones peligrosas.* Trad. cast. de F. Ximénez. Barcelona, Orbis, Fabri, 1991.
DAVIS, F. (1976): *La comunicación no verbal.* Madrid, Alianza Editorial, 1995.
DELGADO RUIZ, M. (1992): *Libro de la Sexualidad.* Madrid, Diario el País, S. A.
DÍAZ-DIOCARETZ, M. y ZAVALA, I. (Cords) (1992): *Discurso*

erótico y discurso transgresor en la cultura peninsular. Siglos XI al XX. Madrid, Ediciones Tuero.

Diccionario de la Lengua Española, de la Real Academia Española de la Lengua. Madrid, Espasa Calpe, 1992.

Eibl-Eibesfeldt, I. (1976): *Amor y Odio*. Barcelona, Labor, 1986.

FISHER, H.E. (1992): *Anatomía del amor. Historia natural de la Monogamia, el Adulterio y el Divorcio*. Barcelona, Anagrama, 1994.

GILES, J. (1994): *A Theory of Love and Sexual Desire*. Journal for the theory of Social Behaviour, Vol 24 (4) Dec. págs. 339-357.

GOMBROWICZ, W. (1965): *La seducción*. Barcelona, Seix Barral, 1982.

GÓMEZ RUFO, A. (1989): *Cómo ligar con esa chica que tanto te gusta y a la que le gusta otro*. Madrid, Ediciones Temas de Hoy.

GIROUD, F.; LÉVY, B. (1993): *Hombres y mujeres*. Madrid, Ediciones Temas de Hoy.

GRICE, J. (1989): *Cómo ligar después de los 40*. Barcelona, Ediciones B., S. A.

HAMBURGER, R. (1993): *El ABC de la seducción*. Barcelona, Gedisa, 1995.

HARRIS, M. (1981): *Introducción a la antropología general*. Madrid, Alianza Editorial, 1982.

HAZAN, C. y SHAVER, P. (1987): «Romantic Love Conceptualized as an Attachment Process», *Journal of Personality and Social Psychology*, vol. 52, *3*, 511-524.

JAEGGI, E. (1992): *Vivir a solas. Una opción moderna*. Barcelona, Herder, 1995.

LEA, S. E. G. (1946): *Instinct, Environment and Behaviour*. Nueva York, Methuen, 1984.

Libro de la Sexualidad. Madrid: Diario El País, S. A., 1992.

LIEBOWITZ, M. R. (1983): *The Chemistry of Love*. Boston, Little, Brown.

LYLE, J. (1991): *Body Language*. Londres, Hamlyn.

MARQUÉS, J. V. (1995): *La pareja, una misión imposible*. Barcelona, Ediciones B., S. A.

MARTÍN GAITE, C. (1972): *Usos amorosos del dieciocho en España*. Barcelona, Anagrama, 1987.
MONTAGU, A. (1969): *Hombre, sexo y sociedad*. Guadiana Publicaciones.
MORRIS, D. (1971): *Comportamiento íntimo*. Barcelona, Plaza & Janés, 1984.
MOSCOVICI, S. (1985): *Psicología Social*. Barcelona, Paidós.
OVIDIO: *Arte de Amar. Amores*. Trad. cast. de V. C. López. Barcelona, Planeta-De Agostini, 1995.
PÁEZ ROVIRA, D. (Ed) (1993). *Salud, Expresión y Represión Social de las Emociones*. Valencia, Promolibro.
PEASE, A. (1981): *El lenguaje del cuerpo*. Barcelona, Paidós, 1993.
PERREAULT, N. (1993): *¡Hombres... Hombres! Cómo seducirlos, aguantarlos y dejarlos en el momento oportuno*. Barcelona, Ediciones B., S. A.
PLATÓN: *El Banquete*. Trad. cast. de L. Gil. Barcelona, Labor, 1993.
REEVE, J. (1992): *Motivación y Emoción*. Madrid, McGraw-Hill/Interamericana de España, S. A., 1996.
ROJAS, F. DE: *La Celestina*, Editorial Cátedra, colección «Letras Hispánicas», 1995.
TENNOV, D. (1979): *Love and Limerence: The Experience of Being in Love*. Nueva York, Stein and Day.
TRACHTENBERG, P. (1988): *El complejo de Casanova*. Barcelona, Ediciones B., S. A., 1989.
VERDÚ, V. (Ed) (1992): *Nuevos Amores, Nuevas Familias*. Barcelona, Tusquets Editores.
WALSTER, E. y WALSTER, G. W. (1978): *A new Look at Love*. Reading, Mass: Addison-Wesley.
ZORRILLA, J.: *Don Juan Tenorio*, Editorial Crítica, colección «Biblioteca Clásica Crítica», 1993.

La encuesta que verán a continuación está basada en el guión que seguimos en las entrevistas en la investigación llevada a cabo durante los pasados años 1995-1996.

Encuesta sobre «la atracción, la seducción y el amor»

A continuación encontrará una serie de preguntas que hacen referencia a las creencias, hábitos, ideas y experiencias que sobre las relaciones amorosas tiene cada persona. Por lo tanto, no hay respuestas correctas ni incorrectas, cada uno debe aportar su **punto de vista**, sus **experiencias**, utilizando en todo momento su propio lenguaje.

Le pedimos que lea detenidamente cada pregunta y vaya escribiendo lo que, en su opinión, exprese mejor su **particular forma de entender** cada apartado.

Puede extenderse más en aquellos apartados que, en su opinión, lo requieran.

GRACIAS

1. ATRACCIÓN

1.1. ¿Qué características o circunstancias hacen que una persona le resulte atractiva?
1.2. ¿Qué puntos en común tienen las personas por las que se ha sentido atraído durante toda su vida?
1.3. Las personas que, hasta hoy, le han atraído ¿con quién tendrían más en común? y ¿cuáles serían esos puntos comunes?

* Con usted mismo/a.
* Con alguien de su familia: padre, madre, hermanos...
* Con otras personas (diga quien).

1.4. ¿Qué siente usted cuando alguien le atrae?
1.5. ¿Qué suele hacer cuando se siente atraído por alguien?
1.6. ¿Cuál es su definición de la «atracción»?

2. SEDUCCIÓN

2.1. ¿El juego de la seducción es, para usted, algo placentero en sí, o sólo un «medio necesario» para alcanzar un fin?
2.2. ¿Cuál es su objetivo, cuándo decide seducir?
2.3. ¿Qué señales, en el otro, le animan a intentar seducirlo?
2.4. ¿Cuáles son, según usted, las señales definitivas de que su intento de seducción ha tenido éxito?
2.5. Una vez que comprueba que ha seducido, ¿qué siente y qué hace?
2.6. Si cree que sus estrategias de seducción fallan, díganos en qué fallan.
2.7. ¿Cómo definiría, con sus propias palabras, la «seducción»?

3. AMOR

3.1. ¿Ha estado enamorado? ¿Varias veces?

3.2. ¿Encuentra alguna diferencia entre el enamoramiento y otros estados de atracción?
3.3. ¿Para usted existe alguna relación entre el concepto de «felicidad» y estar enamorado?
3.4. ¿Qué otras experiencias de su vida se relacionan con la felicidad? (Pensar en momentos concretos.) Esa felicidad... ¿es parecida o similar a la que uno siente cuando está enamorado?
3.5. ¿Cree que la gente **necesita** enamorarse? ¿Cree que usted **necesita** enamorarse?
3.6. Cuando estuvo enamorado, ¿llegó a algún tipo de relación de pareja? ¿Se transformó mucho su vida en esas ocasiones? ¿Cree que hubo algún cambio interno en usted? (Cambios de valores, gustos, actividades...). ¿Han sido determinantes esas experiencias en su vida? ¿Han dejado huella? (Ejemplo, el primer amor, defender lo propio sin creer que eso implica herir al otro, más madurez, etc.).
3.7. ¿Cree que el amor es diferente en los distintos momentos de la vida? (Ejemplo, en cuanto a su intensidad o al sistema de vida).
3.8. ¿Cree que, para que uno se enamore, tiene que haber una dificultad que vencer, un obstáculo que superar? ¿Si no, no hay enamoramiento?

* * * *

Por favor, señale las palabras o frases que, según su experiencia e ideas sobre el amor, mejor lo definen. Si hay alguna palabra o frase que no esté incluida en la lista, añádala. Después de haber señalado **todas** las palabras o frases que componen **su** definición, por favor, puntue de 1 a 5 (1 lo menos importante, 5 lo más importante) cada una de las seleccionadas.

AMOR...

PLATÓNICO - LOCO - PLÁCIDO - CONVENIENTE - SOÑADO - APASIONADO - EXTRAÑO - DESCONOCIDO - INCONTROLABLE - PROHIBIDO - INEFABLE - INCOMPRENSIBLE - PELIGROSO - CARNAL - OBSESIVO - FÍSICO..

EL AMOR NOS APORTA...

FELICIDAD - SEGURIDAD - CONTROL - SUFRIMIENTO - MIEDO - SEXO - EXALTACIÓN - IDEALIZACIÓN - PREOCUPACIÓN - AUTOESTIMA - DESEO - DESCONTROL - FE - ATRACCIÓN - ILUSIÓN - RECHAZO - ESPERANZA - FANTASÍA - FRACASO - CAMBIOS - DOLOR - APOYO - DIÁLOGO - OBSESIÓN - SUMISIÓN - PÉRDIDA DE IDENTIDAD - PELIGRO - CERCANÍA - CALOR - DESESPERANZA - JUVENTUD - FUERZA - DESALIENTO - ENGAÑO - COMPROMISO - DEPENDENCIA - RESPONSABILIDAD - COMPAÑÍA - COMPLICIDAD - AMISTAD - TRISTEZA - DESESPERACIÓN - EXPERIENCIAS NUEVAS - EXPERIENCIAS ÚNICAS - CONFUSIÓN - CONFIANZA - DESASOSIEGO - SINCERIDAD - ANSIEDAD - IGUALDAD - EXPERIENCIAS INTENSAS - ABATIMIENTO - COQUETEO - SEDUCCIÓN - AISLAMIENTO - LOCURA - SORPRESA - ENRIQUECIEMIENTO PERSONAL - TOLERANCIA - TERNURA - PASIÓN - COMPRENSIÓN - AUTOCONO-